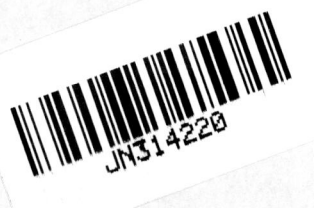

絵と文章でわかりやすい!

図解雑学
マルクス経済学

立命館大学経済学部教授 **松尾 匡** =著

「人間」の立場から資本主義経済の一人歩きを批判する──現代的な数理マルクス経済学者による数学を使わない画期的入門書。

ナツメ社

はじめに

本書は、予備知識ゼロからのマルクス経済学の入門書です。一般に**マルクス経済学**というのは、19世紀のドイツ出身の経済学者、カール・マルクスが書いた**『資本論』という古典に基づく経済学**のことを指します。ご承知の通りこの本は、私たちの住んでいるこの資本主義経済のしくみを分析して批判して、それがやがていろいろな問題を起こして行き詰まってしまうということを指摘した本です。

第2次世界大戦後、半世紀の間、冷戦といって、アメリカを中心とする「資本主義はいい」という西側陣営と、ソ連を中心とする共産党独裁体制《きょうさんとうどくさいたいせい》の東側陣営に、世界が分かれて対立していました。そのとき、ソ連側は、自分たちはマルクスの考えに基づいて国づくりをしているのだと自称《じしょう》していました。それは私からいわせれば大ウソでしたけど、ともかくこの時代には、東側陣営では、「マルクス経済学」と称するものが当局公認《とうきょくこうにん》の経済学とされて、西側陣営で主流であるミクロ経済学やマクロ経済学と張り合っていたのです。そんななかで戦後の日本は、西側陣営に属したわけですが、なぜかそのなかでは例外的にマルクス経済学が大きな勢力を持った国でした。当時日本では、ミクロ経済学やマクロ経済学は「近代経済学」と呼ばれていて、経済学界が「マル経《けい》vs近経《きんけい》」の二大潮流に分かれていたのです。

ところがその後、東側の国々で共産党独裁が倒れ、西側と同じタイプの資本主義経済体制への怒濤《どとう》の移行が起こると、「マルクス経済学」などとっとと捨て去られました。日本でもマルクス経済学の衰退は著《いちじる》しく、いまや対抗者だった側は「近代経済学」などという言い方もされず、単に「経済学」と呼ばれるようになりました。

そんななかで、再び貧困問題だのサブプライム危機だのと資本主義経済の問題点が目につくようになり、マルクス経済学の再評価の気運《きうん》が高まって本書の企画が生まれたのですが、**私は、世の中でこれまで「マルクス経済学」といわれていたものの忠実な紹介をここでするつもりはありません**(本書と違う点の解説はしてあります)。

読者のみなさんのなかには、現代の主流派経済理論《しゅりゅうはけいざいりろん》が資本主義経済の本質的問題点をとらえるのに失敗したと考え、主流派とちがう『資本論』の理論に基づくかつての「マルクス経済学」に期待する方がいらっしゃるかもしれません。しかし、実はかつての「マルクス経済学」が衰退したのは、別に「社会主義」を名乗る体制が崩壊したことが原因なのではありません。それより前に、とっくに現実を説明する力を失って見捨てられつつあったのです。それだから、主流派の側に立たない立場から、現実の経済で起きている現象を具体的に研究してきた人たちはたくさんいますが、そうした人たちも、『資本論』の理論の応用として自分たちの研究を理論展開することを、とっくの昔にやらなくなってしまいました。

『資本論』の理論は、19世紀当時の主流派経済学であるリカードの経済学を継《けい》承《しょう》発《はっ》展《てん》させたものです。マルクスがそうしたのは、当時はそれが最先端の経済科学だったからです。当然、今日においてそれが客観科学として、現代の主流派よりもすべてにおいて優れているわけでは、もはやありません。**客観科学としては、今日では、今日の最先端の主流派経済学の手法も継承発展させるべきです。**

そんなふうにいうと、資本主義擁護論にひれ伏すみたいで反発を感じますか？　そんなことはありませんのでご安心ください。現代の主流派でも、「資本主義経済は放っておいてもうまくいくものだ」などという理論はもはや最先端ではないのです。サブプライム危機にせよ、日本の不況にせよ、現代の主流派の何らかの理論によって予見されなかったものは何一つありません。そしてそれはいまも、現実経済の進行を受けて、進化し続けているのです。

それゆえ、**本書では、これまでマルクス経済学の欠かせない特徴とされてきた手法であっても、いまの時代には古くなってしまっているものは使っていません。**典型的なものでは、「労働価値価格」「金《きん》貨《か》幣《へい》論《ろん》」「労働力再生産概念」などをあえて採《と》らずに書いています（詳しくは本書第8章で説明しています）。むしろ、今日の主流派経済学でも認めざるを得ない、共通の手法に基づいて議論します。

このように、**現代の主流派経済学の手法を取り入れたマルクス経済学の立場は、一般に「数《すう》理《り》マルクス経済学」と呼ばれます。**これは、現代の主流派経済学が、数学を手法として使うからです。しかし、それはあくまで「見た目」の話だと思います。数学を使うから現代的になるわけでも科学的になるわけでもありません。たしかに、議論が込み入ってくると、どうしても数学的に解かないと答えが出ない論点は出てきますが、言いたいことのおおまかな本質は、普通の日常言語だけで説明できるはずです。**それゆえ本書では、数学をまったく使わずに数理マルクス経済学の考え方を解説します。**

しかし、主流派経済学の手法に立つというのであれば、あえて「マルクス経済学」を名乗る根拠はどこにあるのでしょうか。資本主義経済が放っておいてうまくいくものではないということぐらいなら、主流派経済学のなかに同じ立場はいくらでもいるはずなのに。一部には、これまでのマルクス経済学は価値観過剰だったとしてもっと科学的になることを標《ひょう》榜《ぼう》する反省があるようですが、それは逆だと思います。価値観を直接語らずに科学の名でそれを押し付けていたことが間違っていたのです。**私は、科学の手法としては現代の主流派経済学の手法を基本的に取り入れていますが、むしろマルクスと共通する特定の価値観を表に出す点にこそ、「マルクス経済学」を名乗る根拠があると思っています。**本書では、従来の「マルクス経済学」よりもよほど、「労働の搾《さく》取《しゅ》」という非難がましい概念を強調していますが、それもそのためです。

ではその価値観とはどんなものでしょうか。それは、厳密には本文で詳しく解説しますが、ここでは、いささか詩的に述べておこうと思います。すなわちそれは、「考え方」が大事なのではなくて、「生身の人間」が大事だということです。尊重されるべきものは、食べたり着たり寝たり排泄したり生殖したりする一人一人の具体的な血の通った人間であり、抽象的な「人民」とか「国民」とか、貨幣価値とか国家財政とか、銀行口座の数字を膨らますこととかではないということです。**一人一人の個人が、民族にも身分にも、いかなる所属にもかかわらず、お互いみな気持ちよく労働しあい、豊かに暮らすことこそが人間社会共通の目的であり、すべての制度はその手段として役立つ限り認められるものにすぎないということです。この立場から、資本主義経済の本《ほん》末《まつ》転《てん》倒《とう》性を批判することこそが、「マルクス経済学」の「マルクス経済学」たるゆえんであると考えています。**

松尾　匡

図解雑学マルクス経済学　**もくじ**

はじめに…………………………………………………………… 1

第1章 なぜいまさらマルクスなのか

なぜいま「マルクス経済学」なのか …………………………… 14
●現代経済の諸矛盾には深刻なものがあるが…
●これに取り組んでいるのはマルクス経済学理論ではない
社会主義はマルクスの専売特許ではない ……………………… 16
●マルクスと同時代のマルクス派以外の社会主義
●マルクス以後、20世紀のマルクス派以外の社会主義
ソ連、中国などで起きた悲惨① …………………………………… 18
●ロシアでできた共産党政権が広がった
●スターリン、毛沢東、ポル・ポトの人命蹂躙
ソ連、中国などで起きた悲惨② ……………………………………20
●レーニンも残酷に大量殺人した
●幹部の特権はレーニンから始まった
ソ連、中国などで起きた悲惨③ ……………………………………22
●レーニンの他派攻撃・毛沢東の「AB団事件」
●連合赤軍事件や内ゲバや「引き回し」
反資本主義に広く見られる抑圧 ……………………………………24
●レーニン主義以外の「社会主義」でも
●ナチスも日本の戦時体制も反資本主義
「反資本主義」が抑圧に陥らないこと …………………………26
●反資本主義が抑圧をもたらす二点の原因
●マルクス理論はこの二点を批判する図式からなる
身内集団原理が個人の自由を抑圧する …………………………28
●身内共同体志向が集団エゴや内部異質者の抑圧をもたらす
●「同胞のために平等を」という志向の危険
近代は共同体を否定して世界を普遍化する！……………………30
●マルクスは前近代から近代への移行を進歩と見た
●近代は世界を普遍化して均衡と公正をもたらすはず
「社会的なこと」の一人歩きを批判 ………………………………32
●理念を個々人の事情よりも優先させることの危険
●生身の人間を重視するフォイエルバッハの哲学

この二つの両立志向が本書の意義 ……34
●マルクス経済学の入門書を名乗る根拠
●19世紀半ば当時、この立場の出現は時代の流れだった

第2章 マルクスの社会分析の基本図式

マルクスの立場は自由主義の徹底だ ……38
●お互いの行動を予想して心にもない選択をしあう不自由
●権力もお互いまわりを恐れているから発生する
自由主義を徹底させるとどうなる? ……40
●反営利・生活平等主義からの市場批判はとらない
●市場が害悪をもたらす事態は「事態B」の一種
社会的なことが一人歩きする法則 ……42
●社会的なものの一人歩きが自由の抑圧の本質
●社会的なものの一人歩きの例:「しきたり」や「ルール」
国家や主義・主張や宗教も一人歩きする ……44
●社会的なことの一人歩きの例:国家
●社会的なことの一人歩きの例:主義・思想や宗教
「社会的なこと」が一人歩きする原因 ……46
●情報交流してしめし合わせることができないせい
一人歩きした「社会的なこと」が歪曲される ……48
●「社会的なこと」の一人歩き=疎外はいろいろなことで起こる
●私利私欲による歪曲は二義的弊害
支配階級と被支配階級の分裂 ……50
●一人歩きした「社会的なこと」を考えるのが支配階級
●「所得格差」や「資産格差」は階級とは別概念
「社会的なこと」が現場の事情にあわせて変わる ……52
●「社会的なこと」は現場の事情に合わせてゴソッと変わる
唯物史観で実際の歴史を説明してみる ……54
●ヨーロッパの中世から近代へ
●日本の平安時代から鎌倉時代へ
唯物史観は疎外論の一種 ……56
●「唯物史観」は疎外論と対立する別物と思われていた
●唯物史観は客観的説明でもあり、抑圧を批判する疎外論でもある

身内集団社会から個人の自立した開放的社会へ ……58
●集団内部は力でコントロール、集団の外は食うか食われるか
●見知らぬ人とも取引すればみんなのトクと見る近代社会
身内集団と開放原理の発想を比較する ……60
●主流派経済学は誤解されて受け入れられている
開放的自己決定のアソシエーション ……62
●人間関係の基本的な四原理
●開放的かつ自己決定の「アソシエーション」の広げ方

第3章 「ヒトとヒトとの依存関係」として社会をとらえる

人間社会すべてに共通するしくみ ……66
●「ヒトとヒトとの依存関係」があらゆる社会の本質
●年々、労働を投入して、自由に処分できる生産物を取り出す様子
世の中に「コメ」しかない世界では? ……68
●「純生産」とは何か?　●純生産に必要な投下労働量
世の中に「小麦」と「パン」しかない世界では? ……70
●この社会の「純生産」は?　●純生産に必要な労働は?
もっと段階が多いケースでも話は同じ ……72
●実際に原料を作った労働は過去の労働だが
●年々その年の総労働が純生産を生み出すと見なせる
固定的な設備を考慮したケースでも話は同じ ……74
●1年ずつ年齢をずらした設備を耐用期間分セットにする
●12,000時間の労働投入で、3,000個の茶碗を生産する
世の中に「コメ」と「酒」があるケース～その1 ……76
●「コメ」と「酒」の純生産と労働投入
●「コメ」と「酒」の単位あたり投下労働の計算
世の中に「コメ」と「酒」があるケース～その2 ……78
●社会のなかの分業による純生産の分担
●各自の労働時間の各純生産への配分
世の中に「コメ」と「酒」があるケース～その3 ……80
●各財の投下労働量は、財の分配と労働の配分を調整する基準
●投下労働量の比率は純生産の取り替えの比率
財の種類が何種類あっても同じ ……82
●ロビンソン・クルーソーは自分の労働時間を割り振る
●多人数社会でも同じ

「コメ」1種類のケースでは？ …… 84
●働く者の自由にならない「剰余生産物」
●剰余生産物を純生産する剰余労働
「コメ」と「酒」の2種類があるケースでは？ …… 86
●剰余生産物の純生産のために働いている人が一部の人でも…
●全員が剰余労働をしていると見なせる

第4章 資本主義経済における搾取と蓄積

「モノとモノとの交換関係」という「見かけ」 …… 90
●ヒトどうしの依存関係がモノどうしの交換関係として現れる
●自由対等な商品交換関係の背後に人間どうしの支配搾取関係が
市場社会と階級社会があわさった社会 …… 92
●市場社会とは見込み生産物を交換する社会
●労働も原則として売り買いの対象となるのが資本主義経済
利潤があれば剰余生産がある …… 94
●利潤は「総生産額－生産手段の投入額－賃金費用」
●総所得は純生産額に等しく、総利潤は剰余生産額に等しい
利潤があれば労働の搾取がある …… 96
●剰余生産があれば労働の搾取がある
●経済全体の連関の中で搾取が起こる
単純再生産と拡大再生産 …… 98
●剰余をすべて消費すると単純再生産
●剰余の一部が生産手段に追加されると拡大再生産
「資本」は労働を搾取して自己拡大する生産手段 …… 100
●労働者の自由にならない生産手段が勝手に膨らんでいく
資本の自己増殖のための搾取に限度はない …… 102
●搾取者の胃袋が搾取の限度だった前近代との違い
●競争に勝つために労働時間を延ばして単位コストを下げる
絶対的剰余価値生産 …… 104
●必要労働時間は変わらずに労働時間を延長させる
●工業化の初期段階に典型的に見られた
相対的剰余価値生産 …… 106
●労働生産性上昇で必要労働時間が減る
●消費財生産労働が蓄積財生産に転換する具体的あり方

相対的剰余価値生産をもたらす競争 …… 108
●超過利潤を追求する競争で新技術が普及
●技術導入競争に必要な自由主義的政治体制
労働人口による蓄積の制限とその突破 …… 110
●技術不変なら蓄積進行は労働制約でストップする
●労働生産性を高める技術進歩で失業維持し蓄積持続

第5章 資本主義経済の歴史―搾取と蓄積のあり方の変遷

協業拡大による労働生産性の発展 …… 114
●技術の発展と資本主義のしくみの変化
●独立小経営から協業へ
分業が資本主義的生産を生んだ …… 116
●分業とマニュファクチュア
●マニュファクチュアでは資本家の支配が出現する
本源的蓄積と重商主義体制 …… 118
●まず大衆からの生産手段の収奪と富の一部への集中を作る
●国家が経済のことに管理介入してくる体制
機械制大工業の始まりと自由主義体制 …… 120
●機械の導入
●重商主義体制から自由主義体制へ
機械制大工業の進歩的性質 …… 122
●機械は本来労働時間を削減し、職人的分業を廃棄する
●マニュファクチュア的分業が廃棄されたから階級はいらなくなる
資本の集積・集中の進展とマルクスの未来展望 …… 124
●19世紀における資本の集積・集中の傾向
●働く人々の自己決定の、大協業のもとでの復活
重工業化と独占資本主義 …… 126
●重工業化によって熟練労働者の大協業が生まれた
●独占資本主義システムの登場
独占資本主義段階の特徴と政策 …… 128
●資本家の支配が必然化してしまった
●自由主義政策から「大きな政府」へ
独占資本主義時代の本源的蓄積 …… 130
●国家が強権で主導する本源的蓄積体制
●強権的な本源的蓄積体制は自由主義的転換に手間取る

自由競争時代と独占資本主義時代の本源的蓄積のちがい …… 132
●農業部門の労働生産性上昇か、労働時間増大・農民所得抑制か
複雑労働者の待遇改善 …… 134
●複雑労働者の労働運動が譲歩を克ち取る
●体制内での社会民主主義政党の改良運動
現代の技術と新しい段階の資本主義 …… 136
●熟練や専門性を解体する現代技術
●新自由主義政策への転換
現代の本源的蓄積体制 …… 138
●市場に任せる割合が大きいタイプの本源的蓄積体制
●典型例としての中国の改革開放路線
現代資本主義の進歩的意義 …… 140
●すべての労働者の団結が死活の必要事になる

第6章 「モノとモノとの関係」という「見かけ」の現れ方

単純商品生産社会を想定しよう …… 144
●「ヒトとヒトとの関係」が「モノとモノとの関係」に化ける
●「全員が自営業者」の社会を想定しよう
モノとモノとの交換割合が変動する自動調整 …… 146
●市場社会ではあらかじめニーズに合わせて生産しない
●余ったものは交換割合が不利になって生産が減る
●足りないものは交換割合が有利になって生産が増える
均衡での商品交換割合と投下労働量 …… 148
●単純商品生産社会の均衡では交換割合は投下労働量に従う
●「ヒトとヒトとの依存関係」で見た投下労働量の意味
●単純商品生産社会の均衡ではヒトどうしの関係が反映される
貨幣とそれによる評価 …… 150
●「みんなが受け取るから受け取るモノ＝貨幣」の発生
●「貨幣との交換割合＝価格」という「回り道」での評価
貨幣の君臨とその暴走 …… 152
●「社会的なことの一人歩き」としての貨幣物神崇拝
●貨幣物神崇拝がデフレ恐慌をもたらす

第7章 資本循環と利潤率という現れ方

資本の循環で貨幣は自己増殖する …… 156

●貨幣を手放して事業をすれば増える

●貨幣→生産要素→商品→貨幣の資本循環

単純再生産と拡大再生産の資本循環 …… 158

●単純再生産の資本循環　●拡大再生産の資本循環

利潤率とその均等化 …… 160

●「投下資本に対する年々の利潤の比率＝利潤率」を重要視

●異なる産業部門間で利潤率は均等化する傾向

均等利潤率が成り立つ価格＝生産価格 …… 162

●資本主義経済の長期均衡価格は生産価格

●生産価格は投下労働量に比例しない

均等利潤率と実質賃金率の対抗関係 …… 164

●実質賃金率が下がると均等利潤率は上がる

●均等利潤率と実質賃金率の上限と下限

部門間の生産のつりあいのとれた成長 …… 166

●生産価格の裏に順調な拡大再生産のシステム

●労働者を対象として内部で生産するシステム

資本主義経済の長期持続性 …… 168

●均斉成長率と実質賃金率との対抗関係

●労働人口成長とつじつまのあう長期均衡経済は一つ決まる

●資本主義経済の長期持続のためには労働生産性上昇が必要

均等利潤率の観念化と利子生み資本 …… 170

●均等利潤率が期待として共有されて基準になる

●利子生み資本が一人歩き

農業の場合の生産価格　地代の決まり方 …… 172

●耕作地のうち最もやせた土地の費用で価格が決まる

短期的な市場価格の決まり方 …… 174

●短期的な「市場価格」は生産価格から常にズレる

独占資本主義段階の価格と利潤 …… 176

●独占資本主義段階では企業が価格をコントロールする

●参入障壁を築いて既存業者が結託する

独占価格を崩す方向に作用する力 …… 178

●独占資本主義段階でも見られた反対傾向

●利潤率均等化の傾向が強まっているのではないか

第8章 本書と『資本論』の記述の異動

投下労働量に比例する価格を前提して始めるかどうか① …………………… 182
●マルクスは価格は労働価値からズレると見なした
●長期均衡価格でも労働価値からズレるのになぜ価値どおり?
投下労働量に比例する価格を前提して始めるかどうか② …………………… 184
●転化問題の結論――総計一致二命題は成り立たない
●本書の「投下労働量」は価格と縁を切って論じる
貨幣を金と見なすかどうか………………………………………………………… 186
●金はマルクスの時代には貨幣だったが今は廃貨されている
●貨幣の観念性を指摘することがマルクスの唯物論
労働力の再生産という概念をどうとらえるか① ……………………………… 188
●「労働力」の等価交換から労働搾取を導いた『資本論』
●労働力商品も他の商品と同じ価値規定メカニズムがあるか?
労働力の再生産という概念をどうとらえるか② ……………………………… 190
●どんな賃金でも搾取がいえるので「労働力再生産」概念は不要
●本書では再生産賃金を資本主義に強いられたものと見なす
個人に先立つ全体的な客観法則を認めるかどうか …………………………… 192
●伝統的マルクス経済学の客観法則志向
●本書は個々人の都合を究極の根拠にする立場
利潤率の傾向的低下法則を認めるかどうか……………………………………… 194
●利潤率が下がっていく! ――マルクスによる論証
●置塩による擁護と否定
『資本論』と本書との順序のちがい……………………………………………… 196
●価格次元の記述が本質次元の話にもなっている『資本論』
●まず投下労働量概念のレベルだけで論じる本書の順番

第9章 マルクス経済学の今後の課題

「社会的なことの一人歩き」の図式を精緻化する…………………………… 200
●ゲーム理論を使った制度分析として現代化している
●必ずしも合理的でない判断をするケースをどうとらえるか
厚生経済学や社会的選択理論の課題を考える必要 ………………………… 202
●この本の一番基本的な図式はみんながトクできる変革
●損する人が出るなら、厚生経済学や社会的選択理論の課題

「短期」と「長期」をどうつなぐか …… 204
●「長期」は均衡理論、「短期」は不均衡理論
●常に動揺する運動の平均として長期を設定する課題
マルクスの国家論はどう完成されるべきか …… 206
●「総資本の意思」は目の前ではどこにもない
●個々の資本家や政治家による偏差を長期平均して成り立つ
現代経済の分析にマルクス経済学はどう役立つか …… 208
●マルクス経済学の三つの特質
複雑労働力の生産と労働者間関係の分析 …… 210
●複雑労働力生産の分析は十分発達していない
ソ連・東欧体制崩壊後の時点での社会変革論 …… 212
●ソ連・東欧体制崩壊後の社会主義の方向性
●「市場社会主義論」と「アソシエーショニスト」
望ましい社会を創るはずの事業を変質させない …… 214
●NPOや労働者協同組合などが変質する事例
●ゲーム理論による制度分析で望ましいガバナンスを探る
労働者の立場の経済学の政治課題への関わり方 …… 216
●資本主義的政治体制の枠内での制度・政策の変革は必要
●「総資本」のための政策にこそ労働者の利害を込められる
アソシエーション的変革に必要な「倫理」 …… 218
●倫理の取りちがえが事業の変質を促進する

読書案内 …… 221
さくいん …… 222

コラム

・マルクスとエンゲルスの生涯 …… 36
・左翼vs右翼?　再分配賛成vs反対? …… 64
・「社会主義」と「共産主義」の定義は? …… 88
・数理マルクス経済学の先駆者・置塩信雄 …… 112
・日本でのマルクス研究①　日本資本主義論争 …… 142
・ケインズ経済学の価格決定論とマルクスの生産価格 …… 154
・新古典派経済学は資本主義擁護論の代表? …… 180
・日本でのマルクス研究②　大塚久雄と山川均 …… 198
・商人道−日本の開放個人主義倫理 …… 220

(本書に出てくる個人名、肩書き等は初版刊行時2010年8月当時のものです)

第1章

なぜいまさらマルクスなのか

資本主義経済を批判的に分析する方法はいろいろあるはずなのに、
そのなかでも特にマルクス経済学を学ぶことの意義は
どこにあるのでしょうか。
第1章では、マルクス経済学を学ぶに先立って、そのことを確認します。
すなわち、従来のマルクス解釈も含め、資本主義批判には
人間抑圧に陥る2つの危険な志向がありがちなのに対して、
マルクス思想が、まさにこの2つと真逆な志向から
できている点に、それを学ぶ意義があるのです。

KEYWORD

社会主義
マルクス主義
アナーキズム
レーニン
スターリン
反資本主義
身内集団原理
普遍化
モノとモノとの交換関係
フォイエルバッハ

現代経済のさまざまな問題に答えてくれるのか?

なぜいま「マルクス経済学」なのか

いま資本主義経済の問題に取り組んでいる経済学の多くは、マルクス経済学ではありません。「マルクス」だけが資本主義批判をしているわけではないのです。

● 現代経済の諸矛盾には深刻なものがあるが…

どうしていまさら「マルクス経済学」なのでしょう。

読者のみなさんも、こんな本を手に取ったからには、「格差」「貧困」なり「不況」なり、目の前の資本主義経済のもたらしている現象について、何か問題意識がおありなのでしょう。たしかに、日本ではあふれかえる富の山を前に、明日の食べ物にも事欠く人がたくさんいます。なんとか職にありついても、働いても働いてもギリギリの暮らしの賃金しかもらえない人も多いです。なるほど、この世の中のしくみ、なんかおかしいとお感じになって当然です。

● これに取り組んでいるのはマルクス経済学理論ではない

しかし今日、こうした問題に真摯《しんし》に取り組んだ経済学の業績は、**むしろマルクス派ではない人のものが多い**です。格差・貧困問題ならば、ノーベル賞を取った**アマルティア・セン**教授が有名ですが、日本でも同志社大学の橘《たちばな》木《き》俊《とし》詔《あき》教授らが活躍しています。不況の問題については、世界中で復活したケインズ派が現代的手法で真理に迫る努力を重ねています。日本でもいわゆる「**リフレ派**」の諸氏や、大阪大学の小《お》野《の》善《よし》康《やす》教授、東京大学の大《おお》瀧《たき》雅《まさ》之《ゆき》教授らがあげられます。ここにあげた人たちは、みなそれぞれ、冷厳な頭脳と灼熱《しゃくねつ》のハートを持って、経済の無慈悲な現実と、それを正当化した「新しい古典派」の経済学を批判しています。そしてそれに替わる温かな血の通った経済を求めて自己の理論を打ち出しています。

たしかにこうした問題に取り組んでいるマルクス経済学者も多いのですが、そうした研究もやはり、たいていはマルクス経済学固有の経済理論をふまえているわけではありません。

資本主義の問題提起はマルクス経済学の専売特許？

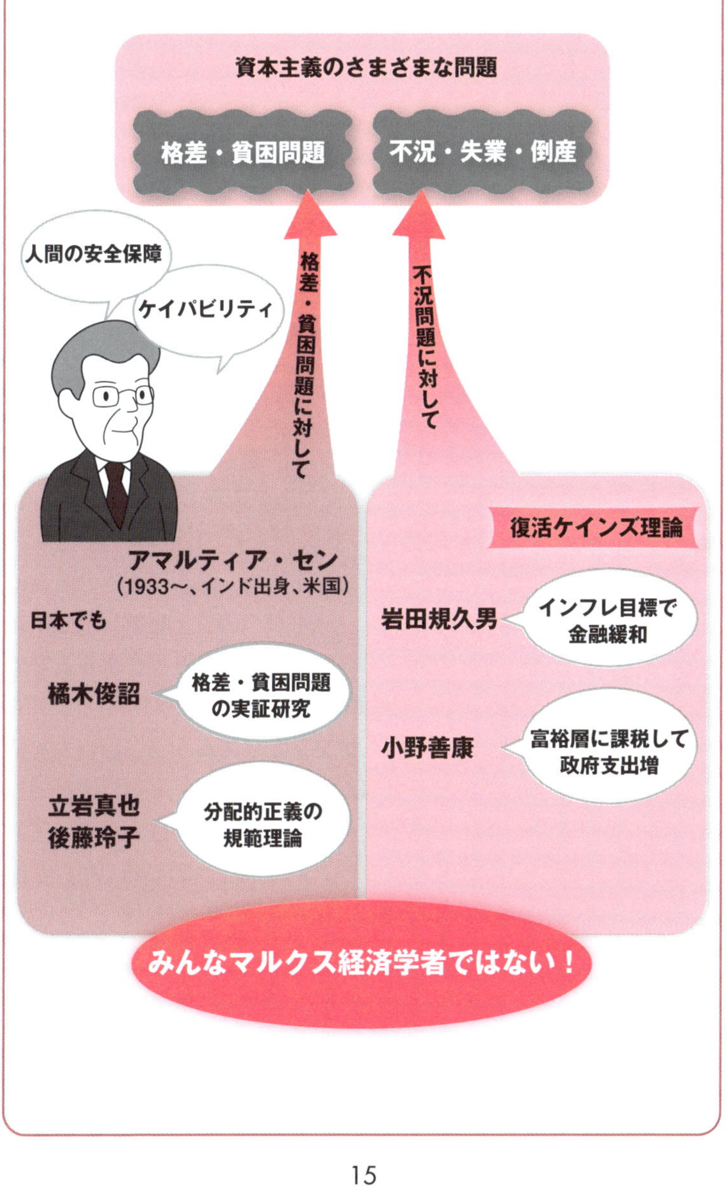

マルクス主義以外にも社会主義思想・運動は豊富にあった

社会主義はマルクスの専売特許ではない

マルクスの時代にも、その後の時代にも、マルクス派以外の社会主義の流れはたくさんありました。社会主義自体は「マルクス」の専売特許ではないのです。

■ マルクスと同時代のマルクス派以外の社会主義

そもそも社会主義にしても、別にマルクスの専売特許《せんばいとっきょ》ではありません。ここでは、現実の資本主義経済を批判して別の社会のしくみを求める思想・運動を広く「**社会主義**」と呼んでおきますが、すでに**19世紀のマルクスの時代から、マルクス派以外にさまざまな社会主義思想・運動がありました。**むしろ、フランスでは、革命的集権主《かくめいてきしゅうけんしゅ》義《ぎ》のブランキ派や産業管理志向《さんぎょうかんりしこう》のサン・シモン派、アナーキストのプルードン派やバクーニン派、ドイツでは国家社会主義のラッサール派や後の講壇社会主義者《こうだんしゃかいしゅぎしゃ》のほうが、マルクス派より有力でした。

■ マルクス以後、20世紀のマルクス派以外の社会主義

マルクスや彼の友人のエンゲルスの死後も、二人の後継《こうけい》の流れ以外の社会主義が多く見られました。イギリスの**フェビアン社会主義**や、スウェーデンで新古典派経済学が進化した**ストックホルム学派**は、労働運動と結びついて福祉国家建設に向かいます。フランスでは、労働者の直接行動を志向する**サンジカリズム**が強い影響力を持ちました。この流れは**アナーキズム**と結びついて、イタリア、ロシア、スペインで大きな勢力を持ちます。イタリアでは労働者の工場占拠経営が一時隆盛しました。ロシアやスペインの革命でも、実際にはアナーキストが地方の現場の社会革命を推進しました。

たしかにアナーキストはその後押さえ込まれて影響力を失います。イタリアではファシストに、ロシアでは共産党に、スペインではその両方によって血生臭く弾圧されました。しかしソ連型体制の現実を見ると、彼らがマルクス派側を批判した「**労働者の独裁を名乗る一部の者の独裁になる**」という警告が当たったように思えます。

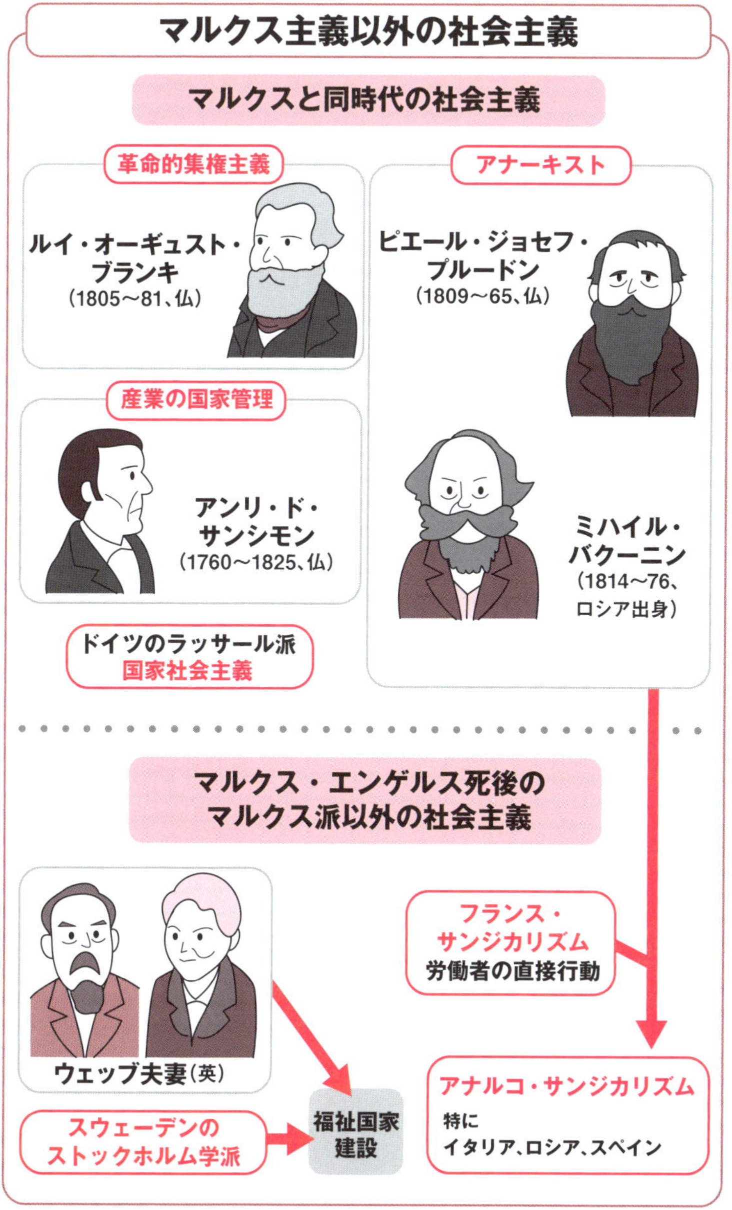
マルクス主義以外の社会主義
マルクスと同時代の社会主義
革命的集権主義
ルイ・オーギュスト・ブランキ
（1805～81、仏）
アナーキスト
ピエール・ジョセフ・プルードン
（1809～65、仏）
産業の国家管理
アンリ・ド・サンシモン
（1760～1825、仏）
ミハイル・バクーニン
（1814～76、ロシア出身）
ドイツのラッサール派
国家社会主義
マルクス・エンゲルス死後の
マルクス派以外の社会主義
ウェッブ夫妻（英）
フランス・サンジカリズム
労働者の直接行動
スウェーデンの
ストックホルム学派
福祉国家
建設
アナルコ・サンジカリズム
特に
イタリア、ロシア、スペイン

共産党独裁下で何が起こったか

ソ連、中国などで起きた悲惨①

「マルクス主義」を自称した共産党独裁政権では、ソ連でも中国でもカンボジアでも、おびただしい殺戮や抑圧がなされました。

●ロシアでできた共産党政権が広がった

だいたいマルクスから学ぼうというならば、「**マルクス主義**」を名乗った共産党独裁下で実際に起こったことを直視しないわけにはいきません。ロシアのマルクス主義を名乗る革命家**レーニン**が、1917年に政権の武力《ぶりょく》奪取《だっしゅ》に成功します。その権威のもと各国社会党の急進《きゅうしん》派《は》が分離して共産党を名乗り、社会党のなかった後進国でも共産党が結成されていきます。やがて第2次大戦後、中国や東ヨーロッパなどの国々で、武力やソ連軍の力によって共産党独裁政権が出現しました。**ソ連**と呼ばれることになったロシアで1930年代にできたシステムにならって、これらの国々では、企業を国有化して、政府の指令によって経済を運営することが目指されました。

●スターリン、毛沢東、ポル・ポトの人命《じんめい》蹂躙《じゅうりん》

これらの国々でどんな凄惨《せいさん》なことが起こったかは、今日ではよく知られている通りです。ソ連でレーニンの死後独裁者になった**スターリン**は、共産党の中央委員以上の幹部の9割を肉体的に抹殺したほか、集団化に反対したとされた農民や、ささいなことで言いがかりをつけられた労働者など、2,000万人弱が収容所送りになったり死刑になったりしました。運よく死刑にならなかった人も、酷寒《こっかん》のシベリアの収容所で酷使《こくし》され、労働効率が落ちると殺されたりしました。ウクライナなどの農村では、穀物を強制的に取り立てて、何百万人もが餓死したといわれます。中国の**毛沢東**も、**大躍進政策《だいやくしんせいさく》**で3,000万人の農民を餓死させたほか、**文化大革命**で一説で1,000万人といわれる人命を犠牲にしました。カンボジアの**ポル・ポト**政権は、4年間で人口600万人のうち、100万人以上を殺しました。

ソ連型体制で起こった悲劇

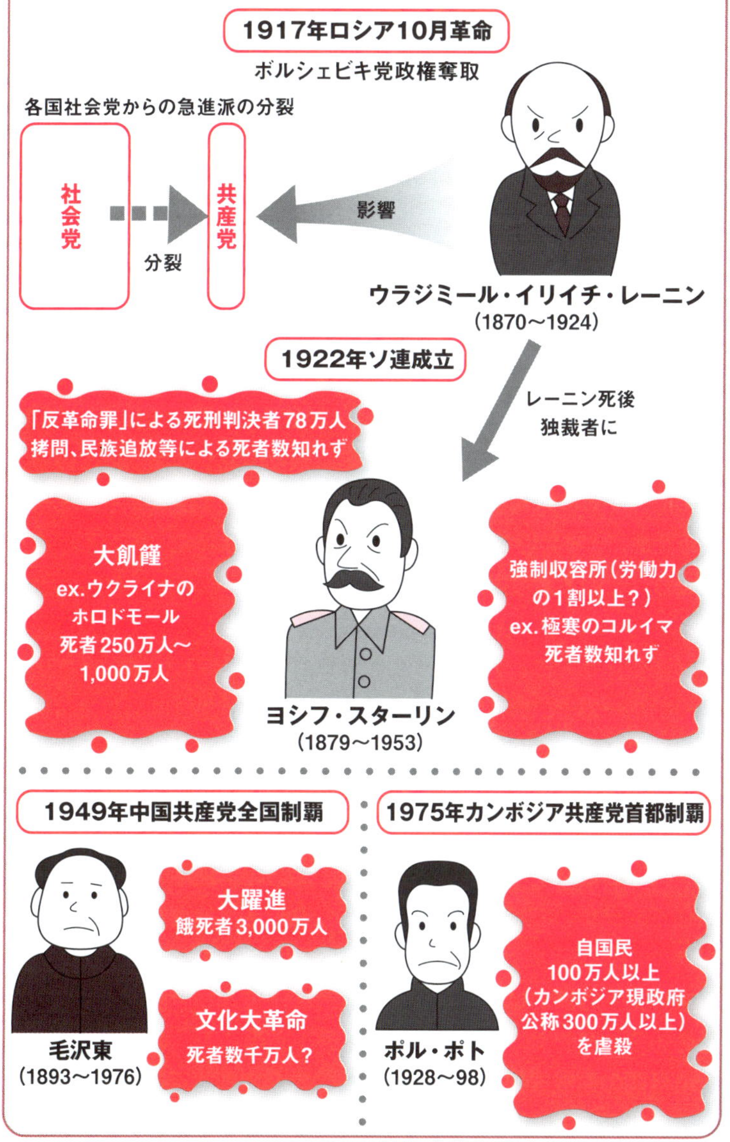
1917年ロシア10月革命
ボルシェビキ党政権奪取
各国社会党からの急進派の分裂
社会党
分裂
共産党
影響
ウラジミール・イリイチ・レーニン
(1870～1924)
1922年ソ連成立
レーニン死後
独裁者に
「反革命罪」による死刑判決者78万人
拷問、民族追放等による死者数知れず
大飢饉
ex.ウクライナの
ホロドモール
死者250万人～
1,000万人
ヨシフ・スターリン
(1879～1953)
強制収容所（労働力
の1割以上？）
ex.極寒のコルイマ
死者数知れず
1949年中国共産党全国制覇
大躍進
餓死者3,000万人
文化大革命
死者数千万人？
毛沢東
(1893～1976)
1975年カンボジア共産党首都制覇
ポル・ポト
(1928～98)
自国民
100万人以上
（カンボジア現政府
公称300万人以上）
を虐殺

それはレーニン時代から始まっていた

ソ連、中国などで起きた悲惨②

「マルクス主義」を名乗る最初の権力者レーニンの頃から、すでに残酷な大量殺人や人権抑圧、幹部の特権は見られました。

● レーニンも残酷に大量殺人した

かつては、レーニンが生きていた頃はスターリンのような残酷《ざんこく》なことはなかったと思われていましたが、ソ連崩壊後の秘密文書公開で、レーニンの残酷な大量殺人指令がたくさん暴露《ばくろ》されています。スターリン時代は文書で犠牲者が特定され、形式的裁判がなされましたが、レーニンの指示は「富農を100人」など、抽象的な概数《がいすう》で裁判なしの殺害を命じるものが多く、労働者も「反革命」「プチブル」等とされて多数犠牲になっています。穀物徴発《こくもつちょうはつ》や商業流通の破壊のために、すでに大規模な飢饉《ききん》も発生しています。農民ゲリラを掃討《そうとう》するために、村を焼き払ったり、森に毒ガスをまいたりもしています。聖職者などの大量殺害は、内戦が終わった後にも見られます。

● 幹部の特権はレーニンから始まった

ソ連型体制では、大衆がみんな消費財不足で貧しい生活を強いられていた一方で、共産党の高級幹部は大衆からかけはなれた特権を享受《きょうじゅ》して、豊かな生活をすることができました。これも、すでにレーニン時代から始まっていたことが暴露されています。内戦で労働者や兵士が飢餓ギリギリで休みない労働を強いられているときに、レーニンは自分たち最高幹部の休養のための別荘地への鉄道運行を命じています。こんな時期に愛人のために物質的便宜をはかる電報が残っているのは、まだご愛嬌《あいきょう》のうちでしょうか。

中央指令経済では、上位計画の遂行を下位者が自己利益のために歪《ゆが》めることを防ぐ、動機付けのしくみが必要です。それが、一つは上位計画の達成成果のよくない者への左遷《させん》や刑罰であり、もう一つがその成果のよい者に、抜擢《ばってき》で特権を与えることだったのです。

独裁者レーニンの圧政

勝利を得るためには独裁が必要である…。独裁とは、何ものにも制限されない、どんな法律によっても、絶対にどんな規則によっても束縛されない、直接的暴力に依拠する権力以外の何ものでもない

1918年頃から内戦

1917年末 秘密警察「チェー・カー設立」

↓

恣意的な逮捕、銃殺多数

陰謀者や動揺している者は、いちいち指示を仰いだり、ばかげた手続きなどは抜きに銃殺せよ

刊行物、写真、映画…郵便、電信による通信をあらかじめ検閲すること

少なくとも100人の名の知れた富農、金持ち、強欲非道者をつるし首にせよ(つまりみんなの見える ように)。…穀物類はすべて彼らから没収せよ

内戦終結期の反政府運動

分派禁止 → 労働者反対派

血の大弾圧 → ペトログラード大ストライキ / クロンシュタット反乱 / マフノ反乱

↓

大飢饉発生

↓

ネップ(新経済政策)への転換

(自営農化、農民ビジネスの容認)

ネップがテロルに終止符を打つと考えるのは最大の過ちである。われわれは必ずテロルに戻る

メンシェビキ(社会民主党穏健派)に対する弾圧を強化する必要がある

1921年から北方の強制収容所(1万人~2万人規模)建設開始

人民社会主義者全員を「根絶する」ことは決定されたのか?…彼ら全員をロシアから追放しなくてはならない

1922年教会財産没収開始

この問題についての反動的な聖職者と反動的なブルジョワの銃殺者数は、多ければ多いほどよい

君(スターリン)自身とカーメネフ、ジェルジンスキー用の別荘が建っていて、私の秋用の別荘も建設中のズバロヴォでは、秋までに鉄道分岐線を修理し、市街電車の定期運行ができるようにすべきである。そうすれば、1年中、速く、こっそりと、安いサービスが受けられることになる

他派への攻撃は政権をとる前から見られた

ソ連、中国などで起きた悲惨③

「マルクス＝レーニン主義」を名乗る人々は、権力をとる前から、自派以外の党派への攻撃や流血の内ゲバに明け暮れたという歴史があります。

● レーニンの他派攻撃・毛沢東の「AB 団事件」

たしかに、ソ連型体制は社会主義的な社会システムではなくて、後で述べるような急速な工業化のための機能を持った**国家資本主義**体制にすぎなかったと私は考えます。その意味では、悪辣《あくらつ》な大衆抑圧も革命家の抹殺《まっさつ》も起こって不思議ではありません。

しかし、レーニン主義を信奉する運動は、体制ができて裏切るというより、政権をとる前からもともとこういう傾向がありがちだともいえます。レーニン率いる**ボルシェビキ党**（後の共産党）は、革命前、皇帝政府に対するよりも、他の社会主義党派に対する攻撃にエネルギーをかけていました。銀行強盗で資金調達していたことでも有名で、資産家の遺産をめぐる紛争も起こしていました。

中国共産党の場合は、内戦中の1930年に、国民党のスパイ組織「AB団」なるものをでっち上げた毛沢東が、何万人もの同志を殺害する事件を起こしています。

● 連合赤軍事件や内ゲバや「引き回し」

日本でも1970年代に、社会党や共産党に飽き足らず、もっと急進的な革命を目指す若者たちがテロ事件を引き起こしていました。**連合赤軍**は山中のアジトで、半年ぐらいの間に14人の同志を次々とリンチにかけて殺害しました。また、急進各党派《きゅうしんかくとうは》は自派の勢力拡大のために、互いに「**内ゲバ**」と呼ばれる暴力抗争を繰り広げ、しまいには殺しあいの報復合戦にのめり込んでいきました。

もっと穏健《おんけん》な党や労働組合であっても、個人生活や現場の事情を無視した上意下達《じょういかたつ》に、末端活動家がふりまわされたり、党派エゴのために運動が足を引っ張られたりということは、日常茶飯事でした。

政権をとる前の他派攻撃・内ゲバ

ロマン・マリノフスキ
（1876〜1918）

皇帝政府秘密警察のスパイだったボルシェビキ党幹部
他の反政府政党攻撃のためにレーニンから重用される

国民党政府との内戦期の中国共産党の粛清事件

1930年AB団事件（反毛派の監禁、拷問）

↑

富田地区紅軍の反乱 ← 血の弾圧

1942年〜整風運動（1万人以上が殺害？）

毛沢東

連合赤軍山岳ベース事件（1971-72年）

連合赤軍　共産主義者同盟赤軍派と日本共産党革命左派京浜安保共闘が合同した新左翼団体。
メンバーに対する批判や自己批判を「総括」と称して強要するようになり、それが処刑に到るまでエスカレート。1971年末から2ヵ月余りの間に12人が死亡した

中核派・革労協 VS 革マル派の内ゲバ

内ゲバ　急進的な革命を目指す各党派が自派の勢力拡大のために他党派に向けた暴力闘争のこと（元々国家権力に対する実力闘争をゲバルト＝暴力と称した）。中核派・革労協と革マル派の間の内ゲバでは、鉄パイプやバールで撲殺するなどで少なくとも86名が死亡

社会主義はこのような問題を起こす傾向がある?

反資本主義に広く見られる抑圧

レーニン派以外でも、多くの自称社会主義者が政敵を弾圧、殺害しました。侵略と殺戮を行ったナチスも日本の戦時体制も、一種の社会主義でした。

● レーニン主義以外の「社会主義」でも

もちろん、こうしたことが見られるのは、レーニン主義の勢力にかぎったことではありません。第1次大戦を終わらせたドイツ革命後に、**ローザ・ルクセンブルク**ら多数の革命派の人々を、右翼義勇《うよくぎゆう》軍《ぐん》を使って裁判なしで虐殺させたのは、社会民主党右派の政府でした。また、アラブ社会主義にしてもビルマ社会主義にしても、一党独裁や軍部独裁を敷いて政敵《せいてき》を粛清《しゅくせい》し、反対運動を血生臭く弾圧したことに変わりはありません。

● ナチスも日本の戦時体制も反資本主義

このようなことを述べたのは、せっかくこの本を手にとったみなさんに「マルクス経済学なんてダメだ」といいたいためではありません。しかし、**反資本主義や反営利といったものは、自覚しなければしばしば自然にこのような問題を起こす傾向を持っている**といえるのです。

そもそも悪名高い**ナチス党**は、正式名を「**国家社会主義ドイツ労働者党**」といいます。党内左派のレームを粛清した後にも、企業に労働環境規制をかけて、完全雇用政策を遂行。営利を無視して生産にはげむように企業を統制しました。日本の戦時体制も、多数の元マルクス主義者を擁する「企画院」のもとに、営利追求を否定して生産や価格・賃金を統制しました。後には、国家社会主義者の**北一輝《きたいっき》**の思想が体制の起源であることを公言します。このような体制が、自民族エゴのための侵略やジェノサイト、スパイやゲリラを理由にした他民族の民衆虐殺《みんしゅうぎゃくさつ》、そして自国民へのおびただしい無駄死にの強制をもたらしたことを忘れてはなりません。

反資本主義や反営利が起こす問題

ドイツ社会民主党の粛清

自由とは常に思想を異にする人のための自由である

↑ レーニン批判の文章

プロレタリア革命はテロルも必要とせず殺りくを嫌い、憎む

↑ ドイツ共産党創立大会報告

ローザ・ルクセンブルク
(1871～1919、出身ポーランド)

第1次大戦に反対してドイツ社会民主党と決別。後のドイツ共産党を創始。労働者の武装ゼネストに参加し、その鎮圧後、逮捕、殺害される

← 右翼義勇軍に革命派弾圧を指示

グスタフ・ノスケ
(1868～1946)

第1次大戦直後のドイツの国防相。社会民主党所属

ナチス(国家社会主義ドイツ労働者党)の経済政策

アドルフ・ヒトラー
(1889～1945)

- 労働者保護政策
- 森林保護政策
- 農民保護と農地売買譲渡禁止

経済4ヵ年計画
大規模公共事業

→ 国民車計画
→ アウトバーン建設
→ 完全雇用

日本の戦時体制

北 一輝
(1883～1937)

国家社会主義を掲げるファシズム思想家。2.26事件への関与を疑われ、死刑

↓

国家総動員体制(1938～敗戦)

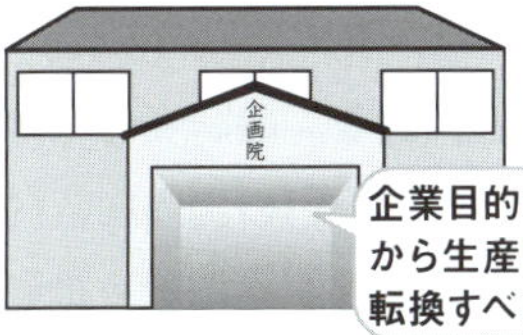

企業目的を利潤から生産目的に転換すべし

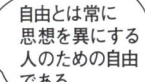

マルクスの意義はまさにここにある

「反資本主義」が抑圧に陥らないこと

反資本主義運動が人間抑圧をもたらすのには、二つの要因があります。マルクスの基本志向は、まさにこの二つの要因に反対する点にあります。

● 反資本主義が抑圧をもたらす二点の原因

虐《しいた》げられた人々を解放しようという反資本主義的な運動が、どうしてこのような悲惨な抑圧を、かえってもたらしてしまうのでしょうか。わたしは次の二点のいずれかにその原因があると見ています。

①身内共同体志向を持ち、近代的な人間関係を好まないこと。

②身の周りの個人的事情を低いことのように見下して、高尚《こうしょう》な理念や「青写真」を掲げて大衆に押し付けようとする志向。

反資本主義的な運動は、簡単にこの二点の志向を持ってしまいがちなのです。現代の資本主義がもたらす悲惨は、別にマルクスを持ち出すまでもなく、多くの反発を生み出すことでしょう。しかしそうした反発も、手放しで煽《あお》っていればいいものではなく、やはりこの二点の志向に簡単につながってしまう恐れがあるのです。その結果は、ファシズムやスターリン型の社会であったり、テロやただの暴動や経済失政だったりして、一層の悲惨に終わることでしょう。

● マルクス理論はこの二点を批判する図式からなる

いまなぜマルクスなのか。それは、マルクスの思考の図式こそが、まさにこの二点を批判し、それと対抗する姿勢から構成されているという点で、他の凡百《ぼんびゃく》の社会主義思想にない特長があるからです。すなわち、マルクス思想は次の二点からできているのです。

①'資本主義が身内共同体（ムラや職人団体など）を否定してもたらした、近代的な人間関係の原理を、歴史の進歩として肯定すること。

②'理念や「青写真」のような、「社会的なこと」が、個々人の事情を離れて一人歩きすることを批判すること。

これまでの多くのマルクス解釈は、この点を軽視したと思います。

反資本主義思想・運動が抑圧をもたらす原因

❶身内共同体志向を持ち、近代的人間関係を好まないこと

❷理念や「青写真」を掲げて大衆に押し付けようとする志向

マルクス主義の要点は、上の二つを批判するところ

❶´ 資本主義が身内共同体を否定してもたらした近代の肯定

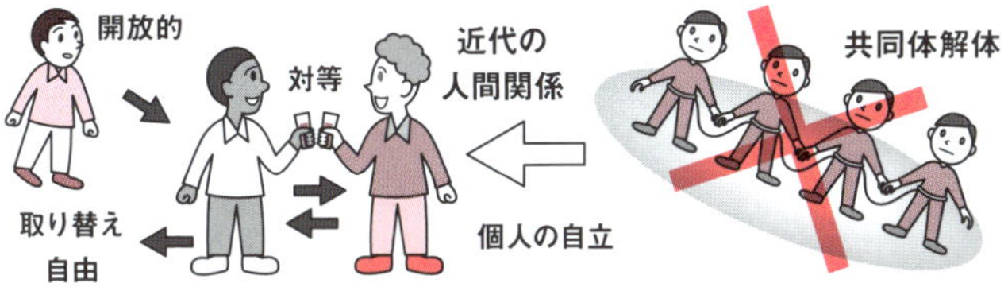

❷´ 個々人を離れた理念や「青写真」などの「社会的なこと」の押し付けを批判すること

身内での助け合いの裏にある異質者への抑圧

身内集団原理が個人の自由を抑圧する

資本主義への反発は、それが壊した古い共同体への回帰志向をもたらします。しかしこれは異質な個人への抑圧と、排外主義・集団エゴにつながります。

● 身内共同体志向が集団エゴや内部異質者の抑圧をもたらす

近代の資本主義経済は、昔のムラや職人団体などの身内共同体を壊して、流動的で割り切った匿名の人間関係に変えることで発展しました。そのなかで、共同体内での義理の取引や、困ったときの援助がなくなり、競争に負けて没落するほかない人々が多数出現したわけです。それゆえ資本主義に対する反発は、まずは、昔の共同体を取り戻そうという志向として現れてしまいがちなのです。

しかし、**身内共同体の助け合いの裏には、異質な者への抑圧とか、外部者への無関心や敵視があったことを忘れてはなりません。**現代でも同じです。現代の広い依存関係のなかで、部分的な共同体回帰を志向すると、外部に多大な迷惑を及ぼす集団エゴに陥りがちです。現実の反資本主義運動が、党派から国家まで、しばしばひどい集団エゴに陥ったり、内部異質者を抑圧したりするのはこのためです。

●「同胞《どうほう》のために平等を」という志向の危険

資本主義のおかげで得をしている人は、よく自由主義を名乗ります。そして、「自由」の名の下に、私有財産を自分のため以外に使うことを拒否します。しかしこれに対する反発は、しばしば身内共同体原理から出てきます。つまり、「同じ国民だからある程度は平等でないといけない」というわけです。そして、**同胞のために個人の自由は制約されるべき**だとします。**「自由」と「平等」が対立する図式**はここから生じます。特に、今日の世界資本主義への反発が、こんな民族共同体原理と結びついたらどうなるでしょうか。そうした反資本主義運動は、排外的《はいがいてき》な民族エゴや、「日本人とはこうあるべき」といった内部《ないぶ》同調《どうちょう》圧力《あつりょく》などに簡単に結びついてしまうでしょう。

身内共同体が抱える問題

資本主義への反発は、昔の共同体を取り戻そうという志向で現れがち

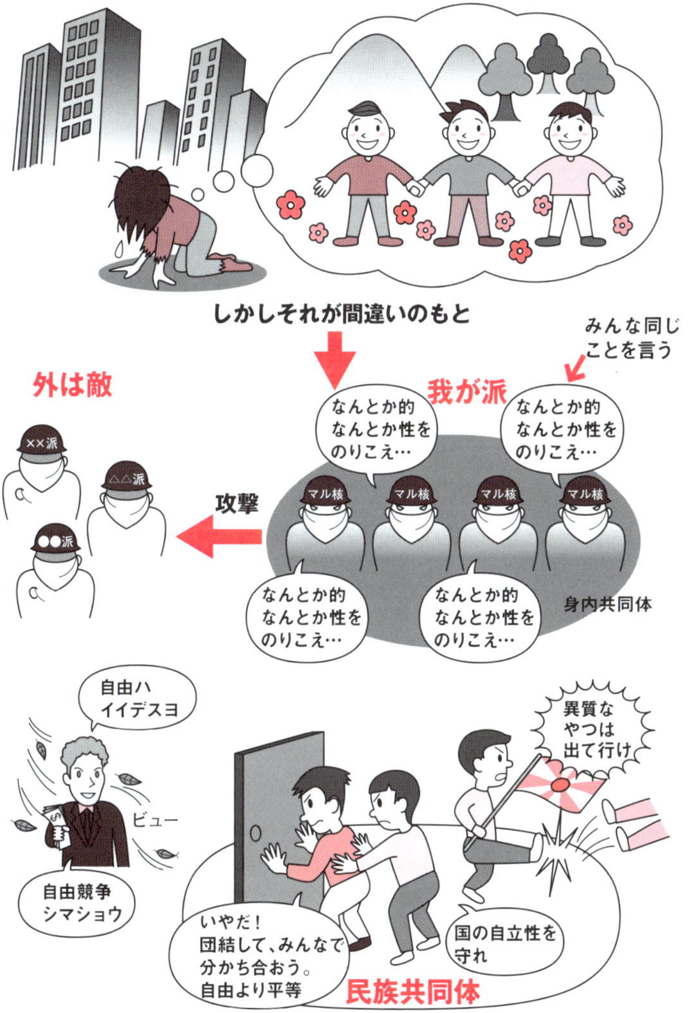

グローバル資本主義への反発は、民族共同体原理につながり、
排外主義や自由の束縛をもたらすおそれ

マルクスの立場は単なる反資本主義ではない

近代は共同体を否定して世界を普遍化する！

資本主義批判は、資本主義が共同体の束縛を壊したときに約束した「自由」が実現されていないという、「近代の不徹底」への批判であるべきです。

マルクスは前近代から近代への移行を進歩と見た

マルクスの立場はこうした共同体志向とは正反対です。もともと社会主義思想には、近代で壊された共同体に帰ろうとする志向のほかに、逆の志向の流れがありました。近代が昔の共同体を否定して約束した市民革命のスローガン、「自由・対等」や個人の自立が、現実の資本主義のもとでは実現されていないことを批判して、その近代の約束不履行《やくそくふりこう》を今度こそ履行させようとする志向です。

マルクスもこの流れのうちに位置づけられます。彼は、前近代から近代への移行に、人類史を二分する大きな進歩を見ているのです。**資本主義経済は世の中の奥底で、近代のいいところを長期的に実現していく。それを資本主義特有の短期的変動の歪みから救い出してスムーズに実現するのが社会主義だ。**——こう見ているのです。

近代は世界を普遍化して均衡《きんこう》と公正をもたらすはず

ではその近代のいいところというのは何か。マルクスとエンゲルスが若い頃書いた『**共産党宣言**』を読めば、まるで資本主義礼賛の書のように書いてあります。単に生産力が増えたというだけではありません。世界中がみな共通の原理に結ばれるということなのです。要するに「**普遍化**」ということです。

前近代では、権力者の個性や共同体や身分が違えば、人々は違った扱いを受けました。ところが近代では、そういうことにかかわらない場所や職業や取引の流動によって、社会全体のバランスのとれた仕事の配分や、自由・対等・公正な人間関係が作られます。資本主義の現実では、これらは短期的な変動で歪《ゆが》められるのですが、長期的には平均化して実現されるのです。

共同体志向とは逆方向の社会主義思想・運動

ワー
ワー
自由・公正
たてー
市民諸君!
市民革命
すべての個人に自由を約束
現実にでき上がった
資本主義経済体制は…
資本家
いやならやめて
いいんだぞ～
支配
命令
従属
従属
従属
従属
労働者
約束違反だ
苦しいぞ!
今度こそ自由を!
マルクスもこの流れの一つ

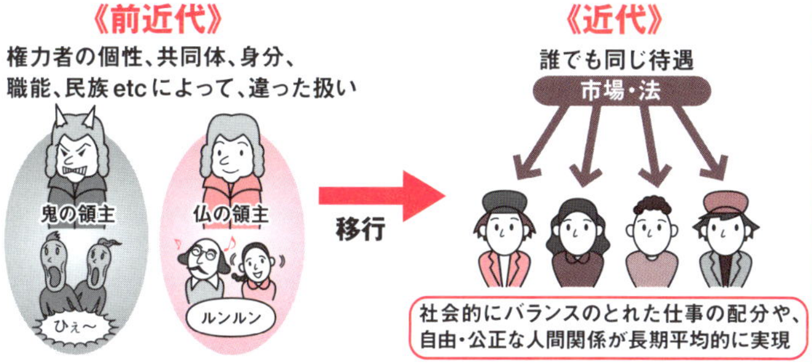
《前近代》
権力者の個性、共同体、身分、
職能、民族etcによって、違った扱い
鬼の領主
ひぇ～
仏の領主
ルンルン
移行
《近代》
誰でも同じ待遇
市場・法
社会的にバランスのとれた仕事の配分や、
自由・公正な人間関係が長期平均的に実現

マルクス・エンゲルス『共産党宣言』(1848年)

国際的な労働者組織「共産主義者同盟」の綱領として作成

ブルジョワジーは、歴史上極めて革命的な役割を果たした。
……中略……
ブルジョワジーは、世界市場の開発を通じて、あらゆる国々の生産と消費とを超国際的なものにした。…
昔の地上的・一国的な自給自足と隔離の代わりに、全面的な通交、諸民族の全面的な依存関係があらわれる。…民族的な一面性や偏狭はますます不可能となり、多くの民族文学や地方文学から、一つの世界文学が形成される。
ブルジョワジーは、…あらゆる民族を、最も未開な民族までも文明に引き入れる。…一言で言えば、ブルジョワジーは、自分の姿に似せて一つの世界をつくりだすのである。

＊ブルジョワジー：資本家のこと。中世の商工業者

社会的な主義や制度が個々人を抑圧することがある

「社会的なこと」の一人歩きを批判

理念や制度は、簡単に個々人の暮らしの事情から一人歩きし、個々人に押し付けられてしまいます。このことへの批判がマルクスの基本図式です。

● 理念を個々人の事情よりも優先させることの危険

反資本主義運動が大衆を抑圧しがちになるもう一つの原因は、**個々人の暮らしの事情から切り離された理念や世界観を掲《かか》げて、それにしたがって世の中を変えようという志向が持たれがち**なところにあります。特にレーニン主義は、労働者の自発性を信頼せず、革命的エリートが鉄の組織を組んで、外部から社会主義思想を労働者に注入するという「注入理論」を唱えたことで、この傾向を悪化させました。しかしここまで意識的でなくても、主義主張が一人歩きして個々人の暮らしの事情を踏みにじることは、戦前の日本の「皇国《こうこく》史観《しかん》」にせよ、記憶に新しい「構造改革」にせよ、カルトや宗教原理主義にせよ、主義主張の内容にかかわらずよく起こることです。

● 生身の人間を重視するフォイエルバッハの哲学

1830年代から40年代ごろのドイツでは、このような社会的な主義や制度の一人歩きを批判して、個々人の生身の事情に立つことを主張する哲学者が現れました。一番有名な**フォイエルバッハ**は、「**神は人間の社会的側面を投影して一人歩きさせたものだ**」として、それが生身の人間を組み伏せる抑圧を批判しました。マルクスや後に親友になるエンゲルスは、青年期にこのフォイエルバッハらの主張に感激し、基本的なものの見方を形成したのでした。

すなわち、社会的な主義や制度が、個々人の暮らしの事情から離れて一人歩きして個々人を抑圧することを批判し、**社会的なことが個々人の暮らしの事情に合致することを求める図式**です。これが、その後のあらゆる論点を貫く基本的な図式になったのです。レーニン主義派はじめ多くの社会主義者にはこの図式の見方が欠けていたのでした。

「社会的なこと」は一人歩きする

第1章 なぜいまさらマルクスなのか？

レーニンの「注入理論」

- 唯一正しいとってもえらいわがはいの理論
- 鉄の規律の「前衛党」
- ※前衛党：労働者を引っ張っていく指導政党という意味
- 注入
- 否定 自発性

主義、主張の一人歩きはしょっちゅう起こる

主義主張

- ある時は「皇国史観」またある時は「構造改革」またある時は宗教原理主義…
- 抑圧 → 個々の暮らしの事情

「社会的なこと」（主義、制度など）の一人歩き

こんなことはよくない！

というのがマルクスの基本的立場

1830年代〜40年代のドイツの哲学者が言い出した。

典型例：フォイエルバッハの宗教批判

ルードヴィッヒ・フォイエルバッハ（1804〜1872）

「社会的な観念が生身の人間を苦しめている」

人間自身の社会的な側面が神に投影されている。
→ 人々を思いやり、（社会的に力を出しあって）偉大な力を発揮

神 — 一人歩き／抑圧 — 生身の個人

「お前なんて、卑小（ひしょう）でわがままなつまらない存在だ。愛してやるから、我が目を恥じて生きよ」

感動!! 青年マルクス　青年エンゲルス

→ いろいろな社会分析に応用

誰もに当てはまることと個々人の事情尊重

この二つの両立志向が本書の意義

近代的関係の肯定と「社会的なこと」の一人歩き批判との二つの志向を総合する立場がマルクス思想の特徴です。だからマルクス個人にこだわる必要はありません。

● マルクス経済学の入門書を名乗る根拠

それゆえ本書では、資本主義批判の経済学といっても、**①身内共同体原理ではない、誰をも所属や身分にかかわりなく扱う近代の開かれた人間関係原理を、把握・評価する軸、②個々人の暮らしの事情を根拠にして、「社会的なことの一人歩き」を批判する軸**

この二軸から話を組み立てることをもって、マルクス固有の特徴と考え、マルクス経済学の入門書を名乗る根拠にします。だから本書では、マルクスという個人の言動にこだわるつもりはありません。

● 19世紀半ば当時、この立場の出現は時代の流れだった

そもそもこの同じ19世紀半ばに、マルクスとエンゲルス、さらには労働者のアマチュア哲学者**ディーツゲン**と、ほぼ同じ思想に到達した者が独立して出ています。別にマルクス個人がいなくても大きな変わりはなかったわけで、彼個人が問題の焦点ではないのです。

当時、イギリスで産業革命が進展して、後の章で見るような、ひどい貧困と抑圧に苦しむ工業労働者が出現して、それが世界に広がりました。ところが、それを解決しようとする当時の社会主義（16ページ参照）と言えば、アナーキストは個々人の事情を重視するけれど、箱庭みたいな小共同体志向です。手工業職人や農民には当てはまるけれど、大工業労働者は救われません。他方の国有集権派《こくゆうしゅうけんは》は近代産業を肯定するけれど「上から目線」のエリート主導。一長一短です。そこにちょうどドイツ哲学では、長期傾向的に普遍性・合理性が発展するのを肯定するヘーゲルの弁証法《べんしょうほう》と、前項で見た、主義や制度の一人歩きを批判するフォイエルバッハらが出現したのです。①と②の両者を兼備《けんび》する総合思想の出現は理《り》の当然でした。

本書で語られるマルクス経済学の核心

●この本が「マルクス」を名のる根拠

❶身内共同体原理はイヤよ。近代の分け隔てのない原理がいいわ

❷生身の個人個人の事情が大事！「社会的なことの一人歩き」はダメ

19世紀半ばにイギリスで産業革命が進展してひどい貧困と抑圧に苦しむ工場労働者が出現し、それが世界に広がった

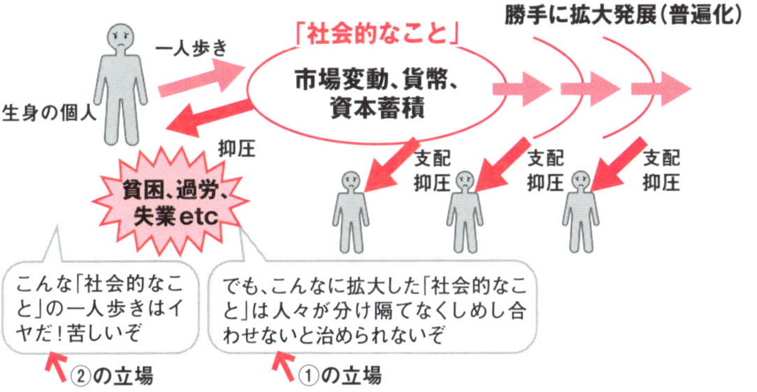

	①の立場○、②の立場×	②の立場○、①の立場×
フランス社会主義	**国有集権派** （ブランキ・サンシモン） ●近代産業肯定 ●しかし、エリートが「青写真」押しつけ	**アソシエーション派** （プルードンらアナーキスト、フーリエ） ●個々人の事情を重視する現場の自治 ●しかし、小共同体志向
ドイツ哲学	**ヘーゲル弁証法** ●普遍性・合理性が貫く ●しかし、それは人類の理性の自己発展	**フォイエルバッハらの唯物論** ●「社会的なこと」のひとり歩き反対！ ●しかし、小共同体志向

一長一短 → 総合思想出現は当然の流れ

↓

マルクス、エンゲルス、ディーツゲン（独立に出現）

COLUMN

マルクスとエンゲルスの生涯

『資本論』を書いたカール・マルクスは、1818 年に、ドイツ西部のトリーアで生まれました。そこはプロイセンの絶対王政の支配下でしたが、当時は危険思想であった自由主義が盛んでした。マルクスもそんななかで育ち、民主主義ジャーナリストとして社会に出ます。その活動のなかで、経済問題が世の中を動かしていることを悟り、生産手段の私有を批判する共産主義へと転じていったのですが、やがて当局の弾圧を受けて、パリ、ブリュッセルを転々とします。

彼の生涯の友人であるフリードリッヒ・エンゲルスは、1820 年にドイツ西部の工場主の息子として生まれました。若くしてイギリスにある父の綿工場に送られ、そこでスラムの工場労働者の貧困に衝撃を受けます。そして経済学研究でマルクスに着目され、ブリュッセルで共同の活動を始めます。2 人は、48 年のドイツ革命に加わりますが、その失敗後、イギリスに亡命します。

その後、マルクスはロンドンで大英博物館に通って経済学の研究に没頭し、エンゲルスはマンチェスターの父親の工場を手伝ってマルクスの生活を支えました。しかしエンゲルスが共同経営者に就く前でおカネが自由にならず、マルクスも文筆の仕事が乏しかった間は、マルクスは妻子と、妻の実家からついてきた家政婦とともに赤貧《せきひん》に苦労し、四人の幼子を亡くしています。

こんななかで書き上げた『資本論』の第 1 巻が出版されたのが 1867 年。その当時はマルクスもエンゲルスも、国際的な労働者組織の第 1 インターナショナルの仕事に忙殺《ぼうさつ》されましたが、同組織解散後マルクスは研究活動に戻り、膨大な遺稿《いこう》を残して 83 年に亡くなります。その後エンゲルスがこれを編集し、『資本論』第 2 巻、第 3 巻として、85 年と 94 年に刊行し、翌年死去しました。

マルクスは三人の娘が成人しているほか、家政婦に生ませた子供がいて、エンゲルスが引き取って里子に出して養育しています。

第2章

マルクスの社会分析の基本図式

第2章では、第1章で2点に整理した、
マルクスの社会分析の基本図式を解説します。
特に、個々人の生身の事情を離れて「社会的なこと」が一人歩きする
メカニズムの批判的分析が、マルクスのあらゆる論点を貫く
共通図式になっています。本章では、マルクス経済学の基本的な
社会把握のキーワードになってきた「階級」とか「唯物史観」などの
考え方を、この図式から説明します。

KEYWORD

自由
社会的なことの一人歩き
社会的依存関係
階級社会
唯物史観
上部構造
ブルジョワジー
疎外論
開放個人主義社会
アソシエーション

権力がないのにまわりに同調してしまうのは?

マルクスの立場は自由主義の徹底だ

人間社会ではまわりがどう行動するかを予想して自分の行動を決めるということがあります。それによって心にもない選択を強いられることがあります。

● お互いの行動を予想して心にもない選択をしあう不自由

「**マルクスの考えは自由主義の一種だ**」と言うと、これまでのマルクス信者も批判者もみんな驚きますが、でもそうなのです。「自分に関わる意思決定は自己決定すべきだ」との立場と解釈できます。普通の自由主義よりもこの立場を徹底しているのだと思います。

政府《せいふ》礼賛《らいさん》を国民に強制すること（事態A）は、誰もが**自由の侵害**だと言います。しかし、政府自身が強制しなくても、周囲がみんな政府礼賛しているので、同調しないと周囲からいじめられると思って、みんなやむなく、したくもない政府礼賛をしているという事態（事態B）はどうですか。差別やイジメにしても、日本が戦争にはまり込んでいったときにしても、特攻《とっこう》や集団自決のときにしても、こんな相互強制で、心にもないひどい選択をいやいやした人は多かったと思いますが、普通の自由主義のレベルでは、こうした事態は自分が望んで決めたことにされてしまいます。

● 権力もお互いまわりを恐れているから発生する

しかし政府が強制した事態Aの場合にも、権力者自身が肉体的に強制力があるわけではありません。従わないと強制の専門家に弾圧《だんあつ》されるから従うのです。しかしその専門家がなぜ権力者に従って弾圧するかというと、やはり従わないと別の専門家たちに弾圧されるからです。その人たちが権力者に従うのも同様で、要するに、人々が互いに、権力者に従わないと他者にやられるからと思って従っているという点では、事態Bと変わりません。

だから事態Bも事態A同様、**個々人の自己決定の自由に対する侵害である**ととらえるべきです。

「お互いの行動を予想して心にもない選択をしてしまう」とは……？

事態A 政府がしたくもない政府礼賛を国民に強制している状態

おまえら
ワシを
礼賛しろ
バーン
反抗
バーン
反抗
バンザーイ
バーン
バーン
反抗

これは誰もが
「自由の侵害」だというけれど……

事態B 政府自体は強制していないけれども、周囲がみんな政府礼賛をしているので、同調しないとみんなから非難されると思って、したくもない政府礼賛をしている状態

バンザーイ!!
反抗
実はみな同じこと
を考えている

これも「自由の侵害」では
ないのか……？

市場の暴走批判も個人の自由を求める立場から出てくる

自由主義を徹底させるとどうなる？

不況が個々人の自己決定の自由を侵害する事態は、前項の政府《せいふ》礼賛《らいさん》の事態と同じ理屈で語れます。

● 反営利・生活平等主義からの市場批判はとらない

自由な売り買いで成り立つ市場経済に対して、よく「暴走」等々といった批判がされますね。たしかに、まわりを見れば、失業者や倒産がいっぱい出ているし、ちょっと病気やケガをしたらすぐクビのワーキングプアがたくさん出現した一方で、利子だけでぜいたくに暮らせる一部の人が出ている。まあ反発が出るのは当然でしょう。

しかし、こうした市場批判は往《おう》々《おう》にして、「カネもうけは汚い」とか「生活水準は平等であるべきだ」とかの身内共同体原理の立場からくるものが多く、個人の自由を抑圧するおそれがあります。

● 市場が害悪をもたらす事態は「事態B」の一種

たとえば、不況で物価がもっと下がると思うならば、各自はいまおカネを使うのは抑えます。そのせいで本当に不況が続いて物価が下がります。これは、まわりが政府を礼賛するから自分もいやいや礼賛するのと同じ事態です。みんなが景気がよくなって物価が上がると思えば、誰もが喜んでおカネを使うようになって、本当に景気がよくなってみんなうれしいはずなのですが、みんなまわりがそうしないと思っているから誰もおカネを使わず、不況から抜け出せません。そのせいで、失業や倒産がいっぱいで、自殺者も出るわけです。

そうすると、まわりが政府礼賛するから各自いやいや政府礼賛する事態が、権力者がじかに強制する事態と同様に個人の自己決定への侵害だとするならば、不況で物価が下がって失業や倒産があいつぐ事態もまた、個人の自己決定への侵害であるといえるはずです。つまり、**自由主義の立場からであっても、それを徹底すれば、市場が暴走して個々人の生活に不都合を強いる事態を批判できる**のです。

不況で物価が下がって失業や倒産があいつぐ事態も「自由の侵害」

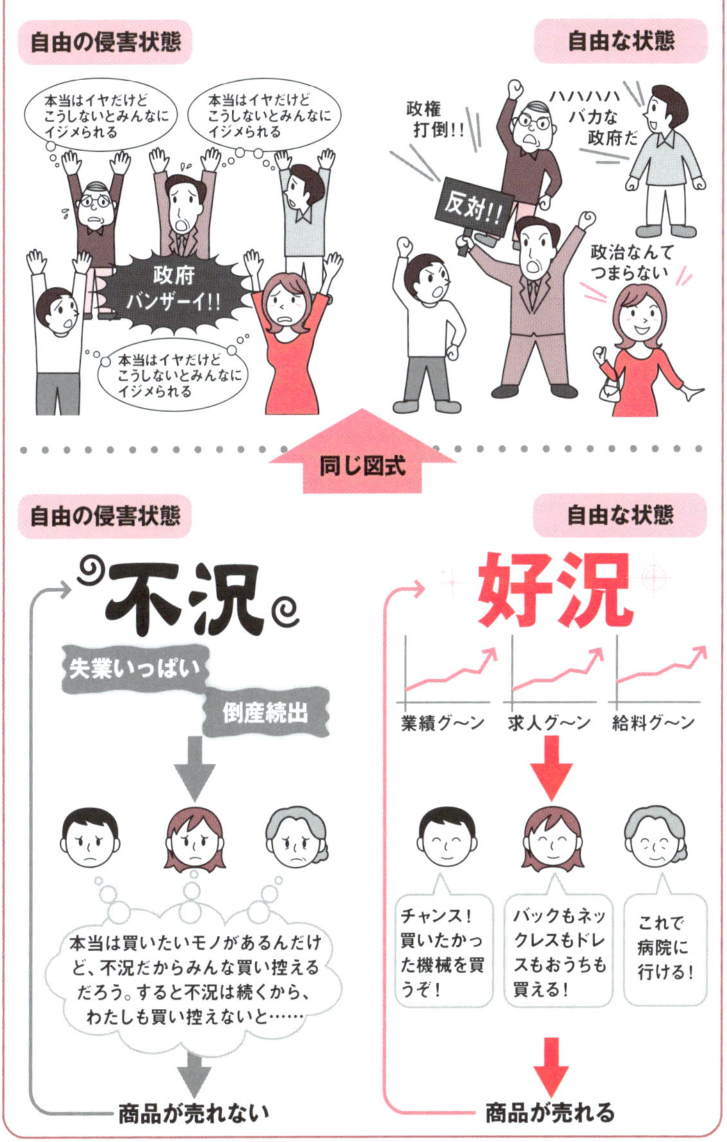
自由の侵害状態
本当はイヤだけど
こうしないとみんなに
イジメられる
本当はイヤだけど
こうしないとみんなに
イジメられる
政府
バンザーイ!!
本当はイヤだけど
こうしないとみんなに
イジメられる
自由な状態
政権
打倒!!
反対!!
ハハハハ
バカな
政府だ
政治なんて
つまらない
同じ図式
自由の侵害状態
不況
失業いっぱい
倒産続出
本当は買いたいモノがあるんだけど、不況だからみんな買い控えるだろう。すると不況は続くから、わたしも買い控えないと……
商品が売れない
自由な状態
好況
業績グ～ン
求人グ～ン
給料グ～ン
チャンス！買いたかった機械を買うぞ！
バックもネックレスもドレスもおうちも買える！
これで病院に行ける！
商品が売れる

本来、手段であるものが目的となって人を従わせる

社会的なことが一人歩きする法則

社会的なもの、たとえば、校則、国家の法律などは本来暮らしやすくするための手段であるはず。しかし、なぜか目的となって人を従わせることが起こります。

● 社会的なものの一人歩きが自由の抑圧の本質

個人の自由への抑圧《よくあつ》と言えば、腕力に勝った者が私利私欲《しりしよく》のために他人を無理矢理従わせる事態《じたい》が想像されやすいです。権力による抑圧も、財力《ざいりょく》による横暴《おうぼう》も、その延長線上で語られがちです。しかしそれは事態の本質ではないと思います。

個々人にとって、自分に関する意思決定が自分でできなくなる事態がなぜシステムとして定着するか。それは、**社会的なものが一人歩きする法則があるからです。**社会的なものが、一人ひとりの具体的な事情を離れて、抽象的《ちゅうしょうてき》なものになって一人歩きしていき、やがてそれ自体が自己目的になって人々を従わせる。一人ひとりの生身の個人の具体的な事情こそが、もともと社会というものの目的だったはずなのに、逆に手段におとしめられて抑圧されてしまう。この世の中では、こんなことがよく起こってしまう法則があるのです。

● 社会的なものの一人歩きの例：「しきたり」や「ルール」

たとえば、「しきたり」や「ルール」などでこんなことが起こりやすいですね。これらは、もともと人々の間の紛争《ふんそう》や行き違いをなくしてみんな暮らしがスムーズにいくようにできたもののはずですけど、一旦《いったん》出来上がるともともとの目的を忘れて一人歩きします。いつの間にか、それに従うことがみんなの暮らしに不都合をもたらすようになりますが、なかなか変えられないで困ってしまいます。

まあ結婚式とか法事とかぐらいなら、みんなうっとうしくてもある程度目をつぶれるかもしれませんが、昔は「しきたり」で人を殺すような時代や地域もあったわけですし、差別とか陰核《いんかく》切除とか今でもありますしね。へんな法令が残っている例も多いでしょう。

社会的なことが一人歩きする構図

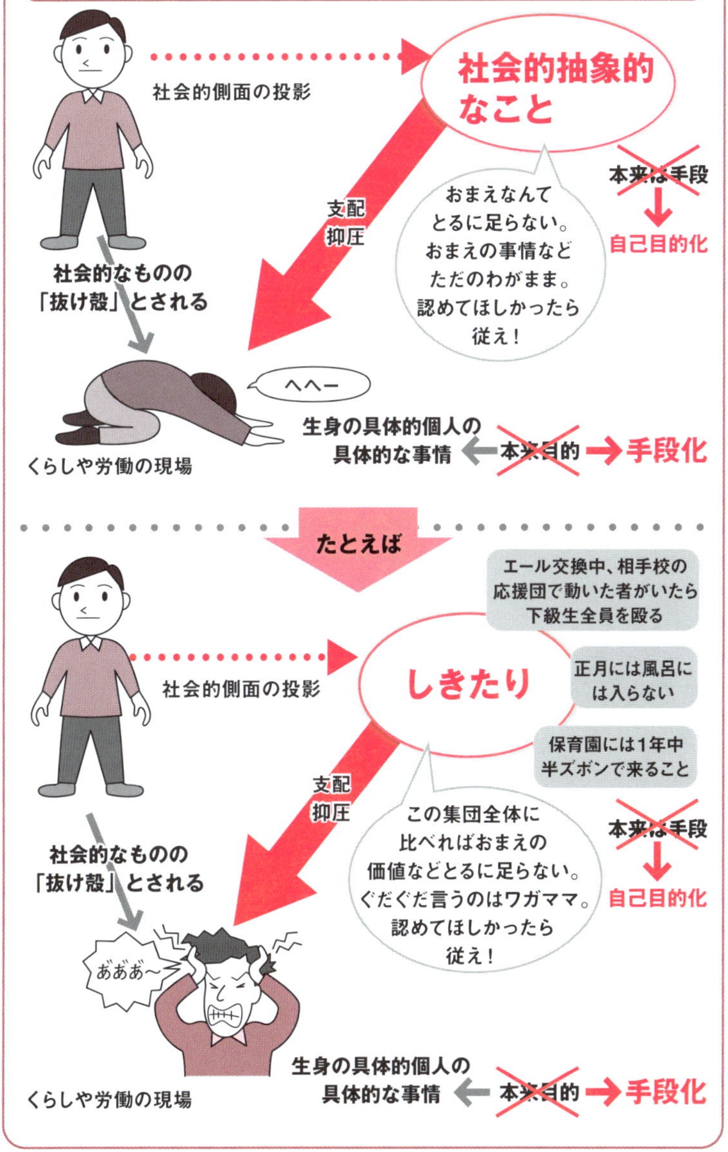
社会的抽象的なこと
社会的側面の投影
支配
抑圧
おまえなんてとるに足らない。おまえの事情などただのわがまま。認めてほしかったら従え！
本来は手段
自己目的化
社会的なものの「抜け殻」とされる
へへー
生身の具体的個人の具体的な事情
本来目的
手段化
くらしや労働の現場
たとえば
エール交換中、相手校の応援団で動いた者がいたら下級生全員を殴る
しきたり
正月には風呂には入らない
保育園には1年中半ズボンで来ること
社会的側面の投影
支配
抑圧
この集団全体に比べればおまえの価値などとるに足らない。ぐだぐだ言うのはワガママ。認めてほしかったら従え！
本来は手段
自己目的化
社会的なものの「抜け殻」とされる
あああ〜
生身の具体的個人の具体的な事情
本来目的
手段化
くらしや労働の現場

一人歩きするのはしきたりやルールだけではない

国家や主義・主張や宗教も一人歩きする

前項で社会的なことの一人歩きの例として「しきたり」や「ルール」の例をあげましたが、国家や宗教などでも同じ現象を見ることができます。

■社会的なことの一人歩きの例：国家

しかし、「社会的なことの一人歩き」が一番わかりやすいのは、**国家**でしょうね。やはりもともと人々の間の紛争を取り除き、個々の国民の具体的なくらしのなりわいがスムーズにいくよう、人々の社会的な側面を託《たく》したのが国家です。特に近代国家は、狭い領国を超えた広域的な商取引秩序をうまくいかせる都合でできた制度だと言えます。しかし、これがいったんできると、やはり簡単に個々の国民の事情を離れて一人歩きし、国家そのものが自己目的になってしまいます。そしてその前には、個々の国民はとるに足らない存在とされます。そして戦時中の日本のように、国土は荒《こう》廃《はい》し、おびただしい国民の命を無駄に犠牲にしても、国家の栄光を守ろうとします。

■社会的なことの一人歩きの例:主義・思想や宗教

主義・思想でも同じことが起こります。たとえば「共産主義」は働く者の解放が目的の社会的な思想だったのに、ソ連や中国ではおびただしい普通の働く人々がその思想の名の下に殺されてしまいました。日本でも連《れん》合《ごう》赤《せき》軍《ぐん》事《じ》件《けん》とか「内ゲバ」とかが昔ありましたが、働く者の解放を目指す多くの若者が、テロやリンチで殺しあったのです。これも、社会的なことを主義・思想に投影したら、それが自己目的になり、その前では、具体的な生身の個々人はエゴにかられるつまらない克服すべき存在となってしまうから起こることです。

同様のことは、オウム真理教事件でも繰り返された通り、**宗教**でも見られます。神仏は人間の社会的側面を投影したもので、それでもって社会規律が保たれる機能があるのですが、個々人はその抜け殻のつまらない存在とされて、犠牲にされてしまいがちです。

社会的なことの一人歩きの例

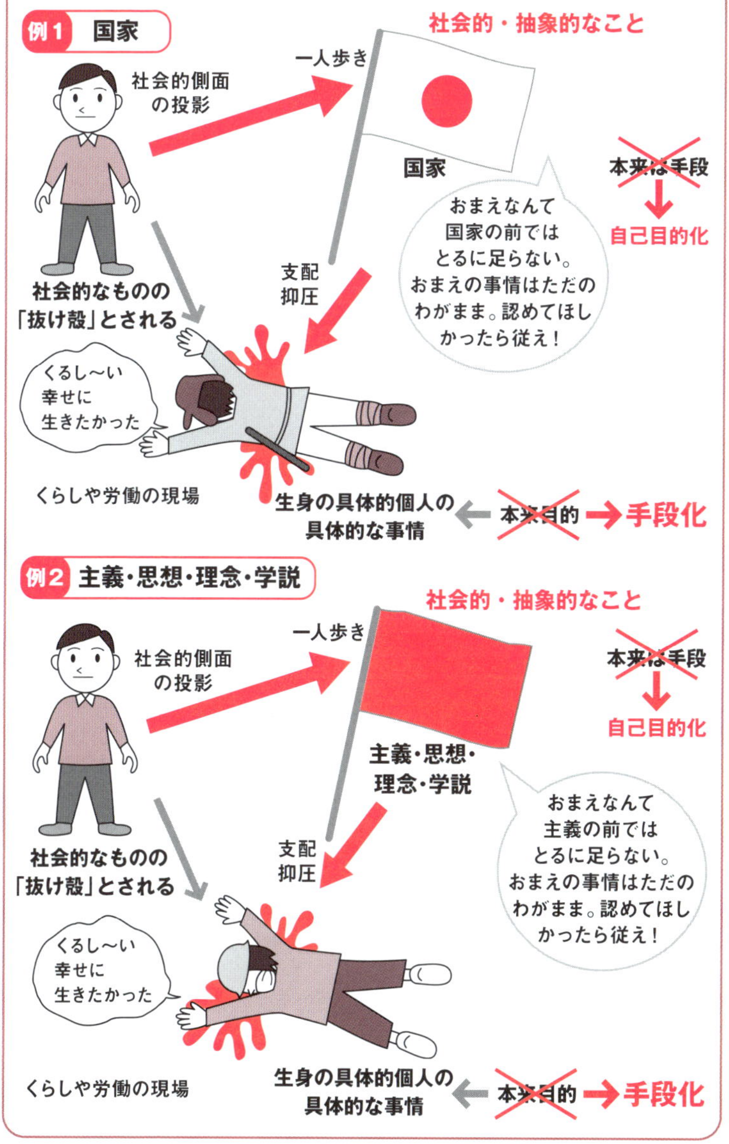

個々人の自由を侵害するのになぜまかり通るのか?

「社会的なこと」が一人歩きする原因

社会的なことの一人歩きは個々人の自由を侵害します。では、なぜそんな一人歩きが起こってしまうのでしょうか。

■情報交流してしめし合わせることができないせい

ではなぜ「社会的なこと」が一人歩きしてしまうのでしょうか。人間お互い何かの仕事を分担しあって、互いの生活のニーズを満たすために働きあっています。こういうのを**社会的依存関係**といいますけど、これを、紛争などで滞ったりせず、ちぐはぐしたりもせず、スムーズにまわしていかなければ、人は生きていけません。

このとき、依存関係のなかにある人々の間で、互いのニーズや現場の状況について情報交流できて、しめし合わせがつけば、その都度納得づくのやり方で社会的依存関係をまわしていけるでしょう。数家族のグループで暮らしに必要なだいたいのことは自給できていた原始時代なら、それは簡単だったかもしれません。

でも社会的依存関係の規模が大きくなり、メンバーの間での情報交流が難しくなったらそうはいきません。合意のための調整に労力と時間がかかりすぎて仕事にならなくなります。

そこで起源は何であれ、しきたりやルールを立ててそれに従うとか、王様を立ててその命令でまわすとかということにします。すると、以後各自は、他者がその秩序に従うかぎり、自分も従わないと何かの不利益を被《こうむ》ることになるので、好むと好まざるとにかかわらずそうせざるを得なくなります。これによって、現場同士の調整なくても社会的依存関係をまわしていけるようになるのですが、他面、条件が変わって、もっと別のやり方をしたほうがよくなった場合であっても、しめし合わせて新しいやり方に変えることができなくなります。依存関係にある人々が情報交流してしめし合わせできないとき、「社会的なこと」が一人歩きするのです。

情報交流がなくなると社会的なことが一人歩きする

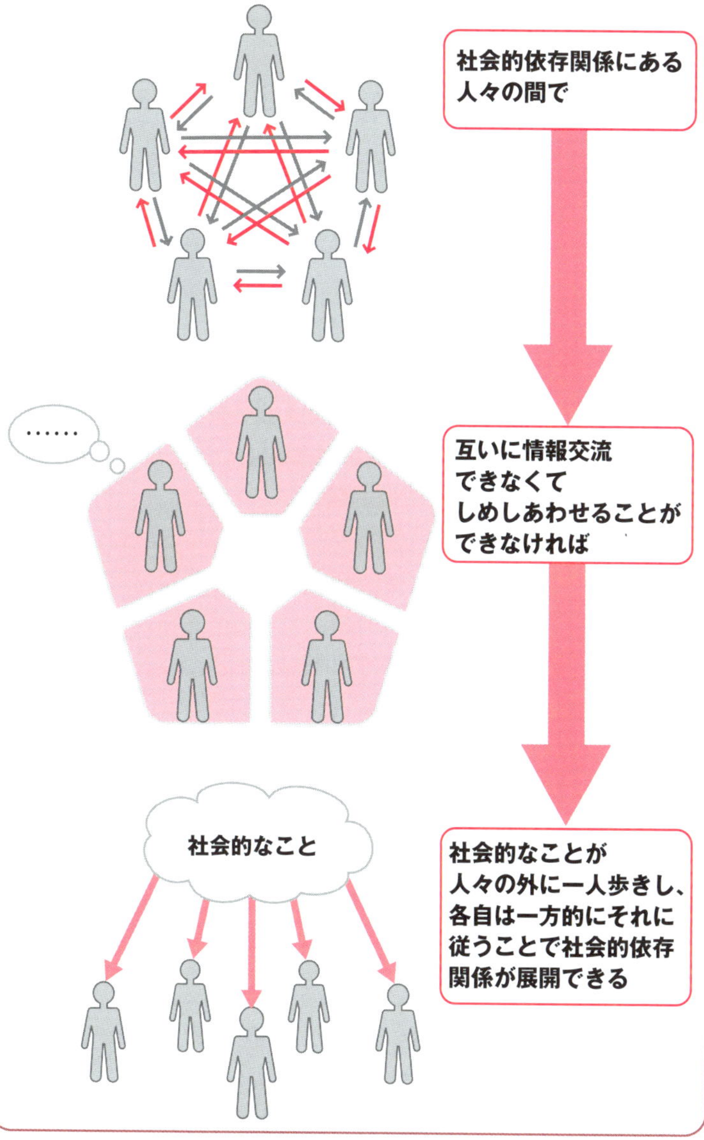
社会的依存関係にある人々の間で
……
互いに情報交流できなくてしめしあわせることができなければ
社会的なこと
社会的なことが人々の外に一人歩きし、各自は一方的にそれに従うことで社会的依存関係が展開できる

組織や国家や宗教団体が権力者の私利私欲で歪められる

一人歩きした「社会的なこと」が歪曲される

社会的なことも結局は具体的な遂行者によって実現されます。では、遂行者の私利私欲や間違った判断によって行われたらどんな事態になるでしょうか。

●「社会的なこと」の一人歩き＝疎外はいろいろなことで起こる

こうやって「社会的なこと」が一人歩きするからこそ、各自はそれが自分にかかわることなのに自己決定できない自由侵害を被《こうむ》り、ときどき深刻な抑圧を受けるわけです。これをマルクスは**疎外《そがい》**と呼びました。このようなことは、今あげた以外にも、「市場」でも「組織」でも「倫理・道徳」でも「人権」でも、いろいろなことで起こります。**これを防ぐには、社会的なことが個々人誰もの具体的事情をふまえて、そこから離れないようにする必要がある**わけです。

●私利私欲による歪曲は二義的弊害《にぎてきへいがい》

ところが私たちは往々にして、こうした一人歩きが生む二義的な弊害にばかり目が向きます。つまり、一人歩きした抽象的な「社会的なこと」も、結局は誰か具体的な人間によってしか実現できませんので、その段階でその遂行者の私利私欲によって歪《ゆが》められてしまうのです。たとえば、国家が権力者の私利私欲で歪められるとか、宗教が教団指導者の私利私欲で歪められるとかです。あるいは私利私欲が動機ではないかもしれませんが、その遂行者の誤った判断で、真に社会的なことからズレるかもしれません。これらはけしからぬ事態ですが、たとえ歪みがなくても、もともと「社会的なこと」が個々人みんなの手を離れて自由にできなくなっているかぎり、それが一部の人の恣意《しい》で歪められたとき、人々は止めることはできません。

しかしこんな歪曲も永続はせず、ある有力者に偏った歪曲《わいきょく》は、やがて引き戻されて別の有力者に偏った歪曲で相殺《そうさい》されます。市場の場合はそれが顕著《けんちょ》で、さまざまな方向に偏《かたよ》った動揺をならした、長い目で見た平均として、均衡《きんこう》の価格と生産が成り立ちます。

「社会的なこと」の歪曲はもともと一人歩きさせたせい

「社会的なこと」が個々人の手を離れると

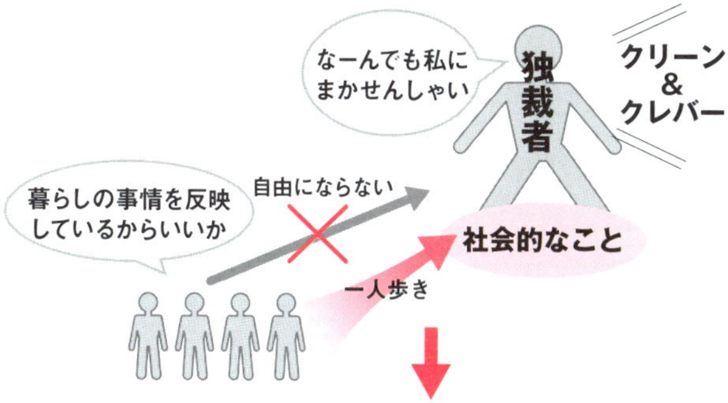

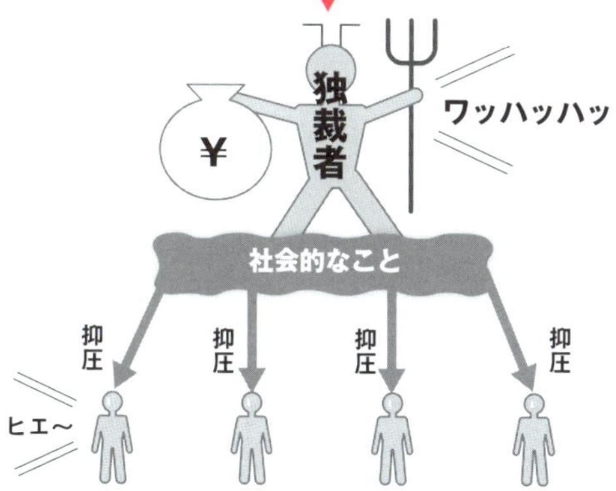

「社会的なこと」が遂行者の私利私欲で歪められても
誰も止められない

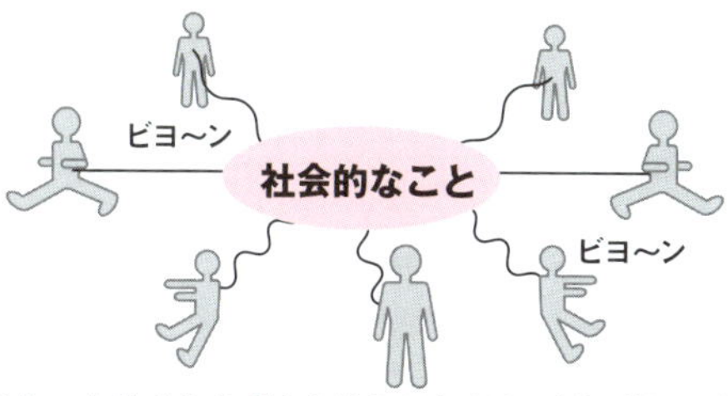

人々から一人歩きした「社会的なこと」は、それぞれの遂行者の個人的な判断や利害で偏って遂行される。しかし、その歪曲が行き過ぎると引き戻され、長い目で見ると偏りは相殺される

一人歩きした「社会的なこと」を考えるのはいったい誰？

支配階級と被支配階級の分裂

「階級」とは、所得の格差や形式上の財産所有の格差のことではありません。「社会的なこと」を決める人と決められる人との分裂がその本質です。

●一人歩きした「社会的なこと」を考えるのが支配階級

「社会的なこと」が、実際に働く人の手を離れて一人歩きすると、もっぱらそれを考える役目の人が、現場で働く人とは別に必要になります。その人たちは「社会的なこと」を体現した「偉い人たち」だということにされ、その支配が自己目的化します。それに対して現場で働く個々人は、狭い身の回りの事情にひきずられる、価値の低い人々とされてしまいます。だから、「偉い人たち」が考えた「社会的なこと」が個々人の事情と対立しても、個々人の事情のほうが、「エゴ」だとか「少数の特殊例」だとかということにされて切り捨てられます。当然抵抗がありますから、強制力がふるわれて無理矢理言うことをきかせることになります。かくして、本来目的だった現場の庶民は、支配維持の手段にされてしまいます。

こうやって、人々が支配する人と支配されて働く人に分かれる世の中を**階級社会**といいます。

●「所得格差」や「資産格差」は階級とは別概念

だから「階級」は「所得格差」とは違いますので混同しないでください。たしかに階級社会になれば、支配階級の者は、「社会のため」と称して決定のなかに自己利益を押し込んでも、下々《しもじも》の者は何も文句は言えませんから、結果として必ず所得格差が生じます。しかしこれが事態の本質なのではありません。

また、従来、法制度上、農地や企業を私有する人が「支配階級」だという言い方もされてきましたが、法制度上の私有か公有かはあまり問題ではありません。「公地公民《こうちこうみん》」であれ国営企業であれ、排他的《はいたてき》に支配するグループがあれば、それは支配階級なのです。

「階級社会」とは？

階級社会
人々が支配する人と支配されて働く人に分かれる世の中のこと

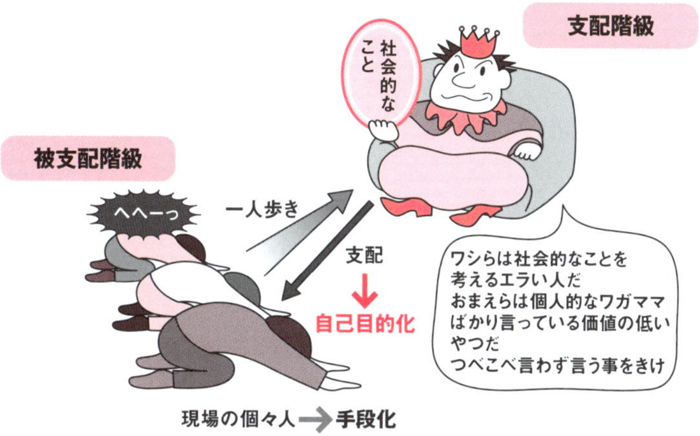

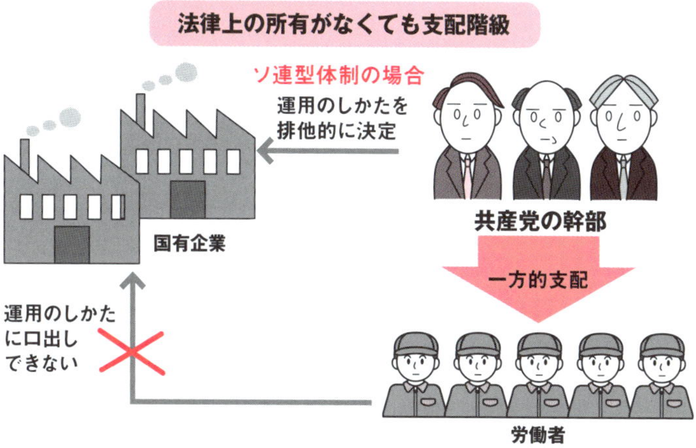

事実上、一部の者が排他的に決定ができるならば支配階級
（法制度上の私有か公有かは関係なし）

「唯物史観」が言いたかったこと

「社会的なこと」は現場の事情にあわせて変わる

社会的な制度や通念は、個々人の生産や暮らしの事情から離れて一人歩きするが、そのギャップが行き過ぎると取り替えられる――これが唯物史観です。

●「社会的なこと」は現場の事情にあわせてゴソッと変わる

「社会的なこと」が一人歩きすると、本当は現状よりもっといいやり方があったとしても、各自は、他者が現状に従う限り自分も従わないと不利になる状況に、お互いおかれます。そうすると、暮らしや労働の現場の事情が変化して、これまでの「社会的なこと」ではうまくまわらなくなってきても、せいぜい手直しぐらいしかなされないことになります。人々が現場の不都合にみんな悲鳴をあげるようになっても、元来それらはとるにたらないエゴとして押さえつけられてきたわけですから、今度もそう扱われます。ましてや支配階級の人々は、現存のやり方でうまい汁を吸ってきたわけですから、なおさら変えたくなんかありません。異議の声など、ただのわがままだとして、あっさり弾圧してしまうでしょう。

だから「社会的なこと」はいったん一人歩きするとなかなか変わらないのですが、だからといって永久不変ではありません。暮らしや労働の現場の事情がどんどんと変わっていくと、どこかでギャップが耐えられないものになって、「社会的なこと」は、もっと現場の事情にマッチしたものにゴロッと取り替えられます。

これが有名なマルクスの**唯《ゆい》物《ぶつ》史《し》観《かん》**がいっていることだと思います。マルクスは、「制度」や「慣習」や「決まり事」のような、人々の外にひとり立ちしている「社会的なこと」を**上部構造**と呼びました。他方、現場の生身の暮らしや労働の事情のことは「**土台**」と呼びました。そして、上部構造は土台から自立するけれど、土台が変化して両者の間のギャップが大きくなると、上部構造は土台にマッチした新しいものに取り替えられるのだと言いました。

「唯物史観」が言っていること

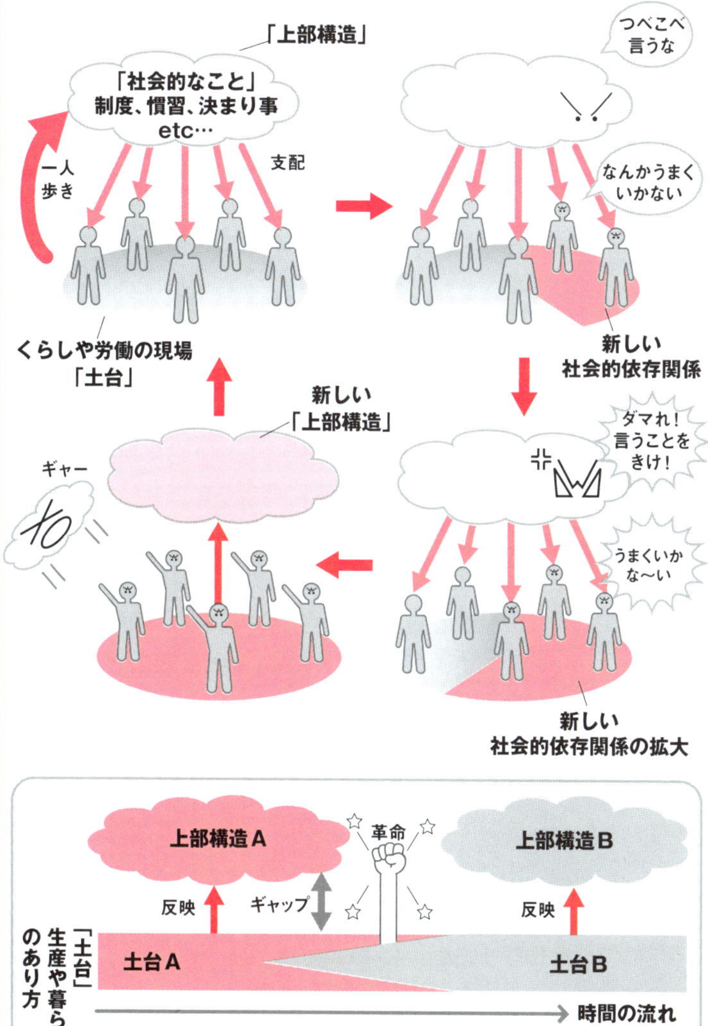

一人歩きした「社会的なこと」はなかなか変わらないが、暮らしや労働の現場の事情がどんどん変わっていくと、どこかでギャップに耐えられなくなって現場の事情にマッチした「社会的なこと」に取り替えられる

ヨーロッパの市民革命、日本の武家社会の誕生

唯物史観で実際の歴史を説明してみる

当初生産や暮らしの事情に合致していた政治制度も、やがてその変化についていけなくなって倒される――多くの現実の歴史がこれで説明できます。

● ヨーロッパの中世から近代へ

ヨーロッパ中世では、国王以下、血筋の身分で人身的な支《し》配《はい》従《じゅう》属《ぞく》が決まる上部構造がとられていました。これは、農民が領主の管理する荘《しょう》園《えん》で、ただ働きさせられたり年《ねん》貢《ぐ》をとられたりする土台に対応したものでした。しかし時代が進むと、次第に市場経済が発達して、それを担う商工業者が台頭します。これが**ブルジョワジー**で、そのうちに賃金労働者を雇って資本主義の初期的な生産を始め、経済での比重を一層高めていきます。この新しい土台にとっては、身分にかかわらず対等・自由に取引し、私有財産が恣《し》意《い》的《てき》な没収や重税なく保証される、近代立憲制の上部構造がふさわしいのですが、封建身分制の上部構造はなかなか変わりません。結局、ブルジョワジーの経済が十分成熟して封建的上部構造とのギャップが耐えられなくなったところで、市民革命で近代立憲制の上部構造が打ち立てられました。イギリスの名誉革命やフランス革命がそれですね。

● 日本の平安時代から鎌倉時代へ

日本の平安時代の生産は、都の公家の荘園で農民が働かされるしくみで、この土台に対応した上部構造が公《く》家《げ》政《せい》権《けん》でした。しかしそのもとで、新たに田舎の現地の有力者が開《かい》墾《こん》・管理する農業が発達します。彼らは名義的に公家に土地を寄《き》進《しん》して、事実上の所有権を守るために武装して「武士」になります。彼らにとっては、この土地所有を保護し、それをめぐる紛争を公平に裁判する上部構造が必要です。しかしこの土台が発展して武士階級が台頭しても、公家に権力がある上部構造はなかなか変わりません。結局そのギャップが十分行き着いたところで、鎌倉に武士の政権が打ち立てられました。

唯物史観を実際の歴史で説明してみる

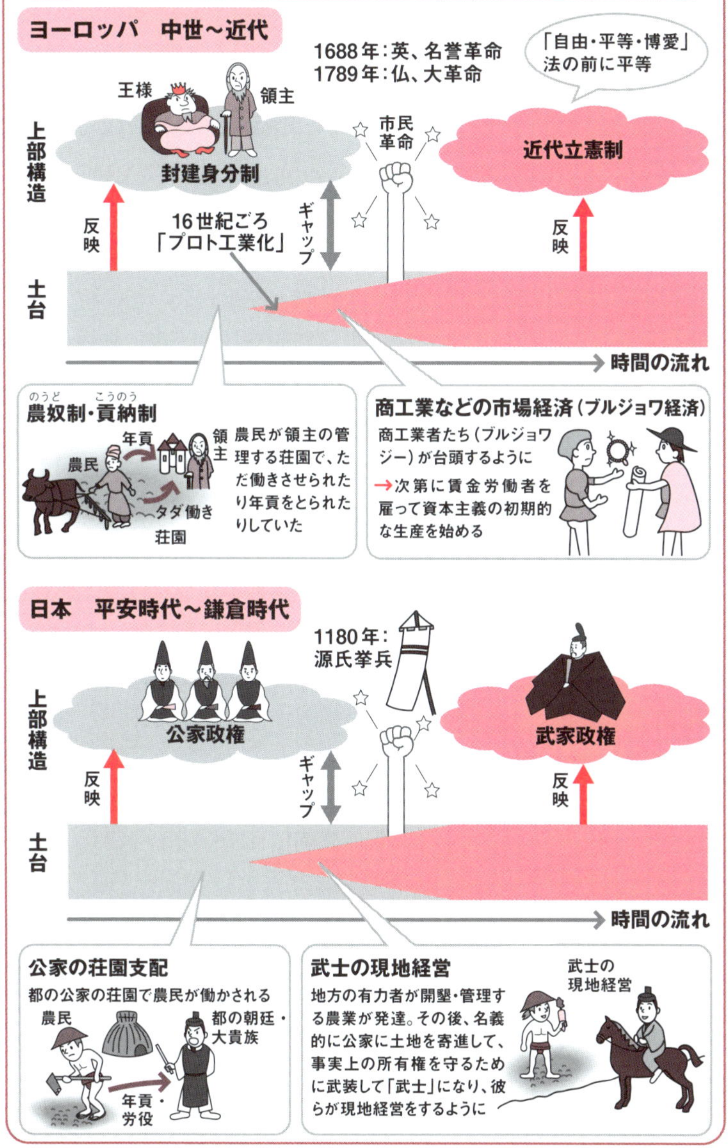
ヨーロッパ　中世～近代
1688年：英、名誉革命
1789年：仏、大革命
「自由・平等・博愛」
法の前に平等
王様
領主
上部構造
封建身分制
市民革命
近代立憲制
反映
16世紀ごろ
「プロト工業化」
ギャップ
反映
土台
時間の流れ
農奴《のうど》制・貢納《こうのう》制
年貢
領主
農民
タダ働き
荘園
農民が領主の管理する荘園で、ただ働きさせられたり年貢をとられたりしていた
商工業などの市場経済（ブルジョワ経済）
商工業者たち（ブルジョワジー）が台頭するように
→次第に賃金労働者を雇って資本主義の初期的な生産を始める
日本　平安時代～鎌倉時代
1180年：
源氏挙兵
上部構造
公家政権
武家政権
反映
ギャップ
反映
土台
時間の流れ
公家の荘園支配
都の公家の荘園で農民が働かされる
農民
都の朝廷・大貴族
年貢・労役
武士の現地経営
地方の有力者が開墾・管理する農業が発達。その後、名義的に公家に土地を寄進して、事実上の所有権を守るために武装して「武士」になり、彼らが現地経営をするように
武士の現地経営

現実の説明（科学）と現実の批判（価値観）は対立しない

唯物史観は疎外論の一種

一部の信条を「客観法則」と称して押し付け、異論を封じる「唯物史観」はニセモノです。抑圧への批判こそ、よりよい社会へ歴史を進歩させます。

●「唯物史観」は疎外論と対立する別物と思われていた

「社会的なこと」の一人歩きを批判して、本来の目的である個々人の生身の事情に合致することを求める立場は**疎外論**《そがいろん》と呼ばれます。昔のソ連共産党公認解釈では、疎外論などマルクスの若い頃の青臭い主観的願望論で、円熟《えんじゅく》してからは「唯物史観」の立場に転換したとされてきました。そこでは、「唯物史観」なるものは、何か人間個々人の実感を超えた客観的な歴史法則が流れているというような解釈でとらえられ、個々人の生身の都合にかまわず、共産党のエリートが「これこそ客観法則なり」と、上から「科学」と称する方針を押し付けることを正当化する理屈になっていました。

●唯物史観は客観的説明でもあり、抑圧を批判する疎外論でもある

しかしそうではなくて、**唯物史観も疎外論の一種**です。「社会的なこと」の一人歩きもいつまでも続かず、やがては個々人の都合に合《がっ》致《ち》したものに取り替えられると見る説明法です。疎外論は、個々人の生身の都合に立って、それを抑圧するものを批判して、合致したものに変えようとする主張ですから、唯物史観の方向と一致します。

たしかに、唯物史観は、現場の社会的依存関係のあり方のいかんによって、それをまわす何らかの制度がどうしても一人立ちして、個々人が大なり小なりその抑圧を受けてしまう事態を、客観的に説明します。しかし、誰も社会の全構造を正確に知る人なんていないのですから、現状より誰もがよくなるやり方が別途ある可能性はいつだって否定できません。だから少なくとも現に抑圧を受けている個人がいるという批判的指摘は必要なことです。いざ制度が古くなって転換を迫られるときにつなげるためにもその意義はあります。

唯物史観は疎外論の一種

昔のソ連共産党の解釈した「唯物史観」
個々人の実感を超えた客観的な歴史法則が流れているという解釈
「歴史の必然法則」だ～
強制
ソ連共産党のエリート
ひえ～、もういやだ～
唯物史観が本当に言っていること
個々人の暮らしや労働の事情を抑圧する上部構造はやがてはとりかえられる
上部構造A
抑圧
抑圧
ギャップ
抑圧
抑圧
上部構造B
合致
「土台」＝個々人の暮らしや労働の事情
「土台」＝個々人の暮らしや労働の事情
だから…
オレは現状で抑圧されているぞ～！
という指摘は重要
本当はただのわがまま？
不運にも救いようがない？
もっとよいやり方が見つかる？
こうなる可能性は常にある

マルクス思想のもう一つの軸

身内集団社会から個人の自立した開放的社会へ

集団の外を弱肉強食と見なす身内集団社会から、見知らぬ他人どうしの取引で共に得をする近代社会への移行を、マルクスは進歩と見なしました。

● 集団内部は力でコントロール、集団の外は食うか食われるか

マルクス思想には、「社会的なことの一人歩き」を批判する疎外論《そがいろん》の軸のほかに、もう一本軸があります。 それは、人類史が近代に入ることで、**身内集団的な社会から、個人が自立した開放的な社会に世の中が移行した**という見方で、これは歴史の進歩であると評価しています。 身内集団的な社会原理は、現代でもたくさん残っていますが、近代以前はそれがメジャーでした。 そこでは、人々は個性なく集団に埋没し、集団に忠誠を尽くすことが求められます。 集団内部の人間関係は、命令なり互酬《ごしゅう》なりによって、その人の「力」に応じて意識的にコントロールできます。 それに対して集団の外は、食うか食われるかの悪意うずまく場として視野外におかれます。

● 見知らぬ人とも取引すればみんなのトクと見る近代社会

それに対して近代的システムは、自立した個人どうしが、たとえ見知らぬ他人でも信頼しあって誠実に取引すれば、双方ともトクをできる原理です。 その人間関係は流動的で茫漠《ぼうばく》と広がっていますから、どんな大権力者でも一部の者の力で意のままにコントロールできるものではありません。 市場経済こそがこれをもたらしました。

マルクスの見方では、資本主義経済では、短期的には身内集団的な原理が効きます。 つまり、力の強い一部の者がその力をふるって恣意的なコントロールをして不当に私腹を肥やすことはあるし、食うか食われるかの競争もあると見ます。 しかし、まさにこのような動きを通じて、長い目で見るとあれこれの偏りが相殺《そうさい》され、業者誰もがトクをする均衡《きんこう》が、誰の意図もなくもたらされると見なしています。 それが近代のもたらした進歩だというわけです。

身内集団社会→開放個人主義社会への移行

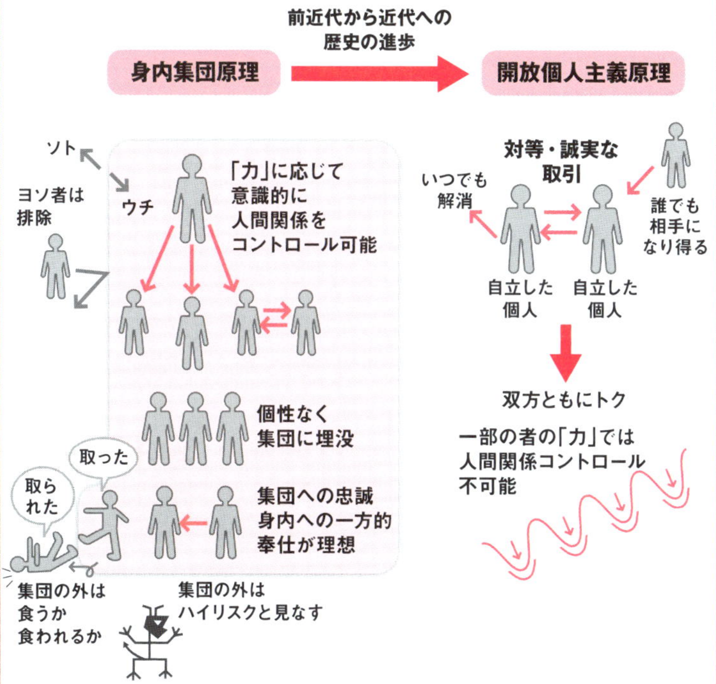

資本主義的近代化についてのマルクスの見方

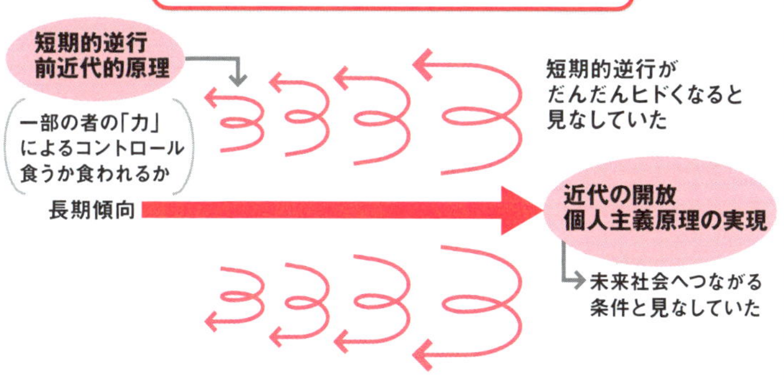

「身内集団vs開放原理」は市場観とは別次元

身内集団と開放原理の発想を比較する

市場活動を本来「弱肉強食」と見なす市場是認論も市場批判論も、ともに身内集団原理の発想で、近代の開放個人主義原理には当てはまりません。

■主流派経済学は誤解されて受け入れられている

力によるコントロールや「食うか食われるか」の発想（=**身内集団原理**の発想）と、「見知らぬ人とも取引すれば誰でもトクをする」という発想（=**開放個人主義原理**の発想）との対立は、武士道と商人道との対立、反経済学と経済学との対立とも言える大きな発想の対立なのですが、一般には市場原理を肯定的に見るか批判的に見るかの対立などの影にかくれて、よく自覚されていません。しかし両者はさしあたり別の軸なので、右ページのように2×2表に整理できます。

身内集団原理を崩して開放個人主義原理をもたらしたのは市場経済でしたから、開放個人主義（表上段）は、右欄の市場肯定志向をともなうのが自然です。これが主流派経済学の考えで、自由で対等、公正な取引は、みんなをトクにし、社会に調和をもたらすと見ます。

逆に、身内集団原理（表下段）は、取引を「食うか食われるか」と見るので、左欄の市場批判派なのが筋が通っています。取引を不正と見て忌避《きひ》し、「富は他人を食い物にした結果だから、力で奪ってみんなに配るのが正義」と考えます。ところが現実には、下段なのに右欄の人がかなり存在します。世の中弱肉強食だから負けるほうが悪いという考えです。この人たちは、主流派経済学の自由競争論を、「競争があったほうががんばる」という意味に誤解して受け入れています。この組合せは右派とされますが、「力だけが正義」という風潮で国の共同体的性格を破壊するので、筋の通った右翼は左下欄です。

左派系の多くは左下欄だと思いますが、マルクスは左上欄です。市場批判にはちがいないですが、長期本質的には、搾取《さくしゅ》を強奪《ごうだつ》や詐《さ》欺《ぎ》と見るのではなく、システムのもたらす法則として批判します。

開放個人主義的な発想と身内集団主義的な発想を比較

	市場批判派	市場肯定派
開放個人主義的な発想 「見知らぬ人どうしでも、取引すればどちらもトクをする」 商人道 経済学的発想	資本主義のもたらす問題は人間の悪意の結果ではなく、システムの作用である。 経済法則を洞察して利用せよ **マルクス、ケインズ等**	資本主義の自由競争は、スムーズに均衡をもたらし、そこでは誰もがトクをしている。 ヒト・モノ・カネが自由に移動すれば、世界中の人々が豊かになる **古典派・新古典派経済学（主流派経済学）**
身内集団主義的な発想 「力によるコントロール」 「世の中食うか食われるか」 武士道 反経済学的発想	利潤は悪意で他人を食い物にした結果だ。資本主義社会は弱肉強食だから悪い。強いリーダーの力で経済をコントロールして、強者から奪って弱者に分配するのが正義だ **俗流反資本主義** **（デューリングなど）**	世の中弱肉強食なのが当然だ。競争で勝者と敗者が出て、勝者のトクの裏に敗者のソンがあってこそ、みんながんばるから国際競争に勝てる。世界市場でも、国の間で勝ち負けが発生するものだ **構造改革主義（主流派経済学の誤読）**

「身内集団vs開放原理」と「疎外vs自己決定」も別の軸

開放的自己決定のアソシエーション

「社会的なこと」を個々人が自己決定できる人間関係原理でも、閉鎖的で個人が縛られるものと、開放的で個人が自立したものとが区別されます。

人間関係の基本的な四原理

「身内集団原理か開放個人主義原理か」との軸と「社会的なことの一人歩きか個々人の合意と自己決定か」との軸を組み合わせると、右ページのような表として、基本的な人間関係の原理を4種類示すことができます。 あらゆる社会体制はこの4種類とも多かれ少なかれ組み合わさっていますが、原始社会は「身内共同体《ゲマインシャフト》」が、本来の資本主義経済は「市場」が、ソ連型体制では「位階権力《ヒエラルキー》」が規定的だといえるでしょう。「市場」は市場変動が、「位階権力《ヒエラルキー》」は上位者の意思が、末端個々人から一人歩きして各自を支配してくるので右列です。左列でメンバーの合意が効いても、同質者の閉鎖集団なら下段の「身内共同体」になります。

開放的かつ自己決定の「アソシエーション」の広げ方

目指す未来社会を指してマルクスが呼んだ**アソシエーション**は左上欄です。 自立した諸個人の、自由で対等な合意で営まれる社会関係です。 この人間関係はまだマイナーなので、他の三原理に依拠《いきょ》して増やしていくことになります。 マルクスは、革命政権の国家権力を使って上からアソシエーション化することを目指しました。 これは右下欄から左上を目指す道で、急速で全面的な変革が望める反面、位階権力《ヒエラルキー》社会に変質する危険を持ちます。 今日のアソシエーション論者は、草の根から幾世代もかけて、**民間の自主的事業**としてアソシエーション的関係を広げる道を提唱することが多いです。 その際、左下から合意性を重視して目指す共同体志向の道と、右上から開放性を重視して目指すビジネス志向の道があり、それぞれ閉鎖的身内集団化の危険と事業の一人歩きの危険を持っています。

マルクスが言う「アソシエーション」とは何か？

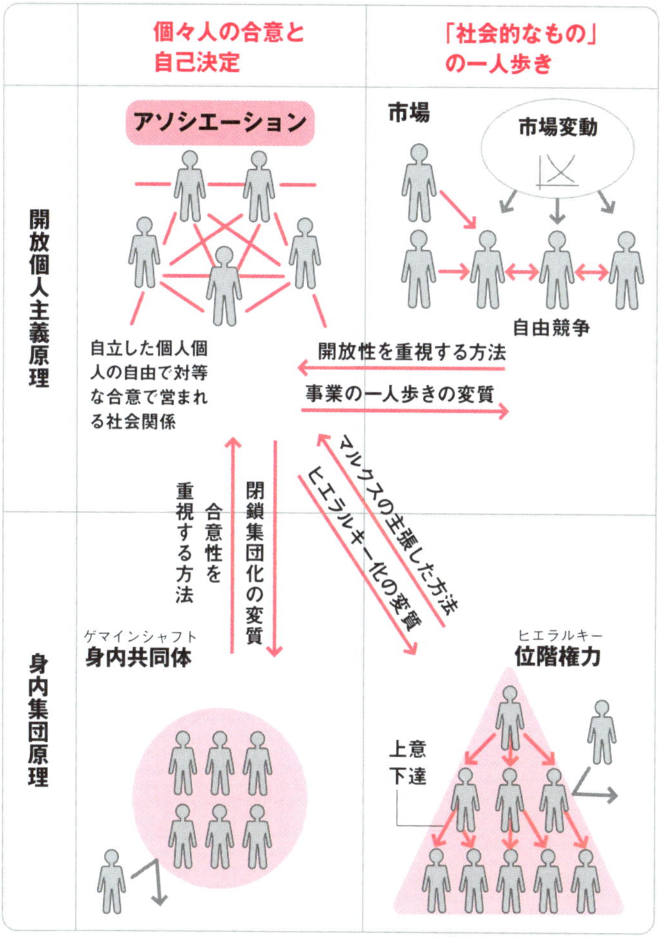

＊変質を進行させないためには、市場に依拠する方法と身内共同体《ゲマインシャフト》に依拠する方法とを交代させる。214ページ参照

COLUMN

左翼 vs 右翼？再分配賛成 vs 反対？

京都大学のマルクス経済学者の大西広教授のように、マルクス経済学は「左翼」ではなくて客観科学だと言っている人もいるようですが、普通は「左翼」系の経済学だと思われています。私もそう思います。しかしそれはどうしてでしょうか。反資本主義だからでしょうか。でもナチス体制も日本の戦時体制も、営利追求を抑圧して産業を国家統制した、かなり反資本主義的な体制でしたが、これらは「右翼」と呼ばれるはずです。

富者《ふしゃ》の所得を貧者《ひんじゃ》に再分配しようとするイメージがあるからでしょうか。しかしこれはマルクスの志向ではありません。生産に関する決定権が一部の者に握られているのを、働く者の手に取り戻そうというのがマルクスの志向です。「所得の再分配」というより「権力の再分配」がふさわしいスローガンです。そもそも、やはりナチスも日本の青年将校も、富者から貧者への所得の再分配を掲げて社会を変えようとしたわけですが、これらは「右翼」です。

私見では、万事につけて身内集団原理の発想に立つのが「右翼」です。「国家＝身内共同体」の場合はまさしくそうですが、その他の身内集団の場合も（エスニシティにせよ、身分・出生にせよ）同じだと思います。だから、自称「左翼」の多くは、本当は右翼なのだと思います。

逆に、新古典派にせよケインズ派にせよ、普通のまっとうな経済学は、本質的に身内集団原理の発想に立たないので、どんなに純粋資本主義志向派でも「右翼」ではありません。身内集団原理の発想に立たない者のうち、世の中が支配する者とされる者に分かれていると見て、支配される者の側に立つのが「左翼」なのだと思います。マルクス経済学もそういう意味で「左翼」なのだと思います。

「ヒトとヒトとの依存関係」として社会をとらえる

いよいよこの章から経済学の話に入ります。
市場社会では、「社会的なこと」が商品どうしの交換関係に投影されて一人歩きしています。主流派経済学はこれだけを分析対象にします。
しかし本当は、すべての人間社会と同じく、人間個々人どうしの依存関係というのが経済の正体です。
マルクス経済学の特徴は、いったん、こうした「ヒトとヒトとの関係」に立ち返って社会を把握することにあります。
第3章ではその把握のしかたを学びます。

KEYWORD

- ヒトとヒトとの依存関係
- 純生産
- 総生産
- 投下労働量
- 労働生産性
- 剰余生産物
- 剰余労働
- 必要労働
- 労働の搾取

ヒトとヒトとの依存関係とは?

人間社会すべてに共通するしくみ

マルクス経済学の特徴は、人間が年々、仕事を分担しあって総労働を投入し、その成果を分け合う様子として、経済をとらえることにあります。

●「ヒトとヒトとの依存関係」があらゆる社会の本質

人間は、個々人のさまざまな欲求を満たすために、自然に対して労働を投入して、そこから生産物を取り出して、それを消費することで生きています。その際、人間は社会的につながりあい、協同的にこの労働を行います。つまり、ある人は農耕をし、ある人は漁をし、ある人は織《しょく》布《ふ》をし…等々と、さまざまな労働を分担して、生産したものを分け合うことで、個々人みんなの生活を作っています。

つまり、**人間社会というのは、お互いの欲求を満たすためにお互いに労働しあっている関係**だと見ることができます。「**ヒトとヒトとの依存関係**」ということです。原始時代のグループ社会から、古代文明の時代も、封建時代もどこでも、ありとあらゆる人間社会の本質はこのように把握できます。資本主義経済も人間社会の一種である以上、根本的な正体はこれと同じです。

マルクス経済学の一番の特徴は、資本主義経済を社会一般の中の一つの独特のバージョンと考えて、こうした人間社会すべてに共通するしくみに立ち返って、そこから眺めることにあると思います。

●年々、労働を投入して、自由に処分できる生産物を取り出す様子

このしくみをはっきりと把握するには、年々同じ活動が繰り返されるありさまを分析するのが近道です。あまり重要でないややこしいことに目がとらわれずにすむからです。

そこでこの章では、すべての人間社会に共通する根本的なしくみとして、人間が年々、さまざまな仕事を分担して一定の**総労働**を投入し、そこから年々一定の**生産物**を取り出して、それをみんなで自由に処分する活動が繰り返される様子を見ていきます。

お互いの欲求を満たすためにお互い労働しあっている

人間は自然に対して労働を投入して、取り出した生産物を自由に処分することで生きている

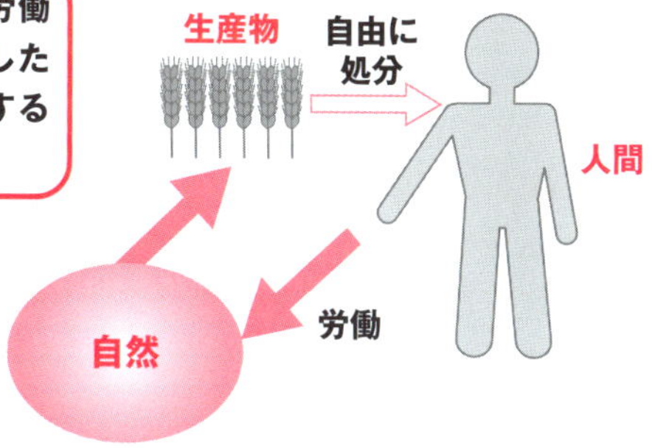

人間はこの労働を多くの人でつながりあって行う

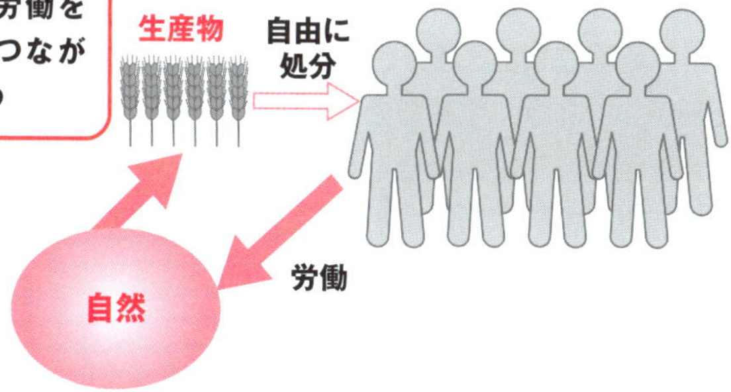

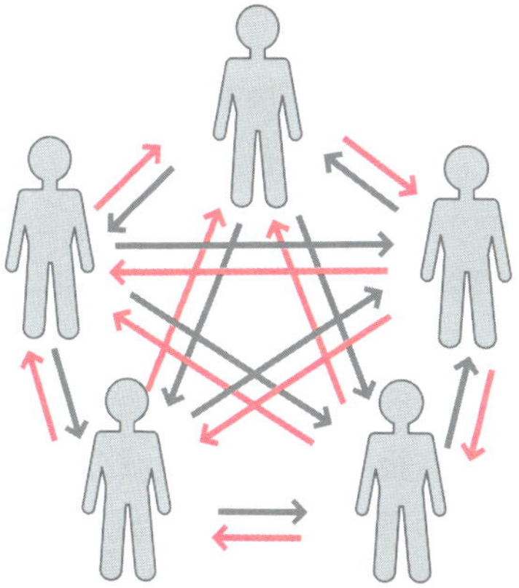

したがって、人間社会の正体は、お互いの欲求を満たすために労働しあうこと。「ヒトとヒトとの依存関係」

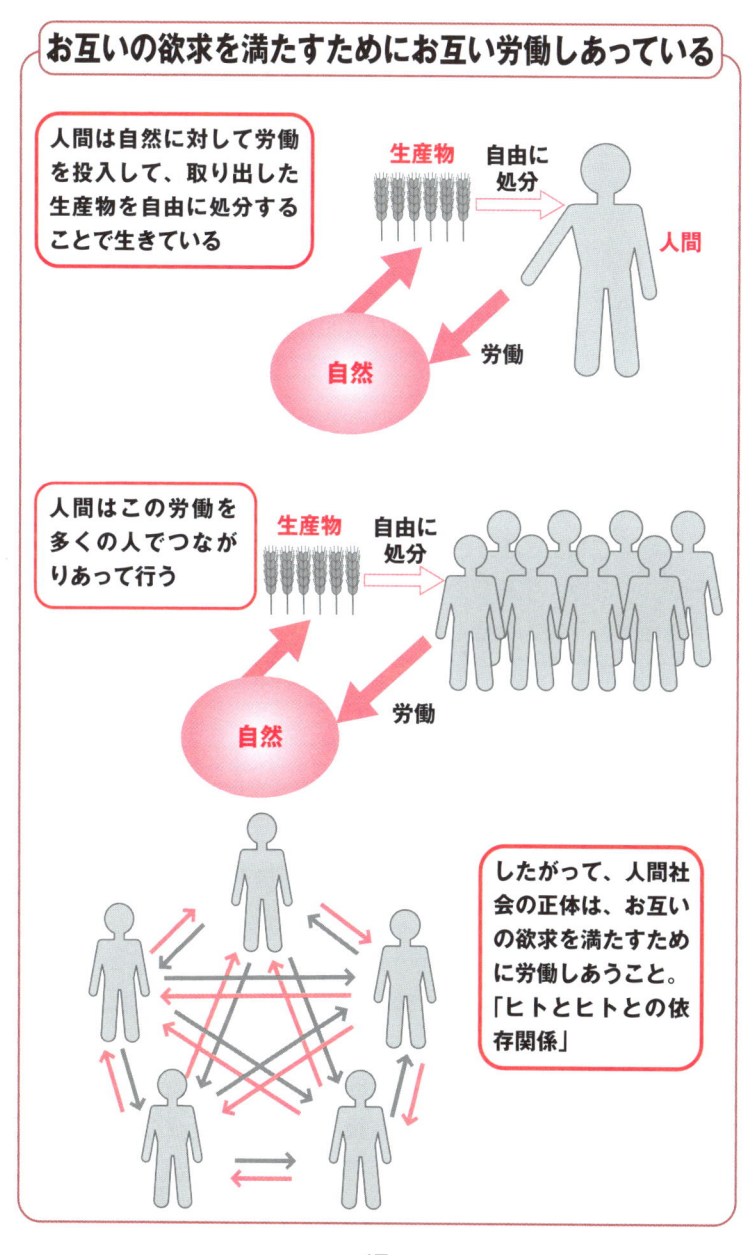

純生産と投下労働の関係①

世の中に「コメ」しかない世界では？

年々、生産された「コメ」から「種もみ」の投入分を除いた残りが自由に処分できる「純生産物」です。総労働は、これを得るために投入されます。

●「純生産」とは何か？

まず、話を一番簡単にするために、世の中に**財**が1種類しかない世界を想定してください。そうですね、「コメ」にしましょう。種もみとして2万石《ごく》の「コメ」を投入して、そこに人々が年間合計2,400万時間の労働を投入したら、8万石の「コメ」が収穫できるとします。さて、人々が年々永久にこの経済から取り出して自由に処分することができる「コメ」の最大量はどれだけでしょうか。

もし収穫された8万石を全部食べてしまったら、翌年投入する種もみがなくなり、生産ができなくなって飢えてしまいます。7万石食べたら、翌年投入できる種もみは1万石ですので、その年の収穫は4万石に減ってしまいます。8万石の収穫を維持するには2万石の種もみを確保しないといけませんので、年々自由に処分できる最大限の「コメ」の量は、その差の6万石です。これを**純生産**と言います。それに対して8万石全体は**総生産**と言います。

● 純生産に必要な投下労働量

したがってこの経済は、人間が2,400万時間の総労働を年々投入して、6万石の「コメ」という純生産物を取り出すシステムです。2,400万時間のうち、純生産分の6万石を直接作っているのは、8分の6の1,800万時間です。残り8分の2の600万時間は、直接には種もみ分の2万石を作っています。しかし、この両方の労働が相並んで毎年投入されないと、年々6万石の「コメ」を自由に処分することはできません。この必要な**投下労働量**を1石あたりにすると、400時間（=2,400万時間÷6万石）です。逆に純生産6万石を2,400万時間で割った1/400石は、労働1時間の**労働生産性**です。

「コメ」しかない世界の純生産と投下労働の関係

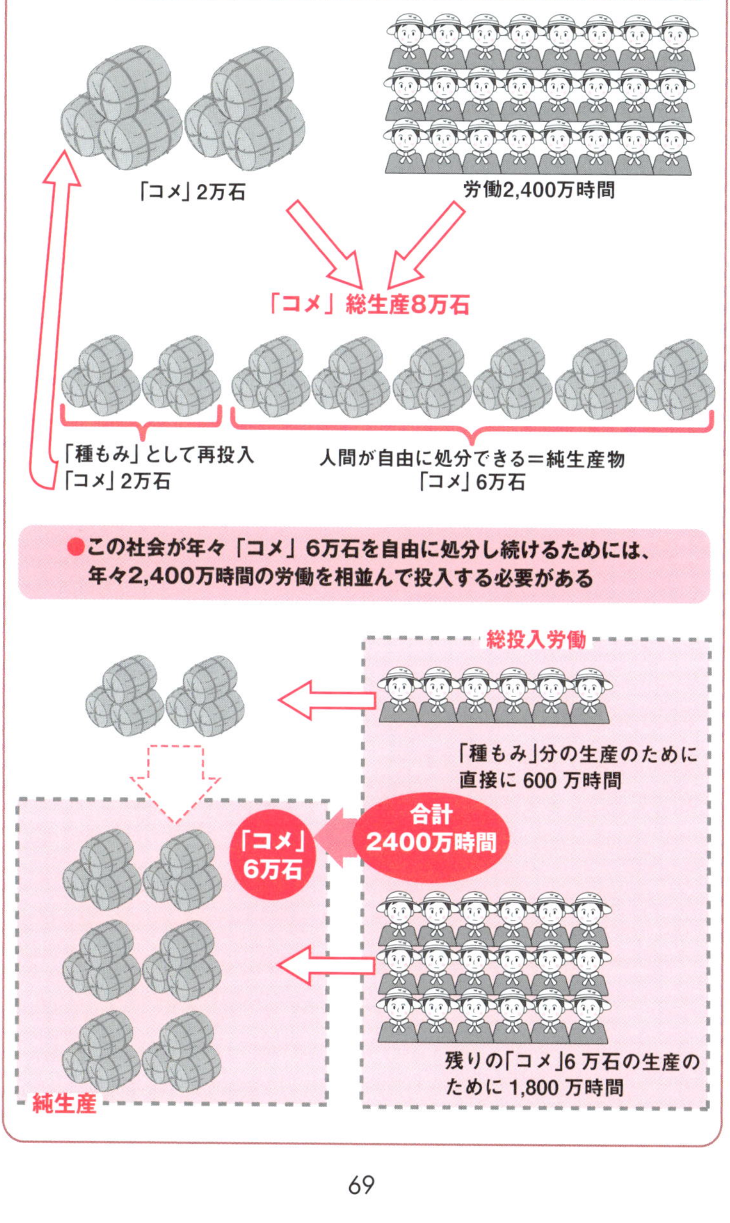

純生産と投下労働の関係②

世の中に「小麦」と「パン」しかない世界では？

「パン」とその原料の「小麦」の二財の世界では、「パン」が純生産物で、これを得るために「小麦」と「パン」の両部門に総労働が投入されます。

● この社会の「純生産」は？

では次に、ちょっとだけ話を複雑にして、財を2種類にして考えましょう。世の中に「小麦」と「パン」しかない世界を想像してください。この世界では年々、前の例と同様、「小麦」200万トンの種もみと、労働2,400万時間を投入して、「小麦」が800万トン収穫されるものとします。さらに、「小麦」600万トンと労働1,600万時間を投入して、「パン」が4,000万食生産されるものとします。

この場合、「小麦」部門だけ見れば、800万トンの総生産のうち、200万トンは種もみとして再投入しなければなりませんので、前の例と同様、それを除いた残りの600万トンが純生産になります。

しかし、社会全体で見ればそうではありません。その600万トンの「小麦」は、「パン」の原料として投入しなければなりません。だから、この社会で「人間が年々自由に処分できる生産物」という意味での「純生産物」は、その結果作られる「パン」4,000万食です。

● 純生産に必要な労働は？

そうすると、この「パン」4,000万食を年々自由に処分し続けるために、この社会の人間は経済に対して、年々どれだけの労働を投入することになりますか。直接の製パン労働のための1,600万時間と並んで、「小麦」を作るための2400万時間の労働が同時にないと生産が持続できませんので、合計4,000万時間の労働が年々必要です。

ここで、「パン」1食あたりの年々必要な投下労働量は、4,000万時間を4,000万食で割って、1時間と計算されます。逆に、4,000万食を4,000万時間で割ったら1食になりますが、これは、労働1時間で純生産できる「パン」の量で、労働生産性です。

「小麦」と「パン」しかない世界の純生産と投下労働の関係

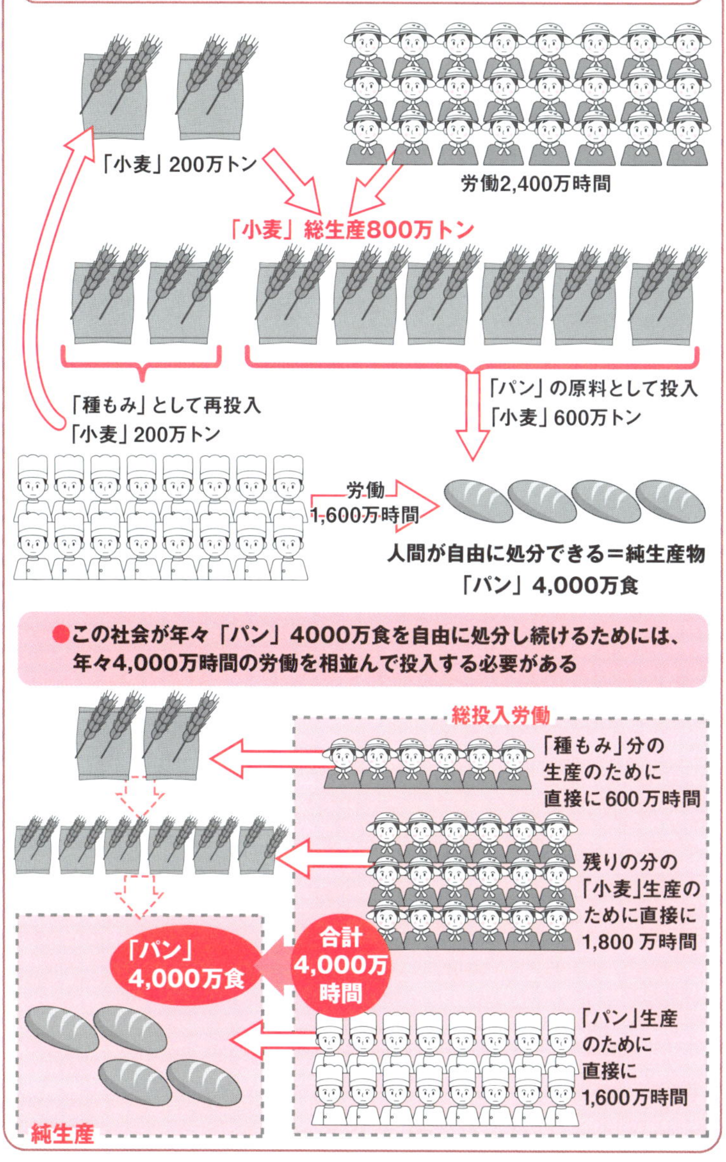
「小麦」200万トン
労働2,400万時間
「小麦」総生産800万トン
「種もみ」として再投入
「小麦」200万トン
「パン」の原料として投入
「小麦」600万トン
労働
1,600万時間
人間が自由に処分できる＝純生産物
「パン」4,000万食
●この社会が年々「パン」4000万食を自由に処分し続けるためには、
年々4,000万時間の労働を相並んで投入する必要がある
総投入労働
「種もみ」分の
生産のために
直接に600万時間
残りの分の
「小麦」生産の
ために直接に
1,800万時間
合計
4,000万
時間
「パン」
4,000万食
「パン」生産
のために
直接に
1,600万時間
純生産

もっと段階が多いケースでも話は同じ

多段階でも同様に、最終段階の純生産物を年々得るためには、それを直接生産する労働とともに、各段階の投入物を生産する労働が年々必要です。

● 実際に原料を作った労働は過去の労働だが

いまの話は、もっと段階が多くても同じです。

たとえば、10万時間の労働を投入して1年がかりで「肥料」3万トンを生産し、その肥料と20万時間の労働を投入してまた1年がかりで「コーン」7万トンを生産し、その「コーン」と10万時間の労働を投入してまた1年がかりで1年寿命の「毛ウサギ」10万匹を生産し、その「毛ウサギ」と10万時間の労働を投入してまた1年がかりで「セーター」5万枚を生産するとしましょう。

今年この「セーター」の現物を作るための原料の「毛ウサギ」飼育に実際に費やされた労働は、去年の労働です。その生産のための「コーン」耕作に費やされた労働は一昨年の労働です。さらにそのための「肥料」を生産したのはそのまた前年の労働です。

● 年々その年の総労働が純生産を生み出すと見なせる

しかし、年々この社会が「セーター」5万枚を純生産物として得続けるためには、「毛ウサギ」飼育労働も、「コーン」耕作労働も、「肥料」生産労働も、年々なされ続けなければなりません。

それゆえ、相並んで同時になされている、「セーター」生産の繊維部門労働10万時間と、「毛ウサギ」飼育労働10万時間と、「コーン」耕作労働20万時間と、「肥料」作成労働10万時間の合計50万時間の労働が、年々投入されて、その年の「セーター」を純生産していると見なすことができるわけです。

この場合、「セーター」1枚の投下労働量は10時間（＝50万時間÷5万枚）となりますが、これは、年々1枚純生産するために、毎年必要な労働の総量を表しているのです。

財がもっと多い世界の純生産と投下労働量の関係

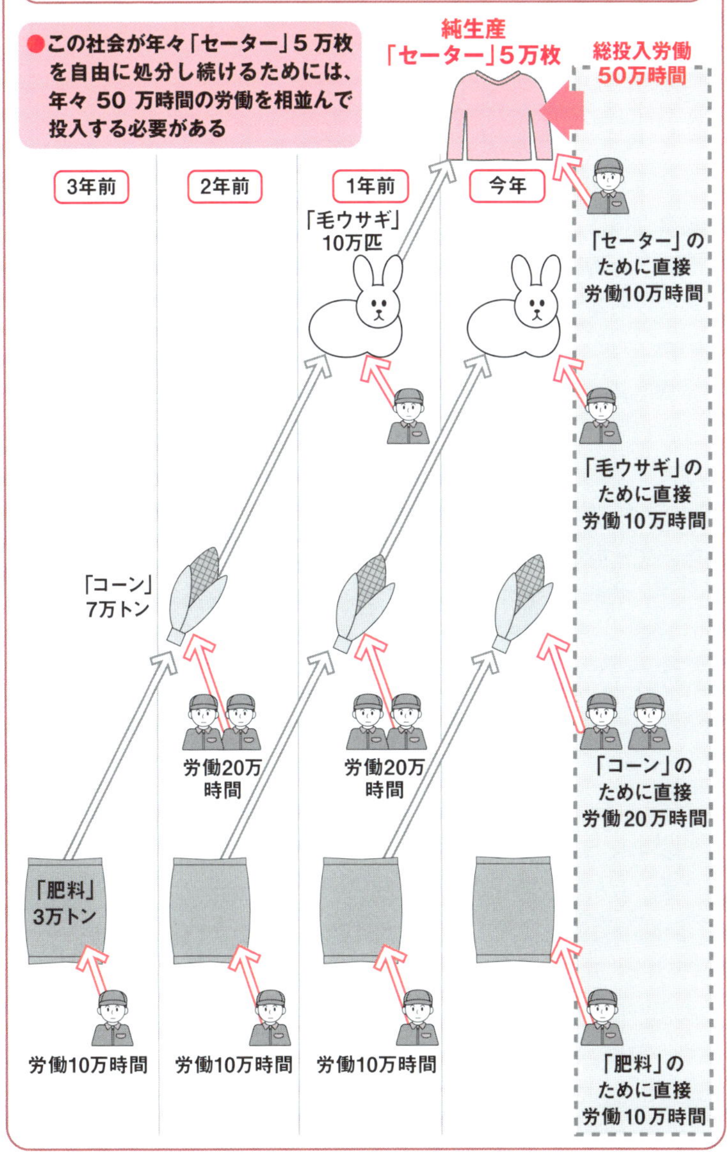
●この社会が年々「セーター」5万枚を自由に処分し続けるためには、年々50万時間の労働を相並んで投入する必要がある
純生産
「セーター」5万枚
総投入労働
50万時間
3年前
2年前
1年前
今年
「毛ウサギ」
10万匹
「セーター」のために直接労働10万時間
「毛ウサギ」のために直接労働10万時間
「コーン」
7万トン
労働20万時間
労働20万時間
「コーン」のために直接労働20万時間
「肥料」
3万トン
労働10万時間
労働10万時間
労働10万時間
「肥料」のために直接労働10万時間

純生産と投下労働の関係④

固定的な設備を考慮したケースでも話は同じ

機械等がある場合、廃棄年齢まで1年ずつずらした機械をセットで年々使うと考えれば、純生産物を作る労働に新機械を生産する労働が含まれます。

● 1年ずつ年齢をずらした設備を耐用期間分セットにする

経済全体は、「年々外から労働を投入して、純生産物を取り出すシステム」なのだという話をしていますが、機械のような固定的な生産手段がある場合にもこれがいえます。

いま、ちょうど10年間使える「窯《かま》」で、年々「茶碗」を作っている世界を考えてみましょう。「窯」1基は、2,000時間の労働を投下すれば生産されるものとします。そして年々、1基の「窯」と、1,000時間の労働で、「茶碗」3,000個が生産されるものとします。

このケースでも、年々同じ生産が繰り返されると考えるならば、いままでと話は同じです。生産して1年目の「窯」、2年目の「窯」…と、1年ずつ年齢をずらした「窯」を、10年目の「窯」まで合計10基セットにしたものを考えてください。毎年「窯」を1基新しく生産し続ければ、毎年10年目の「窯」が廃棄されて、このセットはまったく同じものが年々維持されます。ちょうど、年々生産される「小麦」が、その年のうちに製パンに使い果たされるのと同じと見なせます。

● 12,000時間の労働投入で、30,000個の茶碗を生産する

そうすると、年々、新しい「窯」1基生産するための2,000時間の労働と並んで、各「窯」に1,000時間の労働、セット全体で合計1万時間の労働を投入すれば、各「窯」あたり3,000個、セット全体で合計3万個の「茶碗」が、年々純生産されることになります。

すなわち、経済の外から年々1万2,000時間の労働を投入して、そこから年々3万個の「茶碗」という純生産物を取り出すシステムと見なせます。「茶碗」1個あたりの投下労働量は、1万2,000÷3万で、0.4時間です。労働生産性はこの逆で、1時間あたり2.5個です。

固定的な生産手段がある場合の純生産と投下労働量の関係

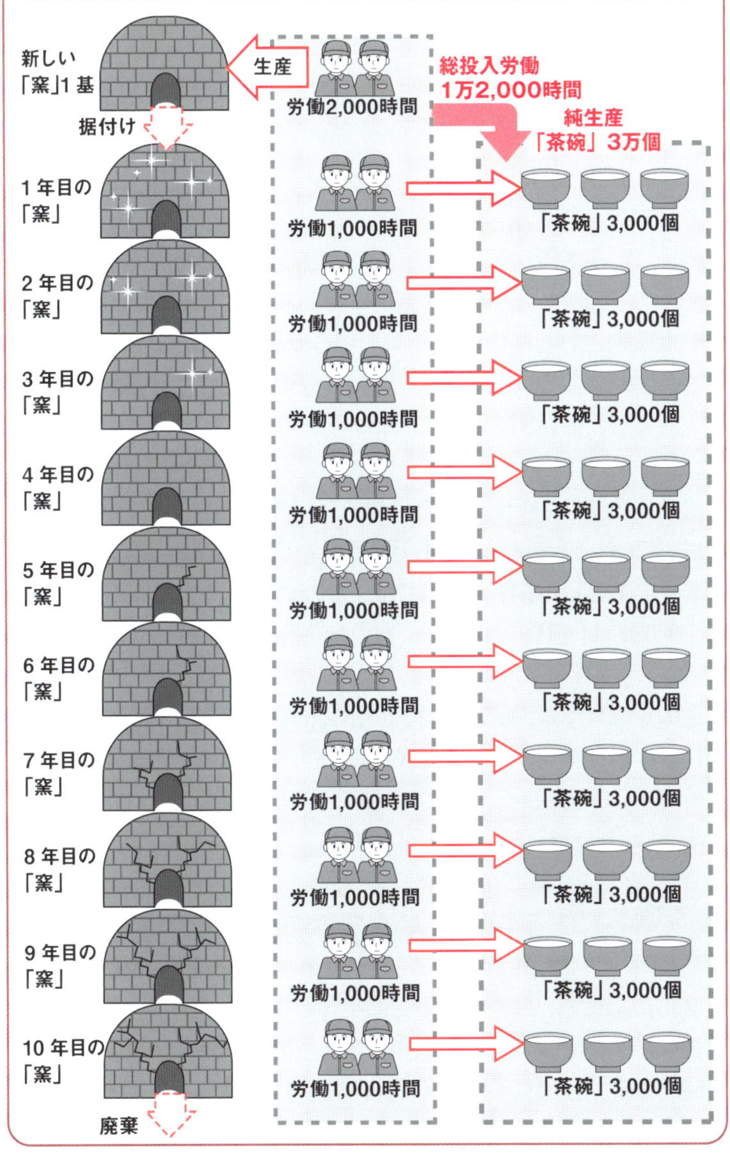

純生産と投下労働の関係⑤

世の中に「コメ」と「酒」があるケース～その1

「コメ」と「酒」の二種類純生産物があるケースでは、それぞれを純生産するために必要な投下労働の合計が総労働になっています。

●「コメ」と「酒」の純生産と労働投入

では次に、純生産物が2種類あるケースではどうなるかを見てみましょう。いま「コメ」と「酒」の2種類の財がある世界を考えます。種もみの「コメ」2万石《ごく》と労働2,400万時間を投入して、「コメ」8万石が収穫されるものとします。種もみ分を除いた残りの6万石のうち、消費するのは5万石で、残り1万石は「酒」生産の原料として投入することにします。この「コメ」と、労働100万時間を投入して、「酒」が10万斗生産されるものとしましょう。

この生産が年々繰り返される世界で、人間が年々自由に処分できるのは、「コメ」5万石と「酒」10万斗《と》です。これがこの世界の「純生産」です。これだけの純生産を取り出すために、年々、2,500万時間（＝2,400万時間＋100万時間）の総労働を投入するシステムです。

●「コメ」と「酒」の単位あたり投下労働の計算

この「コメ」1石あたりの投下労働量は、以前の「小麦」の例と同様に求められます。年々「コメ」6万石を自由に処分できるためには、年々 2,400万時間の労働が必要ですので、1石あたり400時間（=2,400万時間÷6万石）となります。

では、「酒」1斗あたりの投下労働量はいくらになりますか。自由にできる10万斗の生産のために、直接に100万時間の労働が必要でした。しかしそれだけではなく、原料である1万石の「コメ」の生産のためにも、年々労働が必要です。いま、「コメ」1石あたり必要な投下労働は400時間と出しましたので、その1万倍で、400万時間です。よって、合計500万時間（=100万時間+400万時間）を10万斗で割って、1斗あたり50時間が投下労働量となります。

「コメ」と「酒」がある世界の純生産と投下労働の関係①

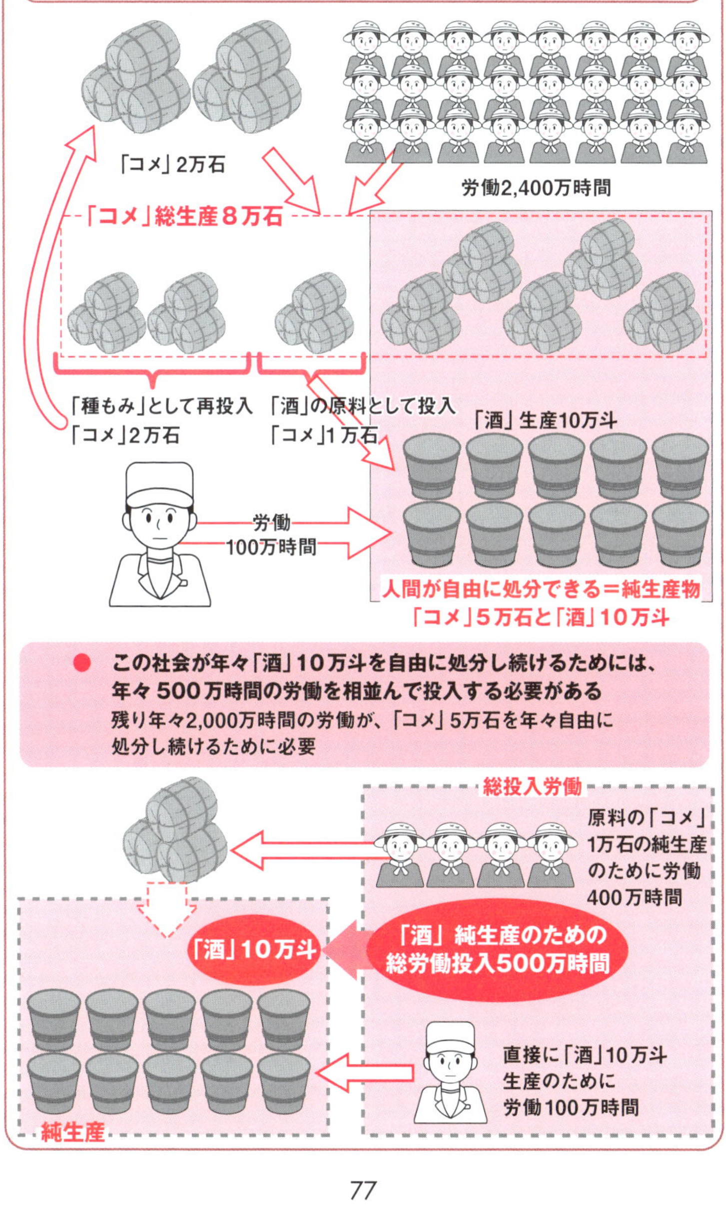

「コメ」2万石
労働2,400万時間
「コメ」総生産8万石
「種もみ」として再投入
「コメ」2万石
「酒」の原料として投入
「コメ」1万石
「酒」生産10万斗
労働
100万時間
人間が自由に処分できる＝純生産物
「コメ」5万石と「酒」10万斗
この社会が年々「酒」10万斗を自由に処分し続けるためには、
年々500万時間の労働を相並んで投入する必要がある
残り年々2,000万時間の労働が、「コメ」5万石を年々自由に
処分し続けるために必要
総投入労働
原料の「コメ」
1万石の純生産
のために労働
400万時間
「酒」純生産のための
総労働投入500万時間
「酒」10万斗
直接に「酒」10万斗
生産のために
労働100万時間
純生産

純生産と投下労働の関係⑥

世の中に「コメ」と「酒」があるケース～その2

純生産物の「コメ」と「酒」を全労働者で分けた場合、各自は、自分の労働時間を「コメ」純生産と「酒」純生産に振り分けたと見なせます。

● 社会のなかの分業による純生産の分担

さて、いまの例で、年々投入する2,500万時間の総労働は、2万5,000人の人が一人あたり1,000時間働いているものだとしましょう。各人は、「コメ」の耕作か、「酒」の醸造かどちらかを分担して働いていることにします。当然、「コメ」耕作には24,000人、「酒」醸造には1,000人が従事することになります。しかし、「コメ」のうち1万石《ごく》は「酒」を作るために使われます。このための投下労働量は、1石あたり400時間の1万倍で400万時間でした。よって、「コメ」耕作者のうち4,000人（=400万時間÷1,000時間）は、間接的に「酒」を純生産するために働いていることになります。よって、総勢2万5,000人の人のうち、5,000人（=1,000人+4,000人）が「酒」の純生産のためにいろいろな段階で労働しており、残り2万人が「コメ」の純生産のために働いていることになります。

● 各自の労働時間の各純生産への配分

さて、この2万5,000人の人が、純生産された5万石の「コメ」と10万斗《と》の「酒」を平等に分けとり、一人当たり、「コメ」2石と「酒」4斗を年々受け取ることにしましょう。すると、「コメ」2石の投下労働量は800時間（=1石あたり400時間×2石)、「酒」4斗の投下労働量は200時間（=1斗あたり50時間×4斗）です。足したら、ちょうど各自の年々の労働時間である1,000時間に等しくなります。

つまりこの場合、社会のメンバーが4対1に分かれて「コメ」と「酒」の純生産に従事している事態は、**各自が自分の労働時間を4対1に分けて「コメ」と「酒」の純生産に従事している事態と同じこと**だと見なすことができるわけです。

「コメ」と「酒」がある世界の純生産と投下労働の関係②

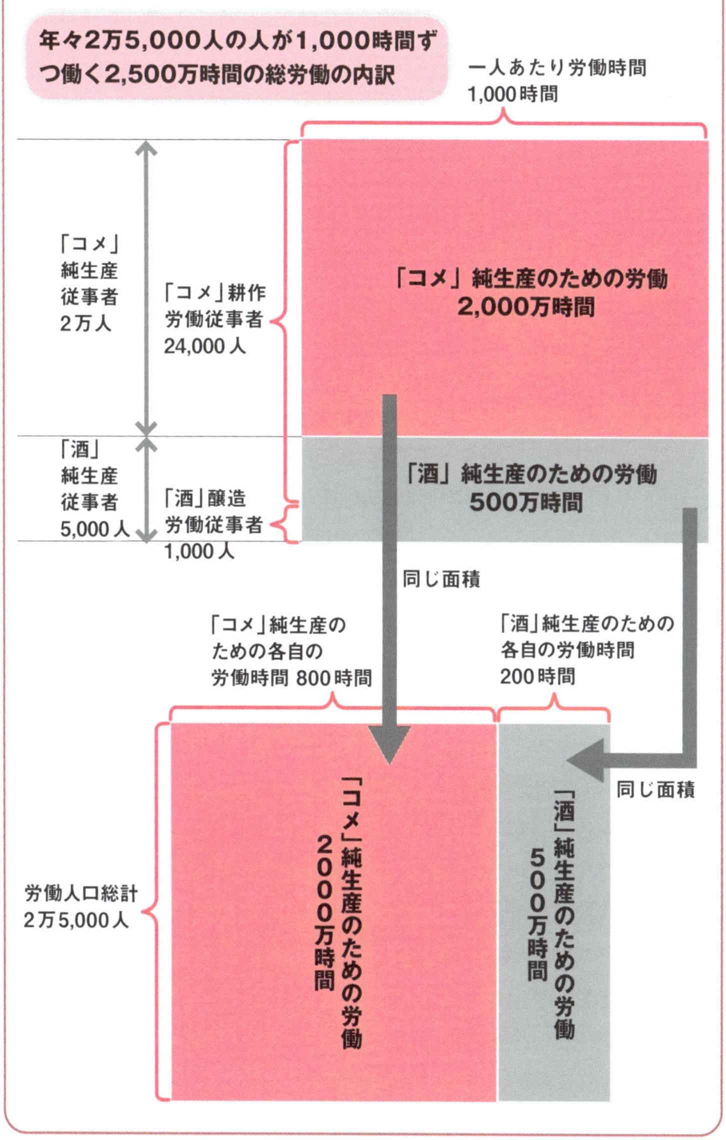
年々2万5,000人の人が1,000時間ずつ働く2,500万時間の総労働の内訳
一人あたり労働時間
1,000時間
「コメ」純生産従事者2万人
「酒」純生産従事者5,000人
「コメ」耕作労働従事者24,000人
「酒」醸造労働従事者1,000人
「コメ」純生産のための労働
2,000万時間
「酒」純生産のための労働
500万時間
同じ面積
「コメ」純生産のための各自の労働時間 800時間
「酒」純生産のための各自の労働時間
200時間
同じ面積
労働人口総計
2万5,000人
「コメ」純生産のための労働
2000万時間
「酒」純生産のための労働
500万時間

世の中に「コメ」と「酒」があるケース～その3

各財の純生産のための投下労働量は、総労働を各財の純生産に割り振る基準になるとともに、各財の純生産の取り替えの比率にもなります。

● 各財の投下労働量は、財の分配と労働の配分を調整する基準

前ページの長方形の図をタテに切ったものは、各自が、自分の受け取るいろいろな純生産物の量を、その投下労働量の総計が自分の労働時間と同じになるように収めていることを表しているとも見なせます。これは、各自が分担している純生産物を自分の労働時間分純生産し、そのうちの一部を、それと投下労働量が等しい別の財で取り替えることと同じだと見なすこともできます。

すると、前ページのタテ割りとヨコ割りの長方形図を重ねてかいた次ページの図の、右上の赤色の部分の面積は「コメ」の純生産に従事している者が欲しい「酒」の投下労働量を、左下の赤色の部分の面積は「酒」の純生産に従事している者が欲しい「コメ」の投下労働量を表しますから、両者の面積が等しくなるように、各仕事への従事者の配分を調整すれば、つじつまの合った状態が実現できます。

● 投下労働量の比率は純生産の取り替えの比率

またこの世界で、労働人口や労働時間は変わらず、年々の「コメ」の消費が1万石《ごく》増えたら、つじつまの合った年々のコンスタントな状態はどのように変わらなければならないでしょうか。新たに「コメ」1万石を純生産するためには、直接間接に400万時間（=1石あたり400時間×1万石）の労働を「コメ」に振り向けなければなりません。そのためには、400万時間分、「酒」の純生産に向けられていた労働を減らす必要がありますから、「酒」1斗《と》あたり50時間の投下労働量でこれを割った、8万斗だけ「酒」の純生産が減ってしまうことになります。つまり、各財の単位あたり投下労働量の比率は、経済全体での各財の純生産の取り替えの比率と見なせるわけです。

「コメ」と「酒」がある世界の純生産と投下労働の関係③

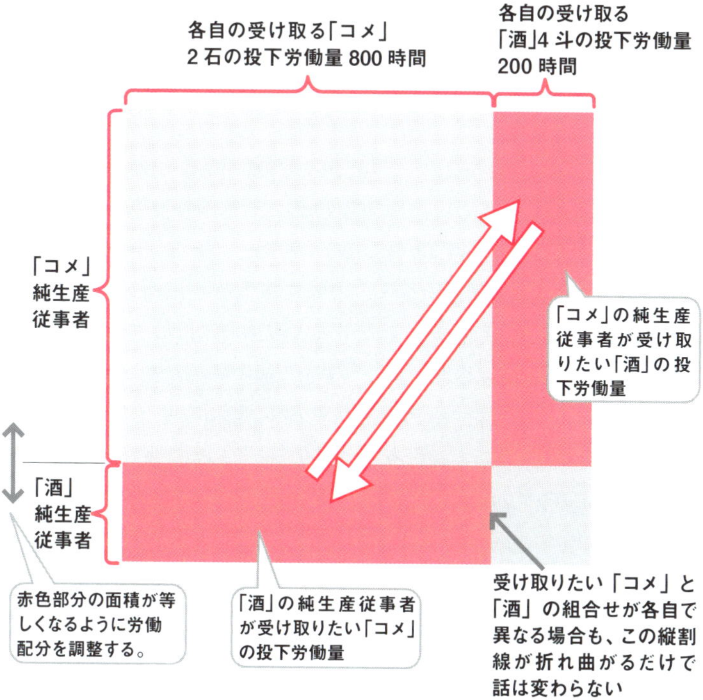

「コメ」1 石(あたり純生産に必要な)投下労働量 → **400 時間**

× 「コメ」の純生産の増加量 → **1 万石**

= 「酒」1 斗(あたり純生産に必要な)投下労働量 → **50 時間**

× 「コメ」を増やす替わりの、「酒」の純生産の減少量 → **8 万斗**

400 時間 × 1 万石 ＝ 「コメ」の純生産の増加に必要な労働量

50 時間 × 8 万斗 ＝ 「酒」の純生産の減少で浮かせられる労働量

したがって

$$\frac{1\ \text{万石}}{8\ \text{万斗}} = \frac{50\ \text{時間}}{400\ \text{時間}}$$

1 万石／8 万斗：経済全体での純生産の取り替えの比率

50 時間／400 時間：単位あたり投下労働量の比

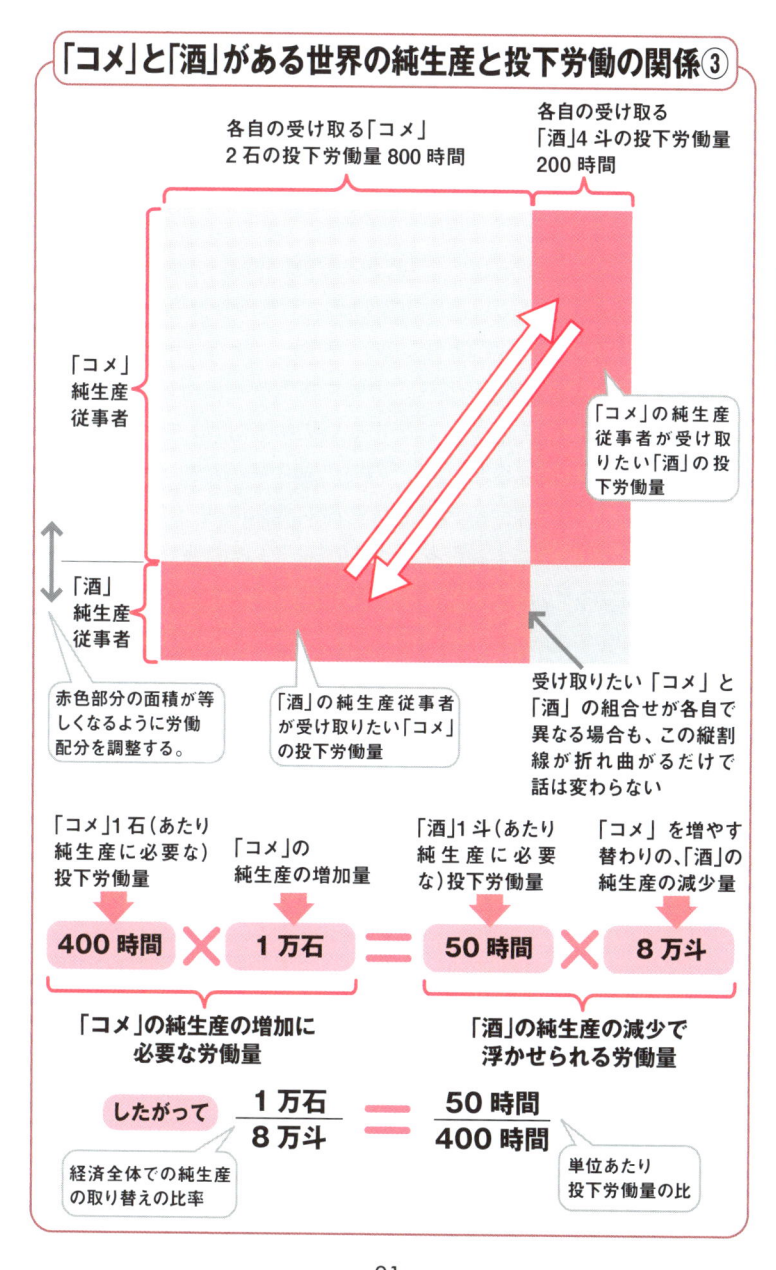

財の種類が何種類あっても同じ

財が何種類でも同様で、各財の純生産に総労働が配分されることは、各自が自分の受け取る財の純生産のために労働時間を配分することと同じです。

ロビンソン・クルーソーは自分の労働時間を割り振る

いま述べた話は、財の種類が何種類あっても成り立ちます。

無人島に一人漂着したロビンソン・クルーソーは、自分の1日24時間、1年365日の時間のうち、休息や食事などに必要な時間を除く労働時間を、自分の欲求を満たすために必要な、さまざまな労働に割り振らなければなりません。各財の純生産のための投下労働量がわかっているならば、その総計が労働時間内に収まるように、一番満足のいく各財の純生産量を決めます。そして、そのために必要な各種の作業を計算して実施するでしょう。

多人数社会でも同じ

大勢の人間からなる社会でも、これと同じように見なせます。これまでの考察と同様、ヨコ割り長方形図に示される社会全体での労働の分担を、タテ割り長方形図に示される各自の労働時間のなかの配分に変換することができるからです。

各財の純生産のために必要な投下労働量がわかっているならば、各自はその総計が自分の労働時間内に収まるように、一番満足のいく各財の取得量を決めます。そうすると、社会全体でそれを満たすための純生産に必要な総投入労働量は、**社会全体の総労働時間と等しくなりますので、各財の純生産のための仕事を人々の間で適当に割り当てれば、つじつまの合う労働配分が必ず見つかります**。

このようなバランス状態が年々繰り返されているならば、たとえ各自は何か特定の種類の労働に四六時中従事していても、ロビンソンのように、自分の労働を自分のための各種の純生産に割り振って従事していることと同様に見なせるわけです。

財が何種類あっても純生産と投下労働の関係は同じ

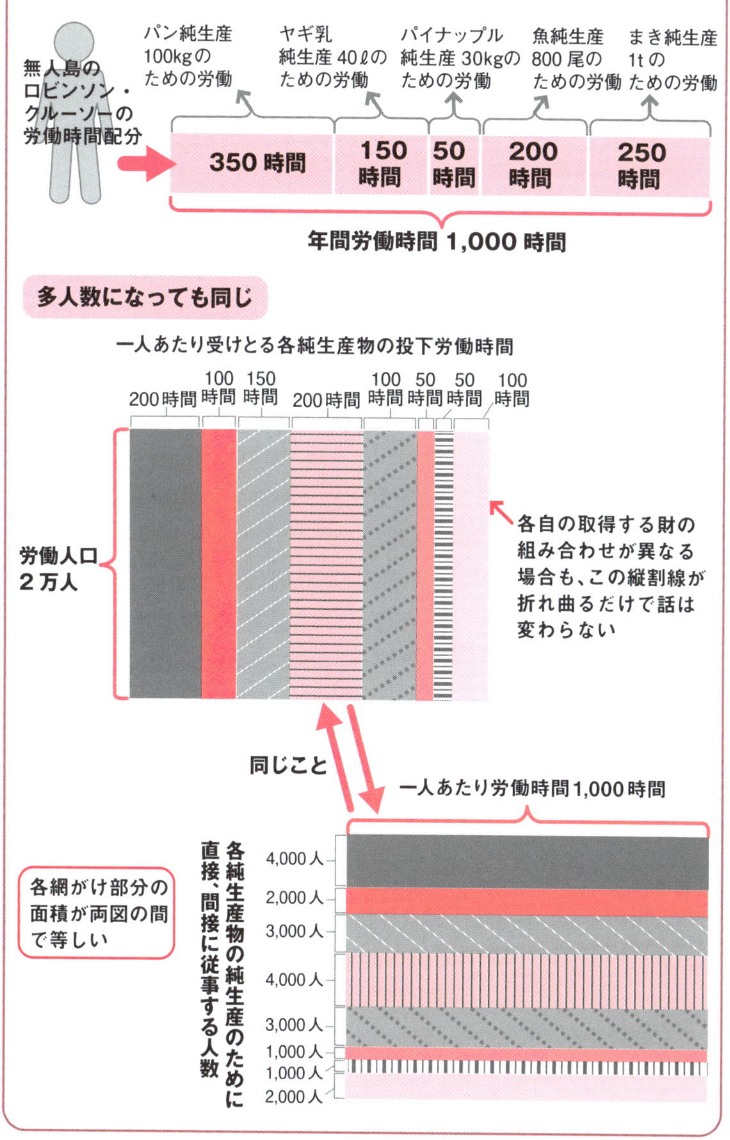
無人島のロビンソン・クルーソーの労働時間配分
パン純生産100kgのための労働
ヤギ乳純生産40ℓのための労働
パイナップル純生産30kgのための労働
魚純生産800尾のための労働
まき純生産1tのための労働
350時間
150時間
50時間
200時間
250時間
年間労働時間1,000時間
多人数になっても同じ
一人あたり受けとる各純生産物の投下労働時間
200時間
100時間
150時間
200時間
100時間
50時間
50時間
100時間
労働人口2万人
各自の取得する財の組み合わせが異なる場合も、この縦割線が折れ曲るだけで話は変わらない
同じこと
一人あたり労働時間1,000時間
各純生産物の純生産のために直接、間接に従事する人数
4,000人
2,000人
3,000人
4,000人
3,000人
1,000人
1,000人
2,000人
各網がけ部分の面積が両図の間で等しい

では、階級のある社会ではどうなる?①

「コメ」1種類のケースでは?

「コメ」1種類の世界で階級がある場合、支配階級にとられる剰余生産物の純生産に必要な分、各自は支配階級のために剰余労働しています。

● 働く者の自由にならない「剰余生産物《じょうよせいさんぶつ》」

さて、いままでの例では、純生産物は働いた人によって分配されつくしました。つまり、階級のない社会を想定してました。

では、階級がある社会ではどうなるでしょうか。まず、話を一番簡単にして、世の中に財が「コメ」1種類しかないケースを考えてみましょう。前の例と同様、種もみとして「コメ」2万石と労働2,400万時間を投入して、8万石の「コメ」が総生産されるものとします。この場合、純生産は「コメ」6万石です。

階級社会では、この6万石のうち、一部は支配階級の人の自由に処分が任され、働いた人々の自由にはならなくなります。これを**剰余生産物**といいます。たとえば江戸時代の日本ならば、純生産された「コメ」の一定割合を、殿様が「年貢《ねんぐ》」と称してとっていきました。年貢の割合が半分なら「五公五民《ごこうごみん》」、六割なら「六公四民《ろっこうしみん》」と言いましたが、いまのケースが「五公五民」だとすると、6万石の「コメ」の純生産のうち、3万石は年貢として殿様がとっていく「剰余生産物」、残り3万石が農民の手に残る分になります。

● 剰余生産物を純生産する剰余労働

さて、そうすると、2,400万時間のうちの半分、1,200万時間は、剰余生産物を純生産するための労働と言えます。これを**剰余労働**といいます。この分は殿様のために働いたわけです。残り1,200万時間は、自分の暮らしに必要なものを純生産するための労働で、これを**必要労働**といいます。自分のために働いている分です。

各自の年々の労働時間が1,000時間なら、そのうち500時間は自分のための必要労働、500時間は殿様のための剰余労働と言えます。

「コメ」しかない階級社会での純生産と投下労働の関係

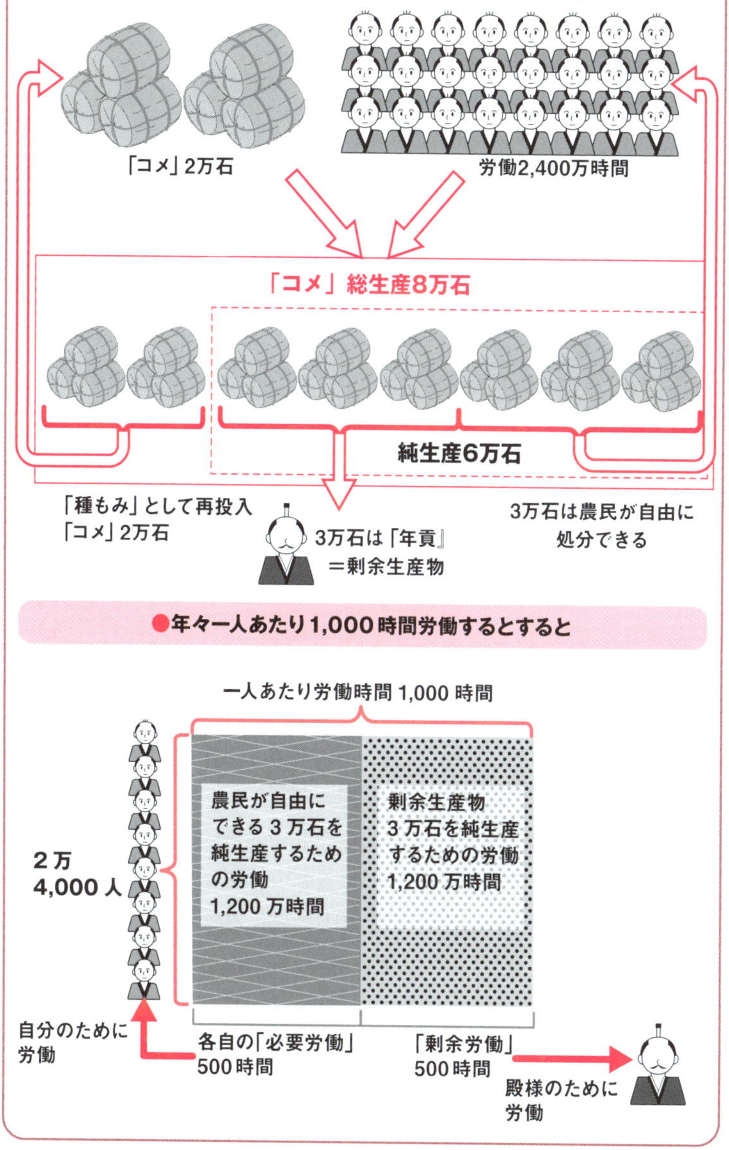

では、階級のある社会ではどうなる?②

「コメ」と「酒」の２種類があるケースでは？

剰余生産物が純生産物のうちの一部の種類のものだとしても、どの部門で働く人もみな剰余労働をしているものと見なすことができます。

■ 剰余生産物《じょうよせいさんぶつ》の純生産のために働いている人が一部の人でも…

剰余労働をしていることは、言い換えれば「**労働が搾取《さくしゅ》されている**」ということです。これは、いまのような、財が1種類のケースでは明白ですが、**財が複数種類になると一見明白には見えません。**

たとえば、先の「コメ」と「酒」の例で、純生産物の「コメ」5万石はすべて働いた人に平等に分配され、「酒」10万斗はすべて殿様がとっていく剰余生産物だとしましょう。この場合、「酒」を純生産するのに直接間接に働いている5,000人は剰余生産物を作っているのですから当然、剰余労働をしているように見えます。でも「コメ」5万石を純生産している2万人は、自分たちの手にする物を生産するために働いています。彼らは搾取されていないのでしょうか。

■ 全員が剰余労働をしていると見なせる

いいえ。各自の手にする「コメ」2石を純生産するために必要な投下労働量は800時間でしたよね。そうすると、各自が年々1,000時間働いているうち、自分が手にするもののために働いている時間は一部だけで、200時間は余計に働いていることになります。これを全員分合わせたら、「酒」純生産のための労働時間になります。

つまり、右ページのヨコに切った図はタテに切った図と同じと見なせますから、労働人口が、働く者の自由になる物と剰余生産物とのそれぞれの純生産に、4対1で従事していることは、**各自の労働時間が4対1で必要労働と剰余労働に分かれていることと同じ**と見なせるのです。剰余生産物の「酒」の純生産に従事している人も「コメ」を受け取っているので、その分は「コメ」生産者が一方的に働いてあげることで、剰余労働を分かち合っているのです。

「コメ」と「酒」がある階級社会での純生産と投下労働の関係

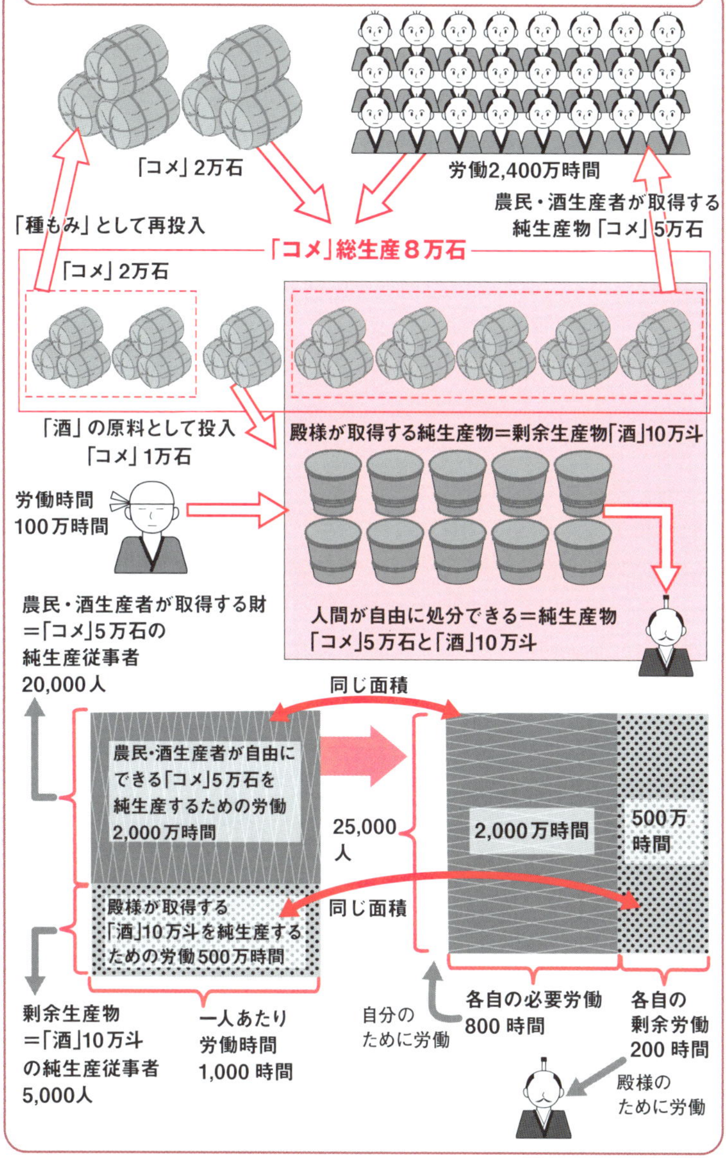
「コメ」2万石
労働2,400万時間
農民・酒生産者が取得する
純生産物「コメ」5万石
「種もみ」として再投入
「コメ」総生産8万石
「コメ」2万石
「酒」の原料として投入
「コメ」1万石
殿様が取得する純生産物＝剰余生産物「酒」10万斗
労働時間
100万時間
人間が自由に処分できる＝純生産物
「コメ」5万石と「酒」10万斗
農民・酒生産者が取得する財
＝「コメ」5万石の
純生産従事者
20,000人
同じ面積
農民・酒生産者が自由に
できる「コメ」5万石を
純生産するための労働
2,000万時間
25,000
人
2,000万時間
500万
時間
殿様が取得する
「酒」10万斗を純生産する
ための労働500万時間
同じ面積
剰余生産物
＝「酒」10万斗
の純生産従事者
5,000人
一人あたり
労働時間
1,000 時間
自分の
ために労働
各自の必要労働
800 時間
各自の
剰余労働
200 時間
殿様の
ために労働

COLUMN

「社会主義」と「共産主義」の定義は？

「社会主義」と「共産主義」というのも定義がはっきりしない言葉で、何かと混乱のもとになります。とりあえず、資本主義を批判する思想・運動・社会を広く指すのが「社会主義」で、その一種として「共産主義」があるというのが一番無難なとらえかただと思います。

マルクスやエンゲルスの時代には、「社会民主主義」も「共産主義」も同じことを指していました。未来社会を指すのも、社会主義と言ったり、共産社会と言ったり、「アソシエーション」とか「協同組合的社会」と言ったりと、いろいろな言い方をしていました。

マルクス、エンゲルス死後の社会民主主義党と共産党との分裂後、社会民主主義党の側は、自分たちの側を「社会主義」と、ソ連型の国有指令体制を「共産主義」と呼ぶ傾向にあるようです。

マルクスは、彼の展望する未来の共産社会を2段階に分けて、低い段階は「労働に応じた分配」、高い段階は「欲求に応じた分配」になると言っていました。後年、共産党系の側は、この低い段階の共産社会を「社会主義社会」と定義し直し、自分たちの支配国はまだ「社会主義」だ、「共産主義」段階には達していないのだと言っていたものです。これは、共産党支配国が、分配様式に限らず、万事マルクスの言った共産社会のとおりになっていない現状をごまかすためのへ理屈みたいなものだったと思います。

若い頃のマルクスは、共産党系の定義とは逆に、低い段階の将来社会を「共産主義」、高い段階を「社会主義」と呼んでいました。もともと「共産主義」は、「財産を共有化する」という意味が強かったので、革命後の権力が生産手段を共有化する段階をそう呼んで、その後現場の自治にゆだねられる段階を「社会主義」と呼んだようです。

第4章

資本主義経済における搾取と蓄積

第4章では、第3章で学んだ手法を使って、モノとモノとの対等な交換関係の見かけの世界で発生する「利潤」の背後に、中世同様の労働の搾取があるということを見ます。そして、「社会的なことの一人歩き」の図式どおり、搾取された労働の成果である生産手段が、一人歩きして拡大していく「資本の蓄積」という事態を検討します。この章は本書のメインで、現代的な「マルクスの基本定理」の数学を使わない解説になっています。

KEYWORD

モノとモノとの交換関係
貨幣　労働
資本　利潤
市場社会　階級社会
労働者　資本家
労働の搾取
単純再生産
拡大再生産
資本蓄積
絶対的剰余価値生産
相対的剰余価値生産

「ヒトとヒトの依存関係」が直接見えない?

「モノとモノとの交換関係」という「見かけ」

市場社会では、「ヒトとヒトとの依存関係」が「モノとモノとの交換関係」に投影されて現れます。支配従属関係もモノの交換関係の形をとります。

● ヒトどうしの依存関係がモノどうしの交換関係として現れる

前章で、あらゆる社会に共通の「ヒトとヒトとの依存関係」として社会を見る見方を説明しましたが、**資本主義経済の特徴は、社会一般に共通するこうした正体が、直接現れないことにあります。**

資本主義経済は、市場社会の一種ですが、市場社会では、目の前の直接見える姿では、経済が「**モノとモノとの交換関係**」として現れます。「価格」のような、「商品どうしの交換割合」がモノに性質として備わっていて、それが人々を動かしているように見えます。

特に、資本主義経済では、「賃金」「利潤」といったものも、「**モノとモノ（貨幣）との交換割合**」として現れます。**「労働」という商品《モノ》を提供した見返りが「賃金」、「資本」という商品《モノ》を提供した（＝出資した）見返りが「利潤」**という「カタチ」がとられるわけです。

● 自由対等な商品交換関係の背後に人間どうしの支《し》配《はい》搾《さく》取《しゅ》関《かん》係《けい》が

市場社会では、商品交換の当事者は、互いに自立して、自由な意思で対等に取引するタテマエになっています。資本主義経済でも、「賃金」「利潤」といったものは、互いに自立した交換当事者が、自由な意思で対等に取引した結果得られたものと見なされます。

しかし、この事態を、「ヒトとヒトとの依存関係」という、すべての社会一般に共通するしくみから眺めてみたらどうなるでしょうか。そこに、江戸時代の殿様と農民と同様の、「ヒトとヒトとの支配－従属関係」があり労働の搾取があるという、階級社会の正体が見て取れる――これが、この第4章で論じることです。

「モノとモノとの交換関係」という「見かけ」

市場社会では「ヒトとヒトとの依存関係」が「モノとモノとの交換関係」として現れる

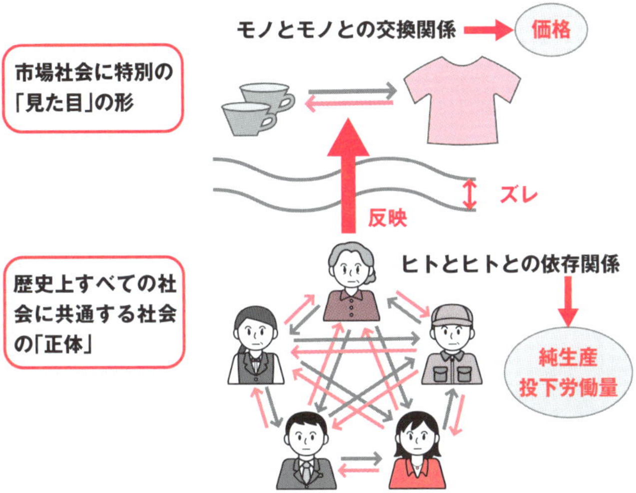

● 資本主義経済も市場社会なので、「ヒトとヒトとの支配・従属関係」が対等な「モノとモノとの交換関係」として現れる

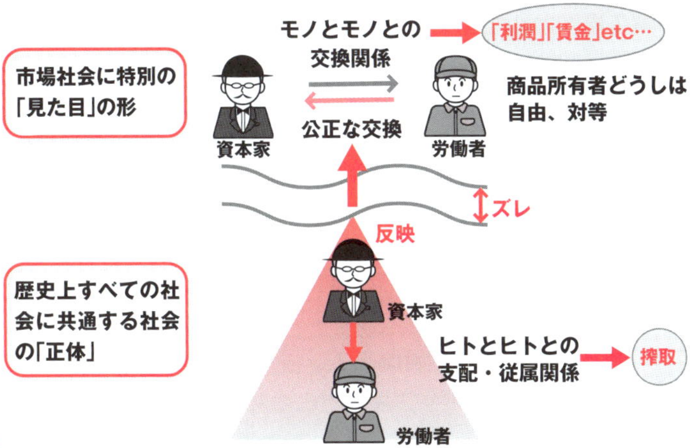

資本主義経済とは何か

市場社会と階級社会があわさった社会

資本主義経済は階級関係のある市場社会です。モノの売り買いで成り立つ市場社会のうち、労働ももっぱら売り買いされる社会が資本主義です。

■市場社会とは見込み生産物を交換する社会

資本主義経済とは、私たちが暮らしているこの経済システムのことで、**「市場社会」と「階級社会」の二つがあわさったもの**と定義されます。まず、**市場社会**（正確には、**商品生産社会**）とは、**社会的分業**と**生産手段の私有**の二つが原則となっている社会です。「社会的分業」とは、自給自足でなくて、各自が特定の仕事だけを常《じょう》時《じ》分担していることです。「生産手段の私有」とは、生産についての判断を各自が排《はい》他《た》的《てき》にできて、その結果が、得でも損でも、もっぱら判断した自分だけにかかってくることです。この二つがあわさると、各自は社会の欲求を広く満たすためのものを、直接その欲求を聞くことなく見込みで生産し、後から交換することで社会が成り立つことになります。そうなると、**交換の媒介としておカネが発生します**ので、おカネを目的に生産が行われることになります。

■労働も原則として売り買いの対象となるのが資本主義経済

資本主義経済は単なる市場社会ではなくて、支配する人と支配される人に世の中が分かれた階級社会でもあります。しかし、この側面はこれから正体を暴いてはじめて言えることですので、さしあたりはもっと表面的な定義をしておきます。原則として労働も売り買いの対象になっていること、すなわち、働く人々が、生活に必要なものを得るための生産手段を自由に利用できず、雇われて労働を売って見返りに賃金をもらうことではじめて生きていることです。

こういう人々を**労働者**と言います。サラリーマンも「労働者」です。それに対して、機械や工場などの生産手段を自由に支配して、労働者を雇って働かせる人々のことを**資本家**と言います。

市場社会と階級社会があわさって資本主義経済が成立

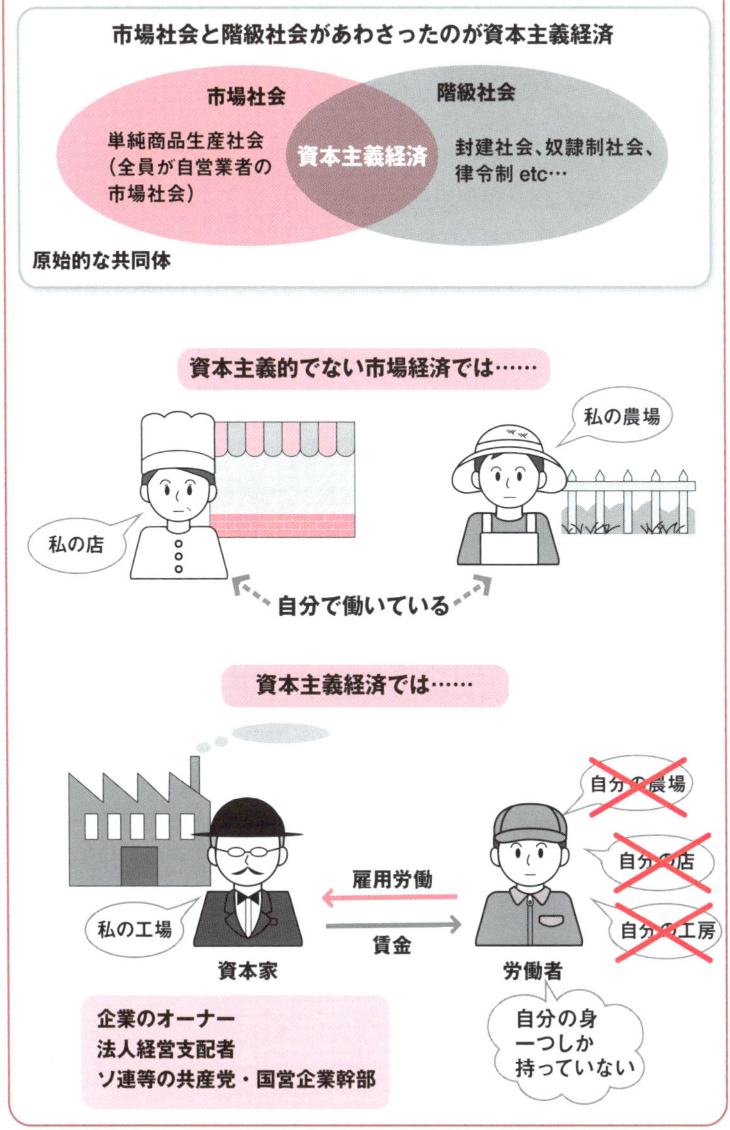

利潤の正体を探る①

利潤があれば剰余生産がある

資本主義的生産は利潤を目的にします。利潤とは所得から賃金を引いた残りです。すると社会の総利潤は剰余生産物を金額表示したものになります。

● 利潤は「総生産額－生産手段の投入額－賃金費用」

そこでいまから、利潤の正体を探ろうと思います。まず「利潤」とは何かということを、おおざっぱにおさえておきます。

業者が売り上げた総生産額から、原材料や燃料などの、生産に使った財の投入費用を引いた残りは「利潤」ですか? ちがいます。こういうのは、**所得**といいます。自営業者ならこの所得をめあてにして商売をしているかもしれません。でも、資本主義企業はちがいます。

利潤とは、この**所得から賃金費用を除いた残り**です。資本主義企業が追求するのはこれです。自営業者は労働に対して得られる所得をなるべく増やそうとしますが、これは「利潤追求」ではありません。資本主義企業は逆です。**労働に対して得られる所得である「賃金」をコスト扱いしてなるべく小さくしようとします。**

● 総所得は純生産額に等しく、総利潤は剰《じょう》余《よ》生《せい》産《さん》額《がく》に等しい

さて、いま世の中に自営業者はおらず、全部資本主義企業だったとしましょう。前章で見たように、世の中のいろいろな**総生産物**から、その生産のための投入物を除いた残りが、**純生産物**です。これを金額で表してみましょう。すると純生産額は、総生産額から、そのための投入物の金額、つまり生産に使った財の投入費用を引いたものですが、これは上で見た定義から、世の中の**総所得**になりますね。

さらに、純生産物から労働者の入手できる財を引いた残りが**剰余生産物**でしたが、資本主義経済では、労働者の入手できる財とは、もっぱら賃金から買ったものです。よって、剰余生産物を金額表示したものは、世の中の純生産額、すなわち**総所得から賃金総額を引いたもの**になります。これは世の中の総利潤にほかなりません。

利潤があれば剰余生産がある

利潤とは何か？

総生産額 − 生産手段の投入費用 − 賃金 ＝ 利潤

（生産手段の投入費用：原材料費・燃料費…減価償却費）

総生産額 − 生産手段の投入費用 ＝ 所得

総生産 − 投入生産手段 ＝ 純生産

↓金額表示　↓金額表示

総生産額 − 生産手段の投入費用 ＝ （総）所得

したがって…社会の純生産を金額表示すると社会の総所得になる

純生産 − 労働者が取得する財 ＝ 剰余生産物

↓金額表示　↓金額表示

総所得 − 総賃金 ＝ 総利潤

したがって…**社会の総利潤は剰余生産物を金額表示したものである**

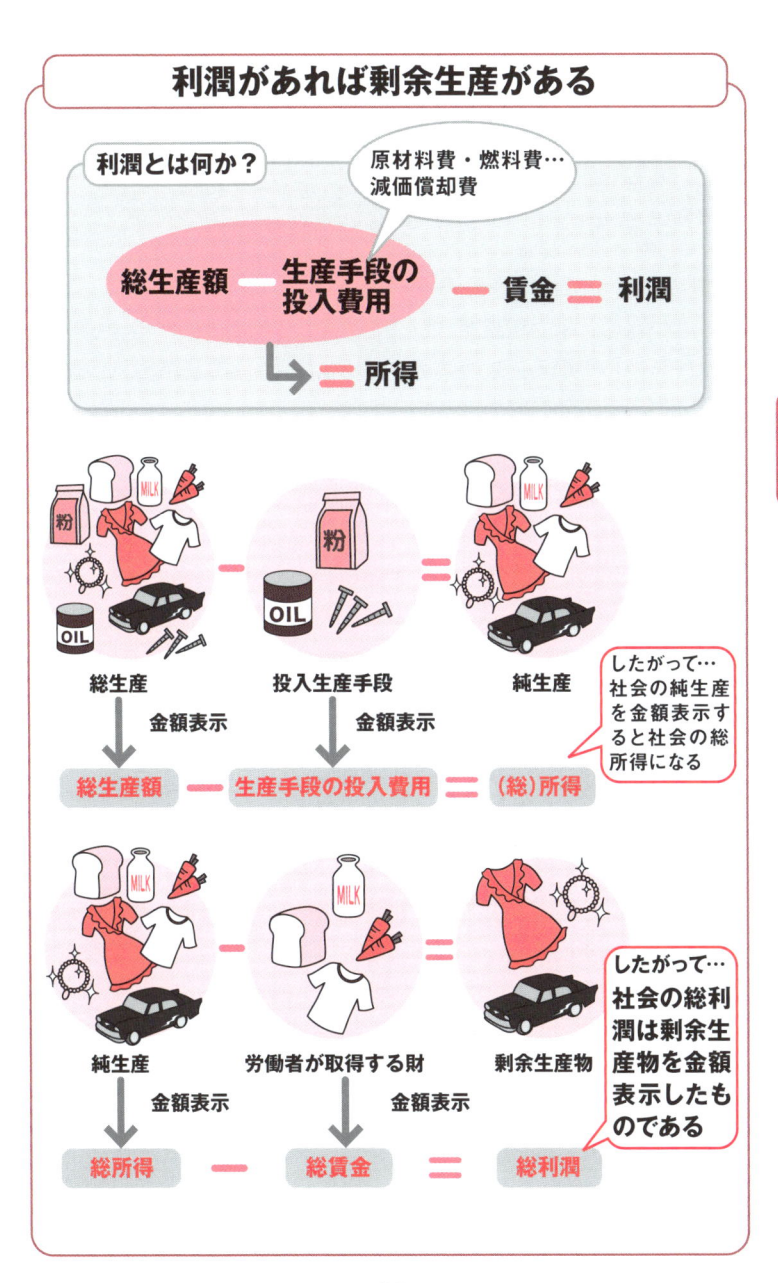

利潤の正体を探る②

利潤があれば労働の搾取がある

利潤があることは剰余生産がされていることですから、その純生産のための労働が行われています。これは各自労働が搾取されていると見なせます。

● 剰《じょう》余《よ》生《せい》産《さん》があれば労働の搾取がある

したがって、年々利潤がプラスであるということは、年々剰余生産物が発生しているということと同じだということがわかります。ということは、労働者のうちの一部は、年々剰余生産物の純生産に従事しているということです。

例によってこれを表すヨコ割り長方形図を、タテ割り長方形図に転換してみると、労働者各自の労働時間のうちの一部は、自分の自由にできる財の純生産のために労働している**必要労働**ですが、残りは、自分が自由にできない剰余生産物の純生産のために労働している**剰余労働**になっていることがわかります。

すなわち、江戸時代の農民が自分の労働のうち一部は殿様への年貢のために働いているのと同じ、**労働の搾取《さくしゅ》**があるわけです。

● 経済全体の連関のなかで搾取が起こる

そうすると、資本主義経済の場合、「搾取」といっても、「鬼の工場主が配下の従業員をこき使ってもうける」というイメージとは次元がちがうことがわかります。**経済全体の連関のなかで搾取が起こるわけです。** たとえば、銀行が貸し付けを膨らませて経済全体で過剰な設備投資が行われたために、世の中が需要超過《じゅようちょうか》になって物価が上がって賃金が目減りしたとしましょう。この場合、労働者が入手できる財が減り、資本家の設備投資に使う剰余生産が増えるので、直接には誰も意図していなくても、「搾取」の増大になるのです。

利潤の存在と労働の搾取が同じだということは、1950年代に**置《おき》塩信雄《しおのぶお》**が数学的に厳密に証明し、「**マルクスの基本定理**」と呼ばれていますが、以上がその骨子の数学を使わない説明です。

利潤があれば労働の搾取がある

利潤の存在は剰余生産物の存在と同じこと

すなわち

利潤が存在する限り、
剰余生産物の純生産のために従事する労働者がいる

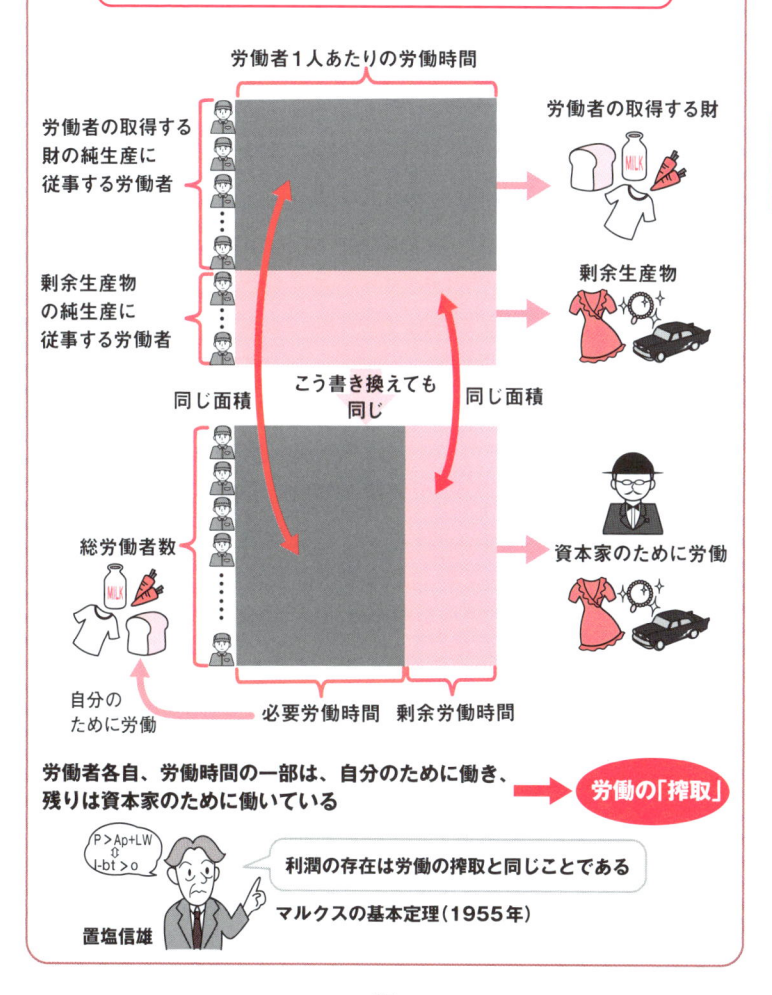

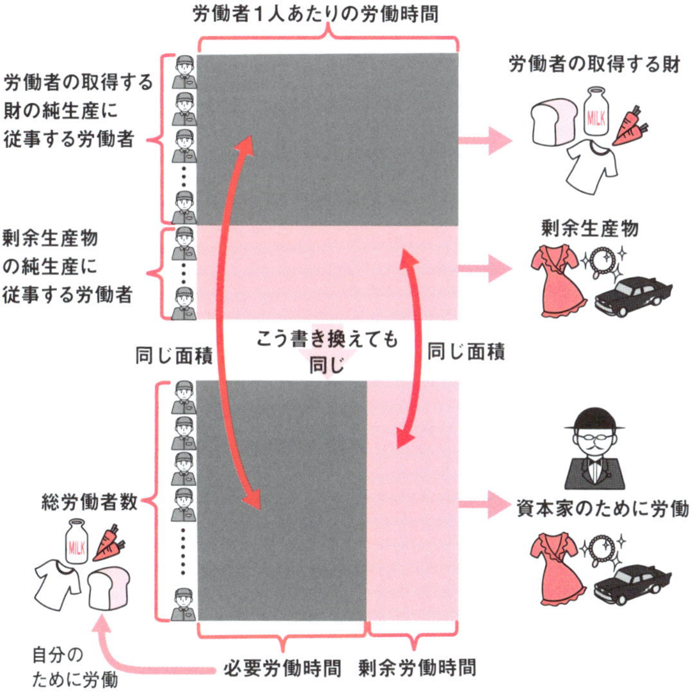

労働者各自、労働時間の一部は、自分のために働き、残りは資本家のために働いている → **労働の「搾取」**

利潤の存在は労働の搾取と同じことである

マルクスの基本定理（1955年）

置塩信雄

剰余をすべて消費するか、一部を生産手段に回すか

単純再生産と拡大再生産

剰余生産物がみな資本家に消費されるなら、年々同じ生産規模の単純再生産です。剰余生産物に生産手段の増分があるなら拡大再生産になります。

● 剰余をすべて消費すると単純再生産

さて、剰余生産物がすべて資本家の消費にまわるものならば、この経済は年々同じ規模の生産が繰り返されることになります。こういうのは**単純再生産**と言います。注意していただきたいのは、この場合にも、純生産物を生産するために使われた機械や工場などのうち、使えなくなって廃棄される分が年々あって、それを補《ほ》填《てん》するための新しい機械や工場の生産は年々なされなければならないということです。労働者と資本家が消費する純生産物を作るための労働のなかには、こうした更新投資向けの、機械や工場などを生産する労働が含まれています。

● 剰余の一部が生産手段に追加されると拡大再生産

しかし資本主義経済では、単純再生産など例外的事態です。資本家はお互い競争しているので、規模を拡大して効率的生産をしないと競争に負けてつぶれてしまいます。そこで資本家は、**ときには自分の消費を抑えてまでして利潤を事業の拡大にまわします**。本当は贅沢に消費しつくしたくても、そうはさせない強制が働くのです。

この場合、剰余生産物のうち資本家の消費にまわる分は一部にすぎず、残りは、機械や工場の積み増しや、原材料、燃料の増加など、生産手段の増加分になります。これが、もともとある機械や工場などとか、もともと投入されていた原材料、燃料などに追加されます。こうして、生産手段が拡大しますので、それに合わせて、投入される労働の量も拡大します。そして、その結果産み出される純生産物も拡大します。このようにして、毎期生産規模が年々拡大していくことを**拡大再生産**と言います。

「単純再生産」とは？「拡大再生産」とは？

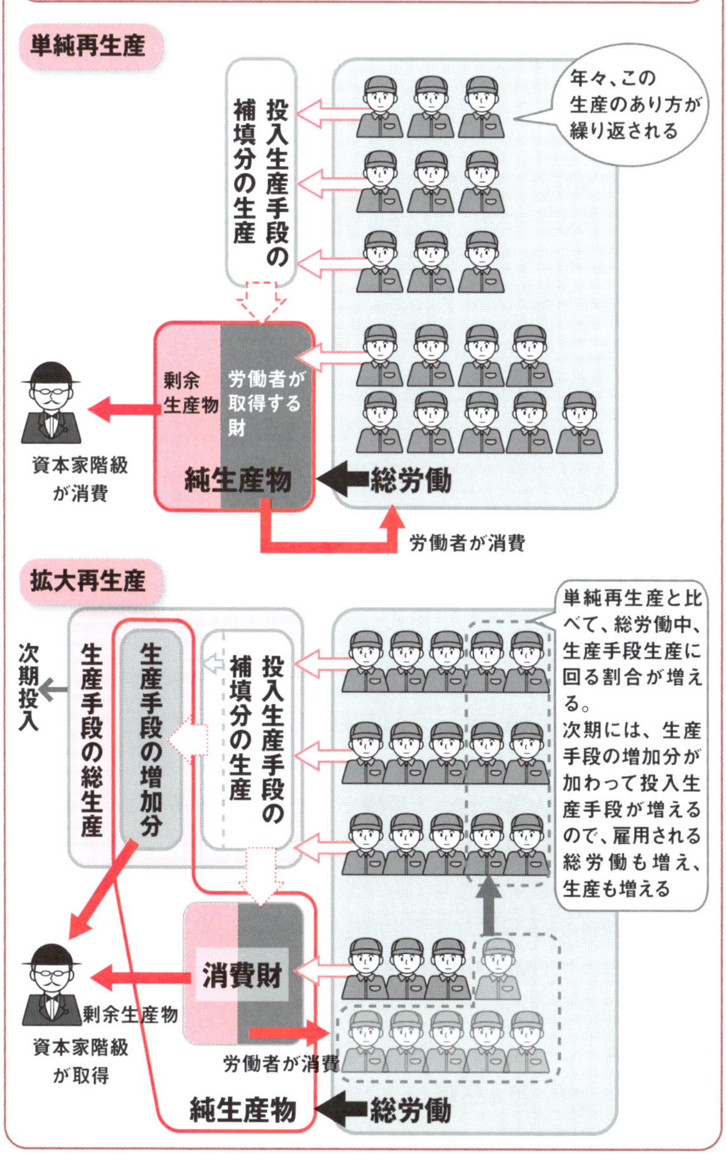

単純再生産
年々、この生産のあり方が繰り返される
投入生産手段の補填分の生産
剰余生産物
労働者が取得する財
資本家階級が消費
純生産物
総労働
労働者が消費
拡大再生産
単純再生産と比べて、総労働中、生産手段生産に回る割合が増える。
次期には、生産手段の増加分が加わって投入生産手段が増えるので、雇用される総労働も増え、生産も増える
次期投入
生産手段の総生産
生産手段の増加分
投入生産手段の補填分の生産
消費財
剰余生産物
資本家階級が取得
労働者が消費
純生産物
総労働

「資本」とは何か?

「資本」は労働を搾取して自己拡大する生産手段

資本主義経済では「社会的なこと」である生産手段の拡大が、個々人の暮らしの目的を離れて自己目的になります。これが「資本」の本性です。

● 労働者の自由にならない生産手段が勝手に膨らんでいく

機械や工場などの近代的な生産手段は、本来は個々人の生身の欲求という「目的」を満たす消費財を作るための「手段」だったはずで、多くの労働者たちによって社会的に使われているものです。資本主義経済では、この「社会的なこと」が、実際に働く個々人の自由にはできず、一部の者の排《はい》他《た》的《てき》な判断にゆだねられています。

さらに、例のタテ割り長方形図で見れば、労働者たち各自の労働の一部は、このように自分たちの自由にできない生産手段を、もっと作るためになされます。自分自身の労働の産物であるにもかかわらず、自分たちの自由にならない機械や工場などの生産手段が、どんどんと勝手に膨らみ、勝手にすばらしいものになっていきます。

他方で労働者たちが自由にできるのは、自分たちが作り出したもののうち、個々人の生身を再生産するための消費物資やサービスに限られてしまっています。これを消費して明日も働けるようになることで、はじめてまた生かしてもらえる存在になります。

つまり、**本来人間にとって手段だった機械や工場などの「社会的なこと」が、人間個々人の自由にならないものになって、その拡大が自己目的化します**。そして、個々の生身の人間はその自己拡大に奉仕するための手段になってしまいます。「社会的なことの一人歩き・自己目的化」図式の見事に典型的なケースですね。

このような、労働者の自由にならずに自己拡大する生産手段のことを、**資本**といいます。利潤の一部が資本に付け加わってそれを増加させることを、**資本蓄積**といいます。労働の搾取の本当の問題点は、資本家の享《きょう》楽《らく》にではなく、この資本蓄積にあるのです。

「資本」は自己増殖する生産手段

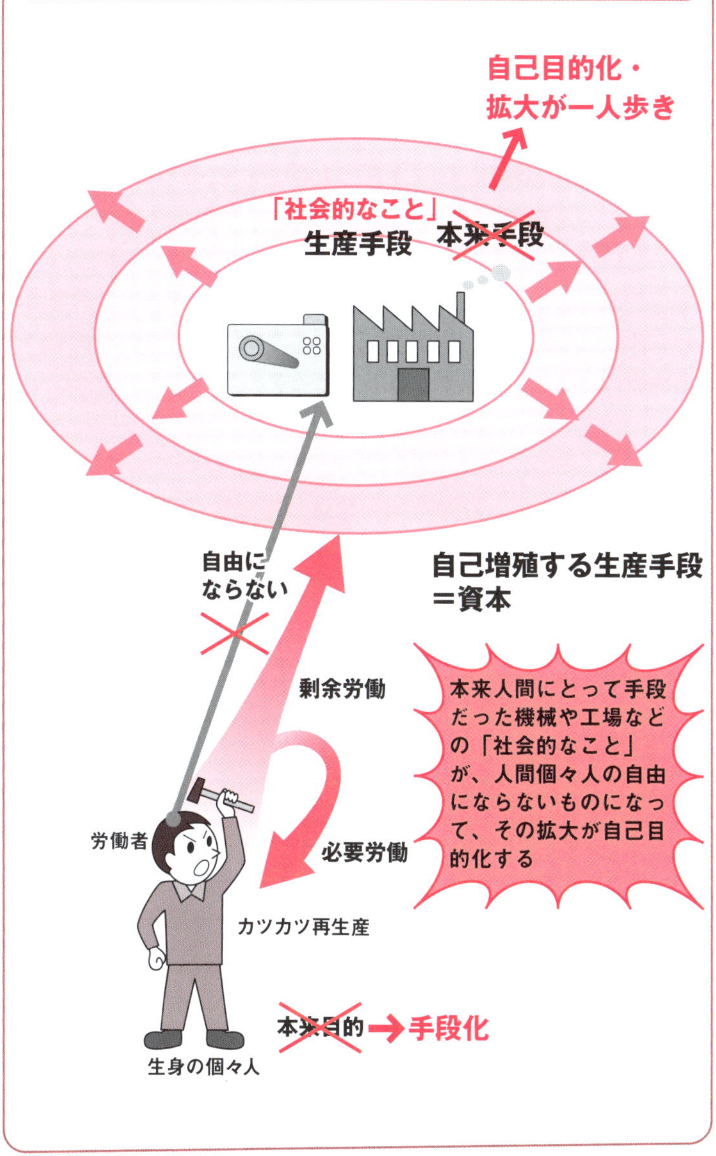
自己目的化・
拡大が一人歩き
「社会的なこと」
生産手段
本来手段
自由に
ならない
自己増殖する生産手段
＝資本
剰余労働
本来人間にとって手段だった機械や工場などの「社会的なこと」が、人間個々人の自由にならないものになって、その拡大が自己目的化する
労働者
必要労働
カツカツ再生産
本来目的
手段化
生身の個々人

かつての搾取には限りがあったが……

資本の自己増殖のための搾取に限度はない

資本主義的搾取は消費欲が動機ではないので際限ありません。産業化の初期は、賃金は生存維持水準で下げられないので労働時間が延長されました。

● 搾取者《さくしゅしゃ》の胃袋が搾取の限度だった前近代とのちがい

昔の殿様や貴族などは、だいたいは自分の消費欲のために庶民を搾取していました。だから、彼らの胃袋の大きさに合わせて搾取には限りがありました。しかし、**近代の資本家は、資本の自己増殖のために搾取してあげる「機械様の番頭」にすぎず、これがうまくいったら搾取のおこぼれにあずかれるだけです**。だからこの搾取は、人の胃袋の限度などはるかに超えて、放っておけば限りがありません。いろいろな方法で搾取を強める力が常に働きます。

● 競争に勝つために労働時間を延ばして単位コストを下げる

工業化が始まったばかりの時代を考えてみましょう。農村に大量の人手が余っているので、そこでギリギリ生きていける水準よりも都市の賃金がわずかでも高ければ、農村からわんさか人が押し寄せてきます。そして、非公式な雑業などで食いつなぐ失業者の大群ができて、お互い雇用を奪い合い、結局賃金はどんどんと押し下げられます。しかし賃金がギリギリ生きていける水準よりも下がると、今度はみんな田舎に帰ってしまって人手不足になるので、長い目で見ると、賃金はだいたい、ギリギリ生きていける水準に決まります。

ところで資本家各自は、競争で生き残るために売値を下げあう圧力がかかるので、製品一単位あたりのコストを下げなければなりません。うち投入生産手段コストの削減は、それを売る別企業は損します。実際には経済全体で見て利潤が確保されるので、製品一単位あたりの賃金コストが減らされたわけです。しかし、長い目で見ると、一人あたり賃金は生存維持水準よりも下げられないので、一人あたりの労働時間を延ばして単位あたり賃金を下げたわけです。

競争に生き残るために労働時間を延ばして単位コストを下げる

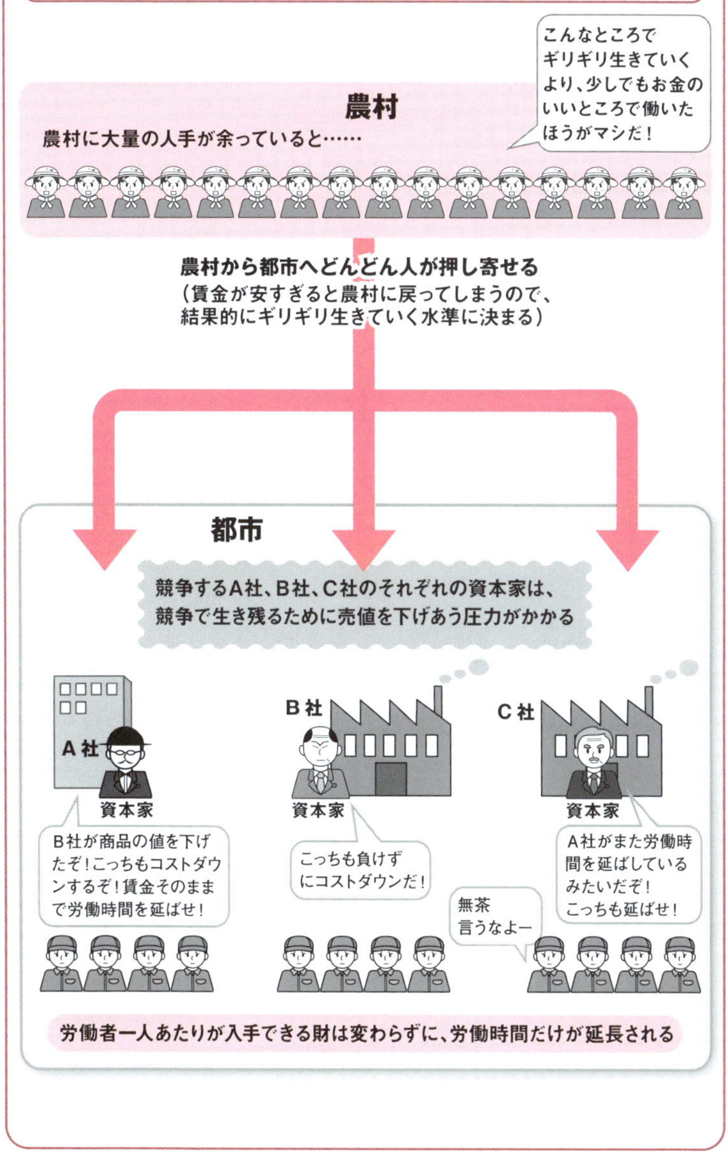

こんなところでギリギリ生きていくより、少しでもお金のいいところで働いたほうがマシだ！
農村
農村に大量の人手が余っていると……
農村から都市へどんどん人が押し寄せる
（賃金が安すぎると農村に戻ってしまうので、結果的にギリギリ生きていく水準に決まる）
都市
競争するA社、B社、C社のそれぞれの資本家は、競争で生き残るために売値を下げあう圧力がかかる
A社
資本家
B社
資本家
C社
資本家
B社が商品の値を下げたぞ！こっちもコストダウンするぞ！賃金そのままで労働時間を延ばせ！
こっちも負けずにコストダウンだ！
A社がまた労働時間を延ばしているみたいだぞ！こっちも延ばせ！
無茶言うなよー
労働者一人あたりが入手できる財は変わらずに、労働時間だけが延長される

資本蓄積アップの方法①

絶対的剰余価値生産

労働者の手にする財の生産のための投下労働は不変にして、労働時間を延長して剰余労働を増やすことを「絶対的剰余価値生産」と言います。

● 必要労働時間は変わらずに労働時間を延長させる

経済全体で、労働者一人あたりが入手できる財は変わらずに、労働時間だけが延長されることは**絶《ぜっ》対《たい》的《てき》剰《じょう》余《よ》価《か》値《ち》生《せい》産《さん》**と呼ばれます。その事態は、右ページのタテ割り長方形図で表されます。各自の必要労働時間が変わらずに剰余労働時間が増えています。経済全体で搾《さく》取《しゅ》が拡大しているわけです。

これをヨコ割り長方形図に直して見てみましょう。必要労働の総量は変わらないのですから、一人あたりの労働時間が延びた分、労働者が入手する財の純生産に従事する人が減っています（労働人口が増えれば減りはしないかもしれないが、割合としては減る）。そしてその分、剰余生産物の純生産にまわっているわけです。こうして、機械や工場など、蓄積される生産手段の生産が増えるのです。

● 工業化の初期段階に典型的に見られた

このような力が働く傾向は、資本主義経済であるかぎりなくなるものではありません。しかし、特に表立って見られたのは、工業化の初期段階です。産業革命が最初に起こったイギリスでは、当時女性や子供が毎日13時間とか15時間とか働かされていました。一番典型的なのはスターリン時代のソ連だったと思います。農民の労働時間を延長して、手元に残る穀物量自体減らして大量餓死まで起こして、重工業を担う都市労働者人口とその食い扶持を作りました。

このような際限ない労働時間延長は、やがて労働能力を壊して行き詰まります。特に女性や子供がそうなって、次世代の労働者が絶滅する恐れが生じます。労働者側の抵抗の闘いも起こり、やがて「工場法」のように労働時間を法律で制限するようになりました。

絶対的剰余価値生産

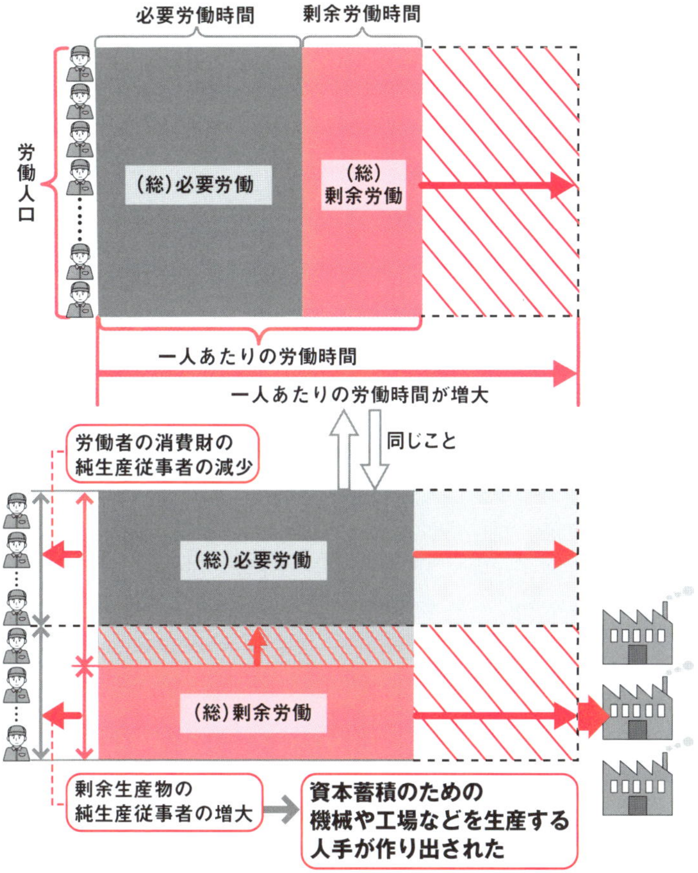

若きエンゲルスの著作

『イギリスにおける労働者階級の状態』(1845)

・リバプールの労働者の平均寿命は15歳
・マンチェスターの労働者の子供は57%が5歳にならないうちに死亡

← 子供も12時間以上の労働が普通。16時間労働のケースも

イギリス工場法(19世紀半ば)労働時間を10時間に制限

相対的剰余価値生産

長時間労働が無理になると、労働者の消費財の労働生産性が上昇し、その投下労働が減ることで剰余労働を増やします。「相対的剰余価値生産」です。

労働生産性上昇で必要労働時間が減る

工業化が進み、もはや際限ない長時間労働ができなくなった段階では、別の搾取拡大のやり方が表に出ます。それは、消費財生産の労働生産性が上がることによって、労働者の入手する財が同じでも、それを作るために必要な投下労働量が減ることです。そうすると、右ページのタテ割り長方形図の必要労働時間が短縮します。にもかかわらず労働時間全体を減らさないので、剰余労働時間が増大するというわけです。これを**相《そう》対《たい》的《てき》剰《じょう》余《よ》価《か》値《ち》生《せい》産《さん》**といいます。

これをヨコ割り長方形図に変換すると、労働者の入手する財の純生産に従事する人がいらなくなって減って、その分剰余生産物の純生産に従事する人が増えることがわかります。実際には、労働者の消費財が増えても剰余労働にまわせるほど生産性が上がりました。

消費財生産労働が蓄《ちく》積《せき》財《ざい》生《せい》産《さん》に転換する具体的あり方

これは、工業化の完成後では主要な剰《じょう》余《よ》労《ろう》働《どう》創《そう》出《しゅつ》法《ほう》ですが、この構図も、資本主義経済であるかぎり存在し、工業化の初期段階からすでに見られます。イギリス以来、多くの国では、農業部門で労働生産性が上昇することで、農村で人手があまり、それが都市に流れてくることで工業建設に必要な労働が確保されたわけです。この傾向は工業化がなされたあとも進行します。さらに、穀物より少ない労働で生産できる工業製品と交換に、穀物を輸入することでも、同様に不要化した農村人口の流出という事態が進行しました。

また、工業化以後では、消費財製造の労働生産性が上昇して、国内向けを超えて輸出できる量が増え、見返りに資本蓄積のための財が輸入されるという形でも同じことがもたらされました。

相対的剰余価値生産

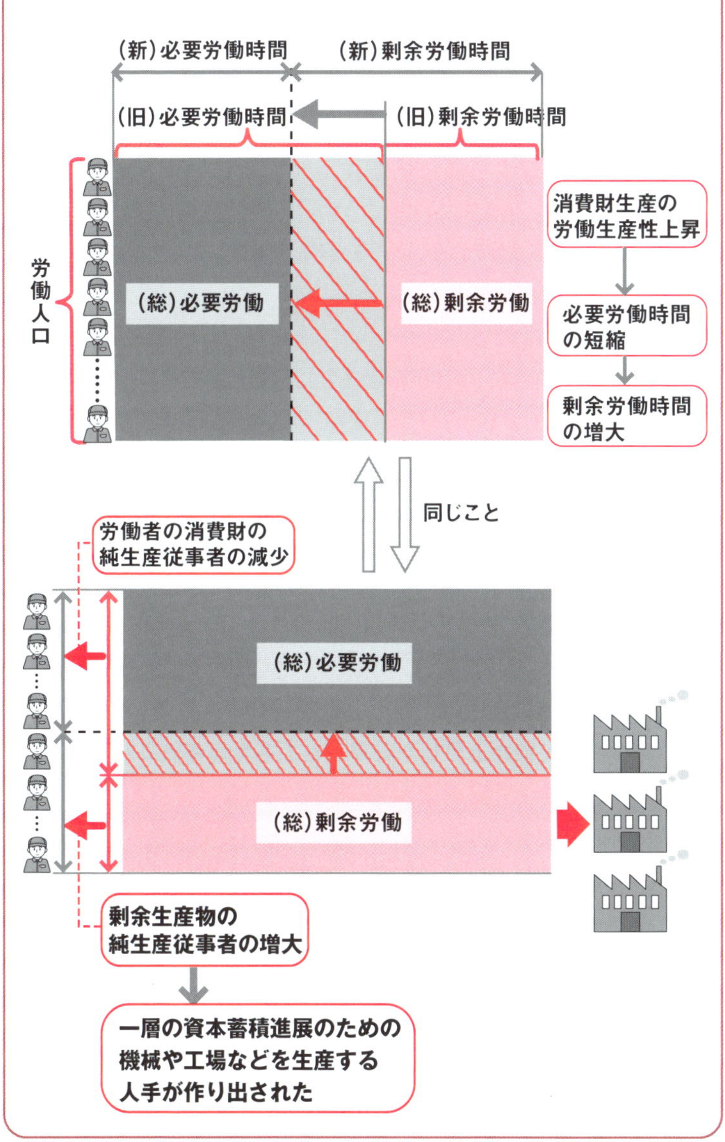

（新）必要労働時間
（新）剰余労働時間
（旧）必要労働時間
（旧）剰余労働時間
労働人口
（総）必要労働
（総）剰余労働
消費財生産の労働生産性上昇
必要労働時間の短縮
剰余労働時間の増大
同じこと
労働者の消費財の純生産従事者の減少
（総）必要労働
（総）剰余労働
剰余生産物の純生産従事者の増大
一層の資本蓄積進展のための機械や工場などを生産する人手が作り出された

資本家はこんなことを目指していたわけではないが

相対的剰余価値生産をもたらす競争

相対的剰余価値生産をもたらす労働生産性上昇は、資本家間の技術革新競争でもたらされます。これには自由主義的政治体制が必要です。

● 超過利潤を追求する競争で新技術が普及

前項の相対的剰余価値生産《そうたいてきじょうよかちせいさん》というのは、資本主義経済のシステムが自動的にもたらす傾向で、個々の資本家はこんなことを意識して目指したわけではありません。

個々の資本家は、コストを下げる技術を自分だけ導入したら、よそよりも余計にもうかるので、それを目指して新技術を導入するのです。市場価格はライバルたちの古いコストを反映して決まっているからです。しかし、その新技術が普及して、どこもコストが下がっていくと、市場価格もそれを反映して下がっていき、先駆者の超過利潤はだんだん消滅していきます。そうすると今度は、その新技術導入に遅れた資本家は、コストは変わらないのに売値が下がるためにもうけが減っていきます。やがては損失を出すようになるかもしれません。こうして新技術導入がいやでも強制されるわけです。

相対的剰余価値生産とは、こうした新技術導入競争によって、経済全体で労働生産性が上昇した結果としてもたらされるものです。

● 技術導入競争に必要な自由主義的政治体制

絶対的剰余価値生産《ぜったいてきじょうよかちせいさん》が主たる間は、労働者の抵抗を抑えて無理矢理労働時間を長くすればいいので、国家権力が強権《きょうけん》で介入する政治体制がとられる場合が多いです。しかし、相対的剰余価値生産が主たる段階になると、不確実な技術革新がちゃんとなされ続けなければなりません。リスクに臆病《おくびょう》でも無頓着《むとんちゃく》でもいけません。だから、成功の成果も失敗の損失も、もっぱら新技術導入の判断者に帰属させる必要があります。それゆえ、私有財産権《しゆうざいさんけん》の確定と利潤追求の自由化が必要になり、自由主義的な政治体制への転換がなされます。

超過利潤を追求する競争が新技術を普及させる

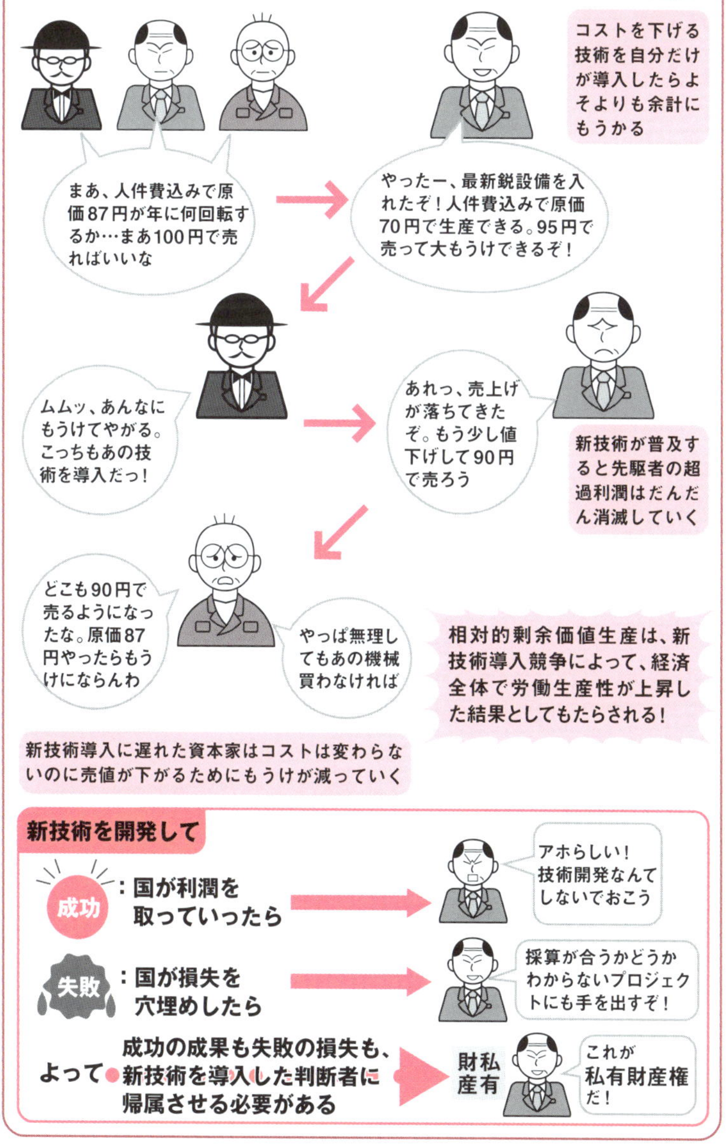
コストを下げる技術を自分だけが導入したらよそよりも余計にもうかる
まあ、人件費込みで原価87円が年に何回転するか…まあ100円で売ればいいいな
やったー、最新鋭設備を入れたぞ！人件費込みで原価70円で生産できる。95円で売って大もうけできるぞ！
ムムッ、あんなにもうけてやがる。こっちもあの技術を導入だっ！
あれっ、売上げが落ちてきたぞ。もう少し値下げして90円で売ろう
新技術が普及すると先駆者の超過利潤はだんだん消滅していく
どこも90円で売るようになったな。原価87円やったらもうけにならんわ
やっぱ無理してもあの機械買わなければ
相対的剰余価値生産は、新技術導入競争によって、経済全体で労働生産性が上昇した結果としてもたらされる！
新技術導入に遅れた資本家はコストは変わらないのに売値が下がるためにもうけが減っていく
新技術を開発して
成功：国が利潤を取っていったら
アホらしい！技術開発なんてしないでおこう
失敗：国が損失を穴埋めしたら
採算が合うかどうかわからないプロジェクトにも手を出すぞ！
よって 成功の成果も失敗の損失も、新技術を導入した判断者に帰属させる必要がある
私有財産
これが私有財産権だ！

労働生産性を高める技術の進歩がもたらすこと

労働人口による蓄積の制限とその突破

技術不変の資本蓄積はやがて失業者が枯渇して行き詰まります。だから資本蓄積が持続するには、労働生産性を上昇させる技術進歩が不可欠です。

● 技術不変なら蓄積進行は労働制約でストップする

資本主義経済では、際限なく資本蓄積が進んでいこうとする傾向が働きます。しかし、技術が変わらなければ、生産手段が拡大していくのとあわせて、それと最適な比率でセットするための労働も、同じ勢いで拡大していかなければなりません。これに応じるための働き手は、失業者のプールのなかから雇われます。すると、よほど労働人口の成長が高くない限り、資本蓄積がどんどんと進行していくとやがて失業者のプールが枯渇してしまい、それ以上は働き手が確保できなくなって資本蓄積がストップしてしまいます。

こんな状態が年々持続するならば、蓄積のための財の生産はなされず、純生産すべてが消費財である単純再生産になります。

● 労働生産性を高める技術進歩で失業維持し蓄積持続

しかし、資本主義経済ではそのようなことが持続したりはしません。技術が変わらないという仮定がもともと成り立たないのです。前項に述べた**労働生産性を上昇させる技術進歩が起こるので、だんだん人手がいらなくなって、生産手段と最適な比率でセットするための労働は、生産手段の拡大ほどには増えないですむ**のです。

そうすると、機械や工場などの生産手段の実物はどんどんと増えて、生産される財の量もどんどん拡大していくのですが、投入される総労働量はさほど増えず、失業者のプールを維持することができます。こうしてまとまった数の失業者や、日雇いなどの半失業者を維持することで、資本家は労働者に「替わりはいくらでもいるのだぞ」と解雇の脅しをかけることができ、低賃金のキツい労働を押し付けて、強《きょう》搾《さく》取《しゅ》による高い資本蓄積を持続できるのです。

資本蓄積が続く場合、続かない場合

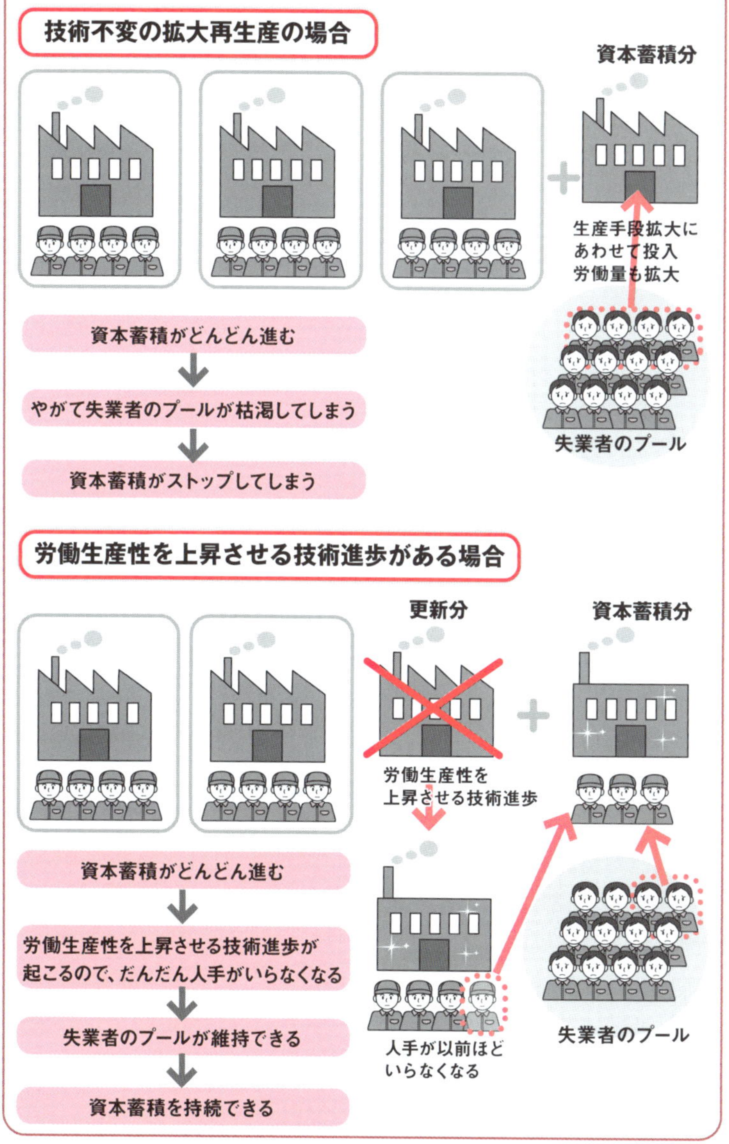
技術不変の拡大再生産の場合
資本蓄積分
生産手段拡大に
あわせて投入
労働量も拡大
失業者のプール
資本蓄積がどんどん進む
やがて失業者のプールが枯渇してしまう
資本蓄積がストップしてしまう
労働生産性を上昇させる技術進歩がある場合
更新分
資本蓄積分
労働生産性を
上昇させる技術進歩
人手が以前ほど
いらなくなる
失業者のプール
資本蓄積がどんどん進む
労働生産性を上昇させる技術進歩が
起こるので、だんだん人手がいらなくなる
失業者のプールが維持できる
資本蓄積を持続できる

COLUMN

数理マルクス経済学の先駆者・置塩信雄

マルクスの後、主流派経済学は微分法を使うなどの数学的手法が急速に進歩しました。ミクロ経済学やマクロ経済学の教科書を見ると、グラフがいっぱい出てきますし、プロの論文は数式だらけです。ところが、マルクス経済学は、長いこと『資本論』段階の手法を続けてきました。多くの論者は、主流派の手法を「俗《ぞく》流《りゅう》」などと呼んで馬鹿にして、その発展に背を向けてきたので、本や論文でもほとんど数式は出てこず、せいぜい数値計算が出てくるぐらいでした。

私の大学院の師匠である置《おき》塩《しお》信《のぶ》雄《お》は、このような状態のなかで、主流派経済学でも理解可能な数《すう》理《り》的《てき》手《しゅ》法《ほう》でマルクス経済学の諸命題を分析した、世界でも先駆けに属する人です。特に、1955年という早い段階で、利潤と労働搾取が同じことだという「マルクスの基本定理」を世界で最初に自覚的に証明したことは、学説史を画する業績だったと言えるでしょう。これによって、価格が労働価値に従うかどうかとはまったく関係なく、搾取命題が証明されました。

置塩は、1927年に神戸市の洋品店の息子として生まれ、神戸商業学校から神戸高商へ進み、敗戦をはさみ1947年に卒業。神戸大学の前身である神戸経済大学に入学、1950年に学部卒業と同時に新制神戸大学の助手になります。理論経済学の幅広い分野で多くの偉大な業績を残し、マルクス経済学の全国学会では1966年以来約4半世紀にわたり幹事を務《つと》め、1977年から1年間は主流派経済学の全国学会の会長も務めています。1990年に神戸大学を定年退官後は、大阪経済大学に勤務しましたが、晩年は体調を崩して退職し、長くて厳しい闘病生活の末、2003年11月に死去しました。その生涯にわたり、厳密な理論展開を妥協なく追求し続けるとともに、労働者の学習活動や平和運動にも献身し続けました。

第5章

資本主義経済の歴史ー搾取と蓄積のあり方の変遷

第5章では資本主義経済の歴史を見ます。
すなわち、その時代ごとの人類の技術の発展段階や、
その国、その地方の資本主義経済の発展段階によって、
資本主義経済のしくみのバージョンが移り変わってきたのです。
ここでも、第4章で学んだ搾取や蓄積のとらえ方や、第3章で見た
「社会的なことの一人歩き」の原因分析が説明の役に立ちます。
そして、それぞれの歴史条件によって、
労働者の闘い方も変わることがわかります。

KEYWORD

- 協業
- マニュファクチュア（工業制手工業）
- 本源的蓄積
- 議会重商主義体制
- 機械制大工業
- 自由主義体制
- 産業革命
- 資本の集積
- 資本の集中
- 重工業化
- 独占資本主義
- 階級支配体制
- 帝国主義政策
- 大きな政府
- スターリン体制
- 複雑労働力
- 社会民主主義
- 新自由主義

技術の発展にあわせて資本主義のバージョンは変化してきた

協業拡大による労働生産性の発展

技術の発展には資本主義のしくみの変遷が伴います。資本主義以前には独立小経営が見られましたが、資本主義は協業の発展で生産性を高めます。

● 技術の発展と資本主義のしくみの変化

前章の結論では、資本主義経済が持続するためには、労働生産性が上昇し続けなければならないということでした。したがって、技術が発展し続けることは、資本主義経済にとって不可欠です。そして、技術がどんなものであるかによって、それをうまく使いこなすための資本主義経済のしくみのバージョンがいろいろにちがってきます。ということは、資本主義経済はこれまで、技術の発展にあわせて、しくみのバージョンを変化させてきたわけです。この章では、その歴史をざっと見てみたいと思います。

● 独立小経営から協業へ

資本主義経済が生まれる前、まだ農業が圧倒的で領主がいばっていたころ、イギリスや西ヨーロッパ、江戸時代の日本などでは、次第に領主の縛りが弱くなり、事実上、個々の農民家族が土地を私有した独立小経営を営むようになりました。彼らは、封建的《ほうけんてき》な年貢《ねんぐ》を収める経済だけでなく、いろいろな商品作物を作ったり、手工業を手がけるようになったりして、だんだん市場経済の一端《いったん》も担うようになっていきました。

後の資本主義的な生産が、こうした独立小経営と違うのは、「協業」があることです。つまりひとところに集まって、共通のプランに基づいて組織だって作業することです。この協業が発展することで、労働生産性が画期的に増大します。個人個人のおかれた偶然的なマイナス条件などをみんなで補いあって、一人ではできない社会的な力を発揮します。だから、協業が大きくなっていくことはいいことですが、「社会的なことの一人歩き」が起こるおそれも高まります。

協業が発展すると労働生産性が高まる

技術の発展にあわせて、資本主義のバージョンが変わる

独立小経営
↓
マニュファクチュア ― 資本主義的生産のはじまり ⇒ **議会重商主義**
・貿易管理
・労働力創出策
↓
産業革命（繊維産業中心） ― 資本主義経済の確立
・自由競争（価格支配力なし） ⇒ **自由主義政策**
・自由貿易
・一律のルール
↓
重工業化 ― 独占資本主義
・巨大企業による市場支配 ⇒ **国家介入政策**
・管理貿易
・帝国主義
・教育・社会政策
↓
ME化
IT革命 ― 現代の資本主義
・グローバルな競争（価格支配力低下） ⇒ **新自由主義政策**
・市場統合
・規制緩和

機械制大工業

協業の発展

協業によって、生産性が高まる

みんなで力をあわせると…

効率化
やる気
一人ひとりの偶然性の相殺
↓
社会的力の発揮
（人間のスゴいところ）

分業の発展で生産性は飛躍的に高まったが……

分業が資本主義的生産を生んだ

マニュファクチュア段階の協業では分業の発展によって生産性が飛躍的に高まります。この分業が、資本家階級が支配するしくみをもたらします。

分業とマニュファクチュア

本格的に協業が進展するのは、単純な共同作業にとどまらず、そこに分業という要素が絡んでくる**マニュファクチュア**段階に入ってからです。日本語訳では**工場《こうじょう》制《せい》手《しゅ》工業《こうぎょう》**といいますね。近世ヨーロッパや、江戸時代後期に見られました。一つの作業場にいろいろな種類の職人を集め、それぞれ特定の作業を熟《じゅく》達《たつ》の技で分担させる方式で、これによって生産効率は飛躍的に上がりました。経済学の父**アダム・スミス**が18世紀終わりに書いた『**国《こく》富《ふ》論《ろん》**』の出だしは、有名なピンのマニュファクチュアの例です。ピンを製造するさまざまな工程を分解して専門的に分担することで、労働生産性は240倍になったという記述がされています。

マニュファクチュアでは資本家の支配が出現する

単純な共同作業なら、対等な村人たちの共同運営で十分でした。リーダーはいたとしても専《せん》制《せい》的《てき》な指揮は不要です。しかし、**マニュファクチュアになると、どうしても専制的な指揮が必要になり、資本家というものが出現します**。なぜなら、職人たちは、分業で特定の狭い世界だけに没頭しあっていて、他分野のことはわからないので、工場全体の経営について合意することが難しくなっているからです。このような中では、自分達の労働の成果を事業拡大にまわしても、納得しない使い方をされる可能性が高いのに、万一の損はかぶらなければなりませんので、誰も事業拡大に賛成しなくなります。

結局、特定の個人が私財として資本を用意し、有無をいわせず仕切るやり方だけが成功します。「依存関係にある人々が情報調整しあえないと社会的なことが一人歩きする」という公式そのままです。

『資本論』に出ている馬車マニュファクチュアの例

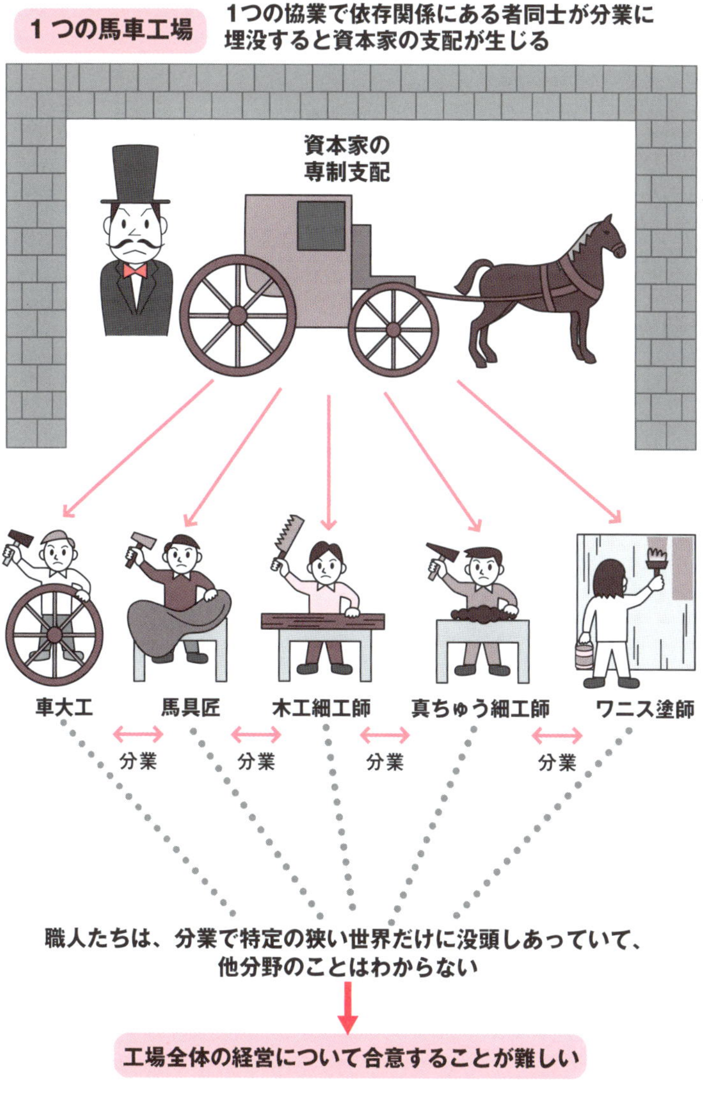
1つの馬車工場
1つの協業で依存関係にある者同士が分業に埋没すると資本家の支配が生じる
資本家の専制支配
車大工
馬具匠
木工細工師
真ちゅう細工師
ワニス塗師
分業
分業
分業
分業
職人たちは、分業で特定の狭い世界だけに没頭しあっていて、他分野のことはわからない
工場全体の経営について合意することが難しい

資本主義成立の条件を形成するまでにはある過程が必要

本源的蓄積と重商主義体制

資本主義が自動的に軌道に乗るまでには、身分的束縛も生産手段もない労働者と、一部の人への富の集中とを強権で作る「本源的蓄積」が必要です。

■ まず大衆からの生産手段の収奪と富の一部への集中を作る

いったん資本主義経済が軌道に乗りさえすれば、資本家と労働者の関係は自動的に再生産されます。しかし、資本主義的生産が最初に成り立つためには、一方に工場や道具や賃金を用意できる一部の人がいて、他方に「二重の意味で自由な」労働者が大衆としていないといけません。「二重の意味で自由」とは、①封《ほう》建《けん》的《てき》身分の束《そく》縛《ばく》を受けずにどんな職業にもつけるという意味で自由であることと、②いかなる生産手段からも自由、つまり土地も店も工房も持っていなくて、雇われて賃金をもらう以外食っていく術がないことです。こうした資本主義成立の条件を形成する過程は**本《ほん》源《げん》的《てき》蓄《ちく》積《せき》**と呼ばれます。

もう少し具体的に言うと、一方で一部の人への富の集中を強引に作り出し、他方で独立小経営を営む農民たちから土地を取り上げて、その結果出現した都《と》市《し》流《る》浪《ろう》民《みん》を訓《くん》育《いく》することです。このためには、しばしば国家権力による暴力づくの強権がふるわれます。

■ 国家が経済のことに管理介入してくる体制

また、マニュファクチュアで資本家の専《せん》制《せい》指《し》揮《き》が生まれたと言っても、腕のいい職人が簡単に見つかるわけでもないし、職人はプライドが高くてすぐヘソを曲げるので、資本家が言うことを聞かせるのは実はけっこう大変でした。なだめてダメなら結局最終的には国家権力が発動されたりします。

それゆえ、このような時代には、市民革命で財産権や職業選択の自由は保障されても、なお、まだ生まれたばかりの資本主義経済を保護育成してやるために、国家が経済に手出し口出しする政治体制が取られます。イギリスのものは**議《ぎ》会《かい》重《じゅう》商《しょう》主《しゅ》義《ぎ》体《たい》制《せい》**と呼ばれます。

資本主義が成立するため条件を形成する過程

資本主義的生産に必要なもの
「二重の意味で自由」な労働者

封建的身分拘束から自由

市民革命で完成
1688年 英、名誉革命
1776年 アメリカ独立革命
1789年 フランス大革命

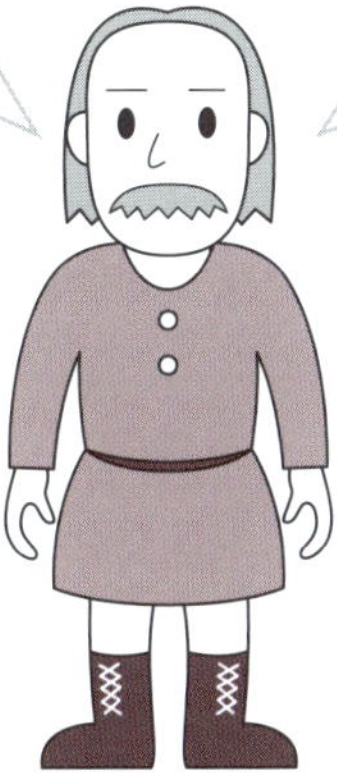

いかなる生産手段からも自由

独立小生産者からの
生産手段（土地）の
分離・収奪
「本源的蓄積」

重商主義の政治体制

こういった「二重の意味で自由な労働者」を作り出したり、
資本主義経済を保護育成してやるために経済にいろいろ口出しする

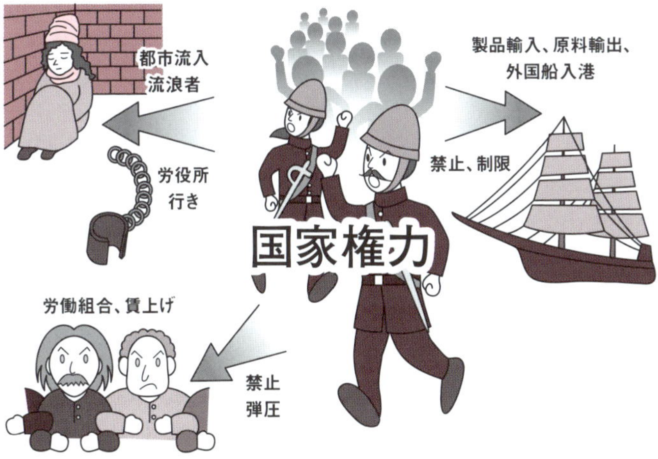

機械が導入されると強権国家はいらなくなる

機械制大工業の始まりと自由主義体制

産業革命で機械が導入されると、資本家の労働者支配は自動的に再生産でき、国家の介入は不要になります。そこで自由主義国家ができました。

● 機械の導入

職人たちの抵抗を打ち砕き、資本主義経済体制を確立させたものが、**機械の導入**でした。これは18世紀末のイギリスの**産業革命**で最初に起こったことです。特に、1830年代の力織機《りきしょっき》の普及とミュール紡績機《ぼうせきき》の自動化が決定打で、これによって当時の主力産業の繊維産業は、女性や子供が中心の単純労働で担われるようになったのです。こうなると、替わりの者はいくらでもいるので、労働者は資本家に屈服せざるを得ません。

こうして、労働時間はどんどんと延ばされ、労働強化もなされて、労働者は機械の都合に合わせて、危険な作業や夜間労働などを平気で強いられるようになります。過労死や労災事故などが日常茶飯事になり、労働者の短命化や乳児死亡率の上昇が見られました。

● 重商主義体制から自由主義体制へ

機械が導入されると、もはや国家の暴力を振るわなくても自動的に労働者を屈服《くっぷく》させられますので、資本主義経済にとって、あれこれ強権で介入してくる国家は不要になります。むしろ、国家が個々の資本家の新しい取り組みに口を出さず、その代わり助け舟も出さずに、自由に任せることが技術革新にとって重要になります。国家の役割と言えば、民法や度量衡《どりょうこう》など、安心して商売が続けられるように取引秩序を整えてやることが主になり、規制が必要な場合には、労働時間制限などの、さじ加減効かない一律のルールになります。

イギリスでは19世紀半ばに、一連の**自由主義改革**が行われ、**「小さな政府」にして市場の自由に任せる体制**が実現し、それが、同様に工業化した国でお手本と見なされるようになりました。

産業革命で重商主義政策から自由主義政策へ

繊維産業中心に機械化
→職人技能不要化
こんな誰でもできる
単純労働
替わりの者は
いくらでもいるぞ
手織職人
クビがいやなら
もっと働け
紡績職人

女性労働　児童労働　労働時間延長　労働強化

さまざまな労働問題、社会問題が……

過労死　労災事故多発　短命化　乳児死亡率上昇

重商主義政策から自由主義政策へ

もう俺は一人前。手だし無用！
小さくなってろ！
資本主義経済
国家権力

イギリスの自由主義改革

1846年 穀物法廃止
（穀物の輸入自由化）

1849年 航海条例廃止
（貿易統制の廃止、入港自由化）

1844年 工場法改正
1847年 10時間労働法
（労働時間を制限するルール）

機械化は労働時間を延ばす手段になるというネガティブな面だけではない

機械制大工業の進歩的性質

機械は、本来なら暮らしを豊かにして労働時間を短縮します。そして労働の単純化で分業をなくし、労働者の合意による共同経営を可能にします。

● 機械は本来労働時間を削減し、職人的分業を廃棄する

マルクスは『資本論』で、一方で機械化が労働者にもたらしたさまざまな悲惨をこれでもかと描写しながら、他方で機械の導入が世の中を進歩させたことを高く評価しています。それは、**協業のメリットが大きくなる**ことです。つまり、人間の社会的つながりあいが強まって労働生産性が高まります。だから機械というものは、資本主義的な使われ方をしたら、まずもって労働時間を延ばす手段になってしまうかもしれませんが、本来は長い目で見て、消費水準を下げずに労働時間を削減する進歩的な性質を持っているといえます。

さらにマルクスは、機械が職人的技能をいらなくして、みんなどこでも働ける単純労働者にしていったことを、高く評価しています。

● マニュファクチュア的分業が廃棄されたから階級はいらなくなる

長年の努力を無駄にされ、熟練の誇りを奪われて、低賃金の単純労働者にされることは、たしかに資本主義経済のもとでは、堪《た》え難《がた》い悲惨でしょう。しかし、**マルクスにいわせれば、これによってはじめて、階級支配を終わらせて、働く者自身による生産の共同管理ができるようになったのです**。マニュファクチュア時代には、同じ協業をしている人々が互いに異なる職人の奥義に閉じこもっていたために、「依存関係にある人々が情報調整しあえないと、社会的なことが一人歩きする」の公式から、協業の管理を担う資本家が労働者の外に出現して、有無をいわせず仕切るやり方がとられざるを得ませんでした。しかし、機械化のために、労働も消費生活もみな同じようになったので、企業内も企業間も、個々人の合意で、働く人自身が生産を管理できるようになったのだというわけです。

機械制大工業が階級支配を終わらせる？

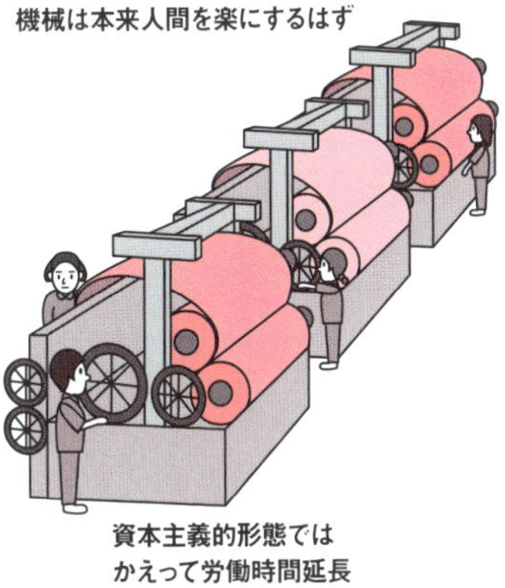

機械は本来人間を楽にするはず
資本主義的形態では
かえって労働時間延長

労働時間の短縮
必要労働時間	剰余労働時間
労働生産性上昇 必要労働時間 短縮	
	剰余労働時間
必要労働時間	労働時間短縮

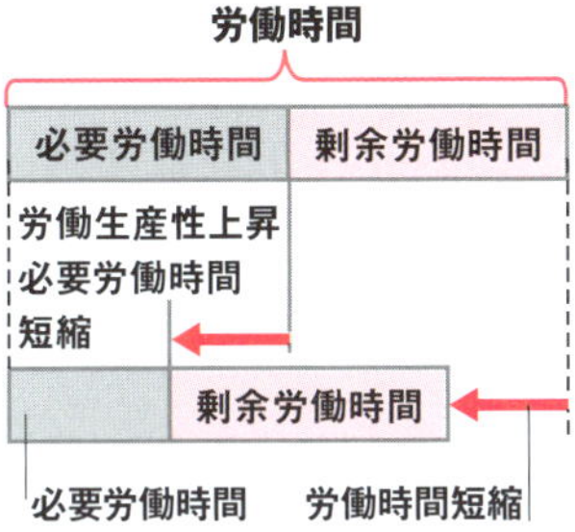

機械は資本主義的な使われ方をしたら労働時間を延ばす手段になってしまう可能性がある。しかし、本来は消費水準を下げずに労働時間を削減する進歩的な性質を持っている。

機械は階級廃止の条件を作った

紡績　　織布　　染色　　裁縫

誰でもできる
どれでもできる
単純労働

スラムでみんな同じような生活
消費財は、大量生産品でみな同じ

誰でもできます
どれでもできます
全部経験しました

よって、合意形成が可能

人口から考えて
そんなに
いらないでしょう

なるほど

今度の
増量案
ですが…

フムフム

いや…
輸出が…

裁縫部門自動化が
進んでいないので
人をまわしてください

→ **労働者による
生産の共同管理が可能**

第5章　資本主義経済の歴史——搾取と蓄積のあり方の変遷

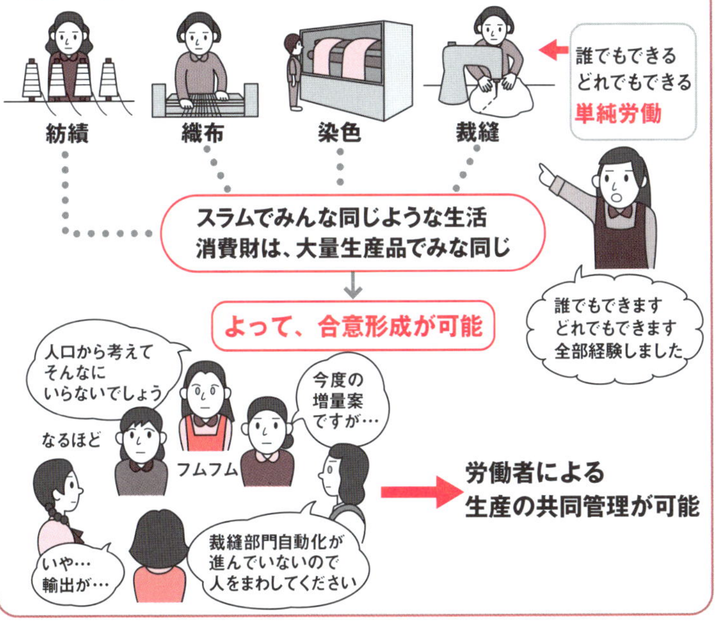

大協業によってつながることで自己決定が復活する

資本の集積・集中の進展とマルクスの未来展望

マルクスは、小企業は競争に負けて、少数の大資本にまとめられていき、合意可能な共通性を持った労働者がそれを引き継ぐと展望しました。

● 19世紀における資本の集積・集中の傾向

競争によって、生産手段の技術革新に必要な元手はますます高額になって、規模の小さい企業はついていけなくなって脱落してしまいます。まず独立小経営が没落し、次に小さな企業から順に資本家が没落して、労働者階級の仲間入りをしていきます。いったんそうなると、その間にも技術革新が進んで、新たに事業を始めるための元手はますます高額になっていくので、暮らしカツカツの賃金で生きる労働者の身からは、二度と資本家になることはできません。

資本蓄積が進行して資本規模が大きくなることは**資本の集積**、吸収合併や企業合同で大きな資本ができることは**資本の集中**と呼ばれますが、こうして資本の集積・集中が進行すると、ごく一部の大資本家のもとに巨大な資本が集まり、その支配のもとで多くの人々が巨大な協業を営む近未来が予想されるでしょう。

● 働く人々の自己決定の、大協業のもとでの復活

マルクスには二つの志向があります。一つは「社会的なことの一人歩き」を許さず、自分にかかわる社会的なことは自己決定できるように個々人のコントロール下におこうという志向です。他方には、社会的なつながりあいが拡大して生産力が高まることを目指す志向があります。普通は両立できない志向です。しかし**マルクスは、資本主義のおかげでこの両立ができるようになったと見たわけです**。昔の独立小生産者は、自己決定はできたけど協業はなかった。資本主義によって、働く者は自己決定を奪われたけど協業に結ばれた。そのもとで機械化して集積・集中した暁には、合意可能な共通性を持った労働者で個々人の自己決定が復活するというわけです。

資本の集積・集中の進展でどんな未来が予想されるか

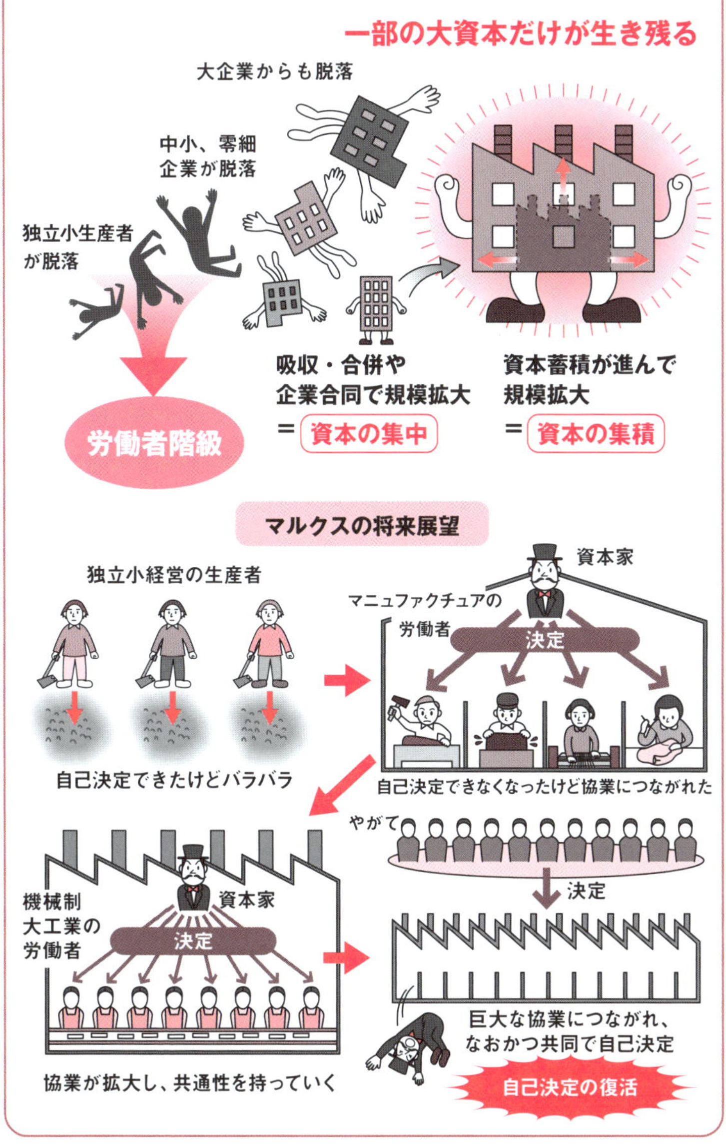
一部の大資本だけが生き残る
大企業からも脱落
中小、零細
企業が脱落
独立小生産者
が脱落
労働者階級
吸収・合併や
企業合同で規模拡大
＝資本の集中
資本蓄積が進んで
規模拡大
＝資本の集積
マルクスの将来展望
独立小経営の生産者
自己決定できたけどバラバラ
資本家
マニュファクチュアの
労働者
決定
自己決定できなくなったけど協業につながれた
やがて
決定
機械制
大工業の
労働者
資本家
決定
協業が拡大し、共通性を持っていく
巨大な協業につながれ、
なおかつ共同で自己決定
自己決定の復活

競争が働かなくなる新しいバージョンの資本主義

重工業化と独占資本主義

19 世紀終盤に重工業化が起こり、複雑労働力による分業が復活して巨大な協業を形成し、これを基礎にして「独占資本主義」体制が生まれました。

● 重工業化によって熟練労働者の大協業が生まれた

マルクスやエンゲルスの晩年、大きな技術的変革が進行していました。いわゆる**重工業化**です。**第二次産業革命**と呼ばれることもあります。中心は、転炉《てんろ》で鉄鋼を作る技術が発展して、鉄鋼業が基幹《きかん》産業《さんぎょう》になったことです。そして、鉄鋼の副産物の利用から始まって、化学工業も興りました。

この結果、それまでの繊維産業時代とは比べ物にならないほど、企業の規模が大きくなりました。そして、労働者の中心が、繊維産業の女性単純労働者から、重工業部門の男性熟練労働者に移っていきました。鉄鋼業の製銑《せいせん》・製鋼・圧延《あつえん》の一貫生産など、相異《あいこと》なる工程が複雑に結びついて全体として巨大な協業を成すようになり、仕入れ、販売、経理、研究開発などもその中の独立の部門になって、専門の労働者によって担われるようになりました。

だから、マニュファクチュア時代に見られたことが巨大な科学力のもとに復活したわけです。つまり、相異なる専門技能に特化した熟練労働者が、全体として巨大な協業を成すのです。

● 独占資本主義システムの登場

19世紀末に長く続いた不況のなかで、比較的規模の小さい企業は採算がとれなくてつぶれていき、ついにマルクス、エンゲルス死後の1890年代の半ばに不況が明けたとき、それまでとちがう新しい段階の資本主義システムが姿を現しました。ごく一握りの巨大な企業が市場を牛耳《ぎゅうじ》って、競争が働かなくなってしまうタイプの資本主義経済、**独占資本主義**です。これが、重工業化という技術にふさわしいタイプの、資本主義の新バージョンだったわけです。

19世紀末の重工業化　独占資本主義の登場

独占資本主義システムの成立（1890年代半ば～）

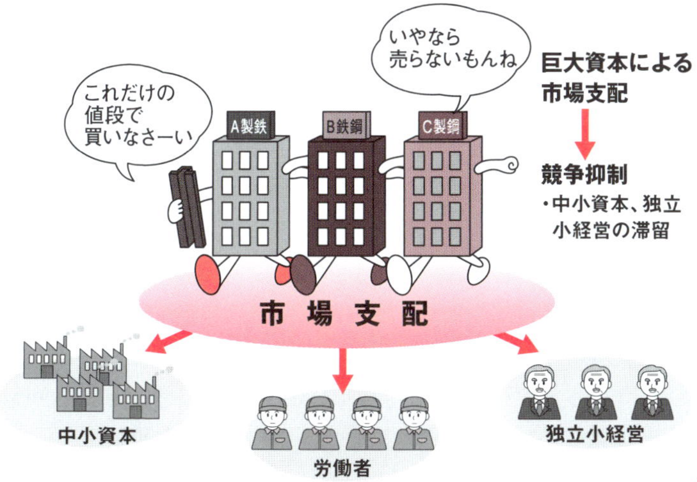

有無を言わせず協業の社会的側面を管理する資本家が誕生

独占資本主義段階の特徴と政策

20世紀の巨大企業では、専門的熟練間の分業のため、資本家階級による企業支配が必然になり、国家もその都合で利用されるようになりました。

■資本家の支配が必然化してしまった

独占資本主義段階が始まったことは、資本の集積・集中が行き着いたということで、一見マルクスの見通しが当たったようです。しかしマルクスは、眼前《がんぜん》の自由競争時代の単純労働化図式のまま、協業が巨大にまとめられることを展望していました。だからこそ、それを少数者が支配するのを廃すれば、社会的なことを合意によって共同管理できると思ったわけです。それに対し、実際にできた重工業時代の巨大な協業は、いろいろ異質な専門的熟練労働者でできているので、現場の個々人が互いに合意することが難しくなったと思われます。結局、「依存関係にある人々が情報調整しあえないと、社会的なことが一人歩きする」という公式から、労働者の自由にならないところで、資本家が有無をいわせず協業の社会的側面を管理する**階級支配体制**《かいきゅうしはいたいせい》が、どうしても起こってくることになります。

■自由主義政策から「大きな政府」へ

自由競争時代には、個々の資本家の影響力は比較的小さいですから、政府は、特定の資本家たちにだけ都合のいい政策をとらず、世界の資本家全体の利益のために市場に任せることができました。しかし、少数の巨大な企業に経済が牛耳《ぎゅうじ》られるようになると、特定の資本家の都合のために政策が利用されがちになります。自由貿易をやめて保護貿易にするとか、海外進出自国企業を軍事力で守るために、進出先を植民地にする**帝国主義政策**《ていこくしゅぎせいさく》とかが典型です。さらに、1929年の世界大恐慌後の、世界的な長期大不況を経験してからは、景気を刺激するための**財政政策**や、福祉などの**社会政策**がとられるようになり、「**大きな政府**」が志向されるようになりました。

独占資本主義で資本家の支配が再び

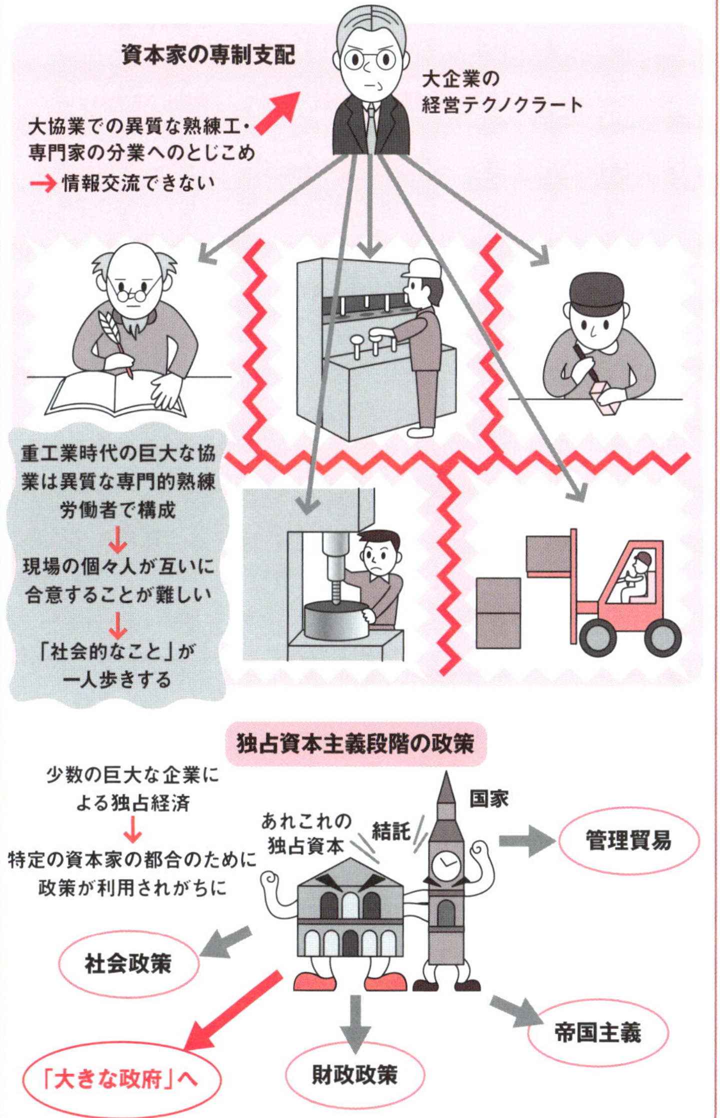
資本家の専制支配
大企業の
経営テクノクラート
大協業での異質な熟練工・
専門家の分業へのとじこめ
→情報交流できない
重工業時代の巨大な協
業は異質な専門的熟練
労働者で構成
↓
現場の個々人が互いに
合意することが難しい
↓
「社会的なこと」が
一人歩きする
独占資本主義段階の政策
少数の巨大な企業に
よる独占経済
↓
特定の資本家の都合のために
政策が利用されがちに
あれこれの
独占資本
結託
国家
管理貿易
社会政策
帝国主義
「大きな政府」へ
財政政策

明治維新後の日本、スターリン時代のソ連で見られた強権的国家体制

独占資本主義時代の本源的蓄積

独占資本主義時代の本源的蓄積は、日本の明治体制のように国家の強権の度合いが強くなります。1930年代以降は特に甚だしく、ソ連型になります。

● 国家が強権で主導する本源的蓄積体制《ほんげんてきちくせきたいせい》

纖維産業中心の時代にも、資本主義経済が確立されてこそ自由主義政策がとられましたが、それに至るまでの**本源的蓄積段階では、国家が経済のことに介入する政治体制がとられました。**まして重工業に基づく独占資本主義の時代になると、資本主義経済が確立した先進国ですら国家の介入が大きくなるのですから、そこに至るまでの本源的蓄積段階では、なおさら強権的な国家体制が見られるようになります。たとえば、明治維新後の日本の場合、藩閥独裁国家《はんばつどくさいこっか》が直接に官営工場を作るなどして工業化を主導しました。その資金は地主からの地租で支えられましたが、これは結局は農民からの小作料の過酷な搾取がもとになっているといえます。

さらに大不況の1930年代以降になると、先進国でもいっそう「大きな政府」になるのですから、その時期にまだ本源的蓄積段階にある国では、国家の強権体制《きょうけんたいせい》は極限にまで至ります。ソ連のスターリン体制がそれにあたり、集団農場からの過酷極まりない搾取《さくしゅ》を元手にして、重工業中心の国営企業を建設し、国家が恐怖政治を背景に押し付ける指令によって、急速な資本蓄積がなされました。

● 強権的な本源的蓄積体制は自由主義的転換に手間取る

これらのタイプの本源的蓄積体制では、強権に守られた既得権層《きとくけんそう》が形成されるので、本源的蓄積が一段落して相対的剰余価値生産が表に出る段階に至っても、それに対応する政治体制の自由主義的転換がうまくいかず、袋小路に入ってしまいがちです。日本の場合は大正時代に、ソ連の場合は1950年代半ばに、自由主義的改革が試みられますが、いずれも中途半端に終わって行き詰まりました。

国家の強権の度合いが強い本源的蓄積

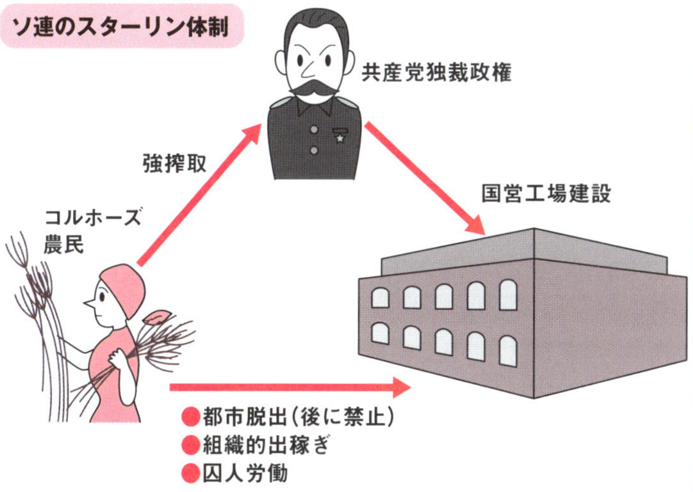

英米仏の先発工業国と明治日本、スターリン時代のソ連のちがい

自由競争時代と独占資本主義時代の本源的蓄積のちがい

本源的蓄積時の、生産手段を生産するための労働とその食糧の創出は、先発国は農業生産性の上昇により、後発国は労働時間の延長と穀物収奪によります。

● 農業部門の労働生産性上昇か、労働時間増大・農民所得抑制か

自由競争時代と独占資本主義時代の本源的蓄積《ほんげんてきちくせき》のちがいの要点は、国家権力の強さの度合いだけではありません。本源的蓄積というのは、例のヨコ割り長方形図では、人々の食糧を確保しつつ、農業従事者が相対的に減り、製造業従事者が増えるということで表されます。この背景には、農業生産性の上昇という側面と、農民の労働時間増大や農民の手元に残す穀物の減少という側面の両方あるのですが、どちらの側面が主なのかというちがいがあります。

先発の英仏米国では農業生産性の上昇が主でした。特に典型的なのは初期の北部合衆国でしたが、内陸の広大な処女地を開墾《かいこん》した自営農の生産する豊富な穀物で、その家族や、沿岸部の離農者や移民が、製造業労働者となって食べていくことができました。自営農は、各自の開墾や土壌改良の努力が無駄にならず自分に返ってくることが保証されているので、長期的に生産性が上がりやすいのです。

それに対して、後発の日本やソ連の場合は、農民の労働時間増大や、手元に残す穀物の減少の側面が主でした。これには、力ずくの強制が有効ですので、自営農よりも地主制や集団農場制が適しています。この場合、先発国の小資本からの蓄積の歴史をたどることなく、大規模工業にまで短い期間で急速に追いつくことができます。自営農制では、余剰穀物《よじょうこくもつ》は販売して農民の所得になるので、製造業労働者の一部は農民向け消費財生産にさかれますが、地主制や集団農場制ではその割合は少なく、多くの労働を蓄積のための財の生産に向けることができます。その代わり、戦前の日本もソ連も、しばしば飢《き》饉《きん》をともなう農業生産の停滞に悩まされることになりました。

本源的蓄積のタイプの違い

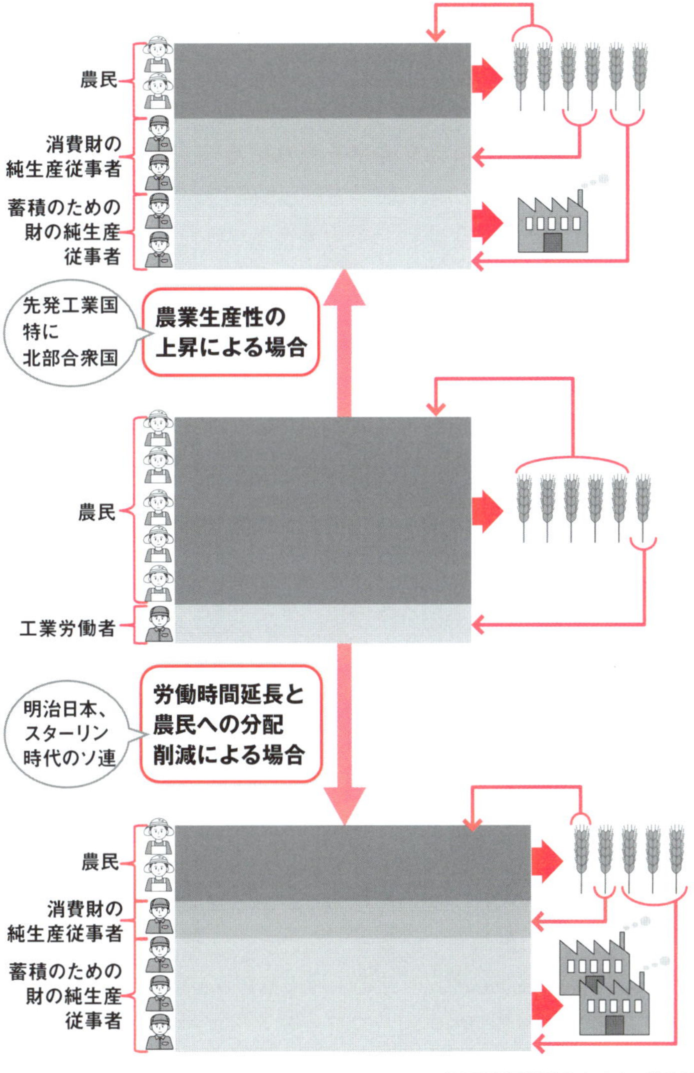

(この図は極端化したイメージです)

熟練や専門を根拠にした運動で資本家から譲歩を克ち取れるように

複雑労働者の待遇改善

先進独占資本主義国では、熟練や専門技能を持った複雑労働者は、取り替えのきかなさや質の維持の必要を武器に、体制から譲歩を克ち取りました。

複雑労働者の労働運動が譲歩を克《か》ち取《と》る

重工業化で中核になった、熟練労働者や専門家の労働能力のことを、**複雑労働力**といいます。単純労働者ばかりの時代は、一部の労働者だけ賃上げしても、雇うのは誰でもいいので、もっと賃金の安い人に取り替えられてしまいます。だから、労働組合は失業者を含むすべての労働者の条件を上げることを目指さざるを得ないし、そのための広範な団結は、生産を自分たちで管理できる実演にもなります。ところが、複雑労働者の時代になると、取り替えが難しくなりますから、それぞれの熟練や専門だけで団結して十分交渉力になります。もともと複雑労働力形成にかかるコストの分は、長い目で見て賃金に反映しないわけにはいかないこともあり、労働運動は、何も体制をひっくり返すことを目指さなくても、資本家から賃上げなどの譲歩を克ち取ることができるようになりました。

体制内での社会民主主義政党の改良運動

また複雑労働力を生産・維持するためには、教育や自己研修や医療の労働とか、教材や薬剤や医療機器を純生産する労働とかが、世の中の総労働の一環として必要になります。この活動がなければ独占資本主義経済は展開できません。また、列強は帝国主義政策を取って植民地の奪い合いを始めたので、命令を理解できる健康な兵士を常時国民から動員する必要も出てきます。そこで、最低限の教育や医療は、国家がお膳《ぜん》立《だ》てするようになります。これをチャンスにして、複雑労働者の労働組合にバックアップされた**社会民主主義**政党は、資本家を倒さずとも、公的な福祉や教育や医療の充実を目指すようになり、これまでに一定の成功を収めてきました。

複雑労働者の待遇が変わった背景

独占資本主義時代における
複雑労働者への譲歩
賃上げなど
労働条件の改善
団結
強搾取
単純労働者
非独占部門
植民地・
従属国の民衆
巨大企業の
資本家
主に大企業の
複雑労働者の
労働運動
労働市場の
分断
とりかえのきかない
技能が交渉力
複雑労働力再生産のための
社会政策の
社会民主主義政党による利用
福祉国家へ
社会政策体系
（教育・医療・福祉）
←合意困難な二大勢力の
媒介者として国家が資
本家階級から一人歩き
した
社会民主主義政党
ブルジョワ政党
利害分断
複雑労働者階級
巨大企業の
資本家階級

熟練や専門技能のいらない現代技術が再び

現代の技術と新しい段階の資本主義

ME化やIT化でこれまでの熟練や専門技能がいらなくなり、誰でも取り替え可能な脅威にさらされて、これまでの労働者の好条件は崩されています。

● 熟練や専門性を解体する現代技術

さて、1980年代に「**ME化**」と呼ばれたコンピュータやロボットの導入や、その後の90年代の「**IT革命**」と呼ばれる情報技術の進展は、しばしば産業革命と並べられます。実際、起こっていることは当時とそっくりです。工場だけでなく事務労働でも、これまでの熟練や専門性がいらなくなり、誰でもできる単純労働に取り替えられています。以前は複雑労働者が不足する発展途上国では作れなかったような工業製品も、現代の技術のおかげでどこでも作れるようになったので、先進国の賃金が高ければ、もっと賃金の安い発展途上国に企業が逃げ出してしまいます。この結果、雇用の取り替えの脅威の前に複雑労働者の組合は屈服《くっぷく》し、**賃下げも長時間労働も資本側の思いのまま**になっています。いまの日本では、非正規社員3分の1突破とか、一人あたり賃金の長期低落とか、格差の拡大とか、貧困家庭の増大とかいろいろいわれていますが、先にIT化が進んだアメリカでは、これらはすべて10年前から経験しています。

● 新自由主義政策への転換

産業革命で資本主義が確立した後、「小さな政府」を目指す自由主義政策への転換がなされましたが、これも同様のことが現在起こりました。いわゆる「**新自由主義**」政策ですね。国家による経済への介入政策がよくないものとされ、福祉も教育も医療も削減、公営企業の民営化や、規制緩和《きせいかんわ》もおし進められました。市場の実態に合わせて国家の機能を統合したEUの統合もこの一環と見られます。何より、ソ連・東欧の共産党独裁の国営・指令経済体制が崩壊し、法的に私有財産を保証する体制に移行したのが典型的事件でした。

現代の「産業革命」が生み出した単純労働と新自由主義政策

現代技術が単純労働を生む

単純
労働者
いつでもクビにされるぞ
ガマン、ガマン
低賃金、低保障、
配転し放題
コンピューターや
ロボットがあれば
こいつらで十分
おまえらなんか
いーらない！
これまでの
複雑労働者

産業革命のときと同じ！

新自由主義《ネオリベラリズム》政策への転換

現代の資本主義

国境
経済規制
教育・医療
福祉政策
こんなもん
じゃまなだけ
好きに商売
させてもらいます

1980年代：民営化・規制緩和開始
米：レーガン政権、英：サッチャー政権、日：中曽根政権

1989年：東欧革命、1991年：ソ連崩壊

1990年代：国際統合進展
EU統合、WTO発足、政策協調
→今日まで進展（小泉「構造改革」）

極限的な強権ではなく、もっと市場に任せる割合が多い国家体制に

現代の本源的蓄積体制

現代の本源的蓄積は、国家の強権の度合いがソ連型より緩み、市場に任せる割合が大きくなります。中国の「改革開放路線」が典型です。

市場に任せる割合が大きいタイプの本源的蓄積《ほんげんてきちくせき》体制

これにあわせて、本源的蓄積体制の姿も変わりました。本源的蓄積を進める以上、先進国よりは国家の介入が大きくなるにはちがいないのですが、ソ連のスターリン体制ほど極限的な強権《きょうけん》ではなく、もっと市場に任せる割合が大きくなります。まず70年代ぐらいから韓国や台湾などNIEs《ニーズ》と呼ばれる国で、対外開放で外資を引き入れて、輸出主導で経済発展する政策が功《こう》を奏《そう》しました。次いで80年代に入って、東南アジア諸国や中国がこの路線に転換して急速に経済発展しはじめます。80年代終わりからは、インドやベトナム、中南米諸国がこの路線に転換し、やはり発展をはじめました。

典型例としての中国の改革開放路線

特に劇的な転換が見られたのが中国でした。戦後しばらくして中国大陸を支配した共産党政権は、当初、典型的なスターリン型の本源的蓄積体制をしき、農民を**人民公社《じんみんこうしゃ》**と呼ばれる集団農場に閉じ込めて強引に農産物を取り立てて、都市の重工業を中心とする労働者の食い扶持を確保して工業化しようとしました。その過程では、農村で天文学的数字の餓死者も出しました。結局、この路線は行き詰まり、独裁者の毛沢東が反対派を抹殺するために仕掛けた**文化大革命**のせいもあって、中国経済は破滅寸前に至ります。

そこで毛の死後数年後から、**改革開放路線**がとられることになりました。すなわち、人民公社を事実上解体して自営農化して商売を認め、外資を引き入れ、国有企業それぞれに利潤を追求させ、民間企業の設立を認めるなど、市場経済を大幅に取り入れました。これで本源的蓄積は急速に進み、いまや資本主義経済がほぼ確立しました。

現代の本源的蓄積体制

本源的蓄積もタイプ転換

網がけが濃いほど
国家の介入が強いことを表わす

	本源的蓄積体制	資本主義の完成段階に対応した政策体系
繊維工業中心の時代	農業生産性上昇が主な基礎 ●英：議会重商主義 ●仏：第1、第2帝政 ●米：建国期	自由主義政策
重工業中心の時代	農民搾取強化が主な基礎 →地主制、強権政府 ●ドイツ　明治日本	帝国主義政策
1930年代以降の国家介入の時代（石油化学、自動車）	農民搾取強化が主な基礎 →集団農場、一党独裁 ●ソ連スターリン体制	財政政策、社会政策 ●米：軍産複合体体制 ●西欧福祉国家 ●日本型土建国家
コンピューターロボットの時代（1980年代〜）	農業生産性上昇が主な基礎 →自営農化、開発独裁 ●NIEs、アセアン型 ●中国の「改革開放」	新自由主義政策（政策・制度の国際統合）

企業や職種、国家を超えたすべての労働者の団結で待遇が改善される

現代資本主義の進歩的意義

労働者がみんな競合しあう現代、取り替えのきかなさには頼れません。自分より待遇の悪い者の条件を上げないと、自分の境遇を改善できません。

すべての労働者の団結が死活の必要事になる

現代資本主義のもとで、従来の熟練や専門が不要化して単純労働に置き換えられて、低賃金のやりがいのない仕事ばかりが増えていることで、たしかに多くの人々が悲惨な暮らしになっています。

しかし、これまでの複雑労働者中心の労働運動は、単純労働者の待遇改善について冷淡でなかったですか。むしろ、自分たちと単純労働力との**取り替えが効かないのをいいことに**、彼らの悪条件を、資本側から譲歩を引き出すための代償のように見なしてこなかったですか。かつて西欧社会民主主義が高度な福祉国家を築いた功績は評価すべきですが、実は発展途上国の民衆を貧しさのなかにおいて働かせて搾取《さくしゅ》してきた富に支えられてなかったでしょうか。

現代資本主義がもたらしたのは、このような構図がもはや成り立たないことです。 単純労働者の境遇が複雑労働者より悪いと、複雑労働者は単純労働者に雇用を取り替えられます。発展途上国の民衆の労働条件が先進国より悪いと、先進国では企業が発展途上国に出ていって雇用がなくなります。競争の結果、長い目で見ると、すべての労働者が低いほうに向けて平等化される力が働くのです。自分よりも境遇の悪い者の境遇を引き上げないと、自分自身の境遇を守ることができない時代になっているのです。それがわかっているならば、労働運動は、企業や職種、国の内外を超えて、最も不遇《ふぐう》な人を団結に引き入れなければならないでしょう。発達した情報通信手段はそのための条件を作っています。このような調整が日常的にこなせたならば、たとえ全員がみな単純労働者にまで共通化されなくても、労働者による生産の共同管理は十分可能になるでしょう。

現代資本主義がもたらすもの

先進国大企業の正社員 ＼ 非正規社員や発展途上国の労働者	先進国大企業の正社員 （これまでの複雑労働者） 賃上げ、労働条件改善を要求して闘う 	先進国大企業の正社員 （これまでの複雑労働者） 賃金抑制、労働条件悪化をガマンする 
非正規社員や発展途上国の労働者 賃上げ、労働条件改善を要求して闘う 	A みんな待遇が改善できたぞ 	B 先進国大企業の正社員 雇用はキープできたけど、しんどいぞ  クビ切り、企業の海外移転 非正規社員や発展途上国の労働者
非正規社員や発展途上国の労働者 低賃金，ひどい労働条件をガマンする 	C 先進国大企業の正社員 クビ切り、企業の海外移転  雇用はキープできたけど、しんどいぞ 非正規社員や発展途上国の労働者	D 賃金は安いし、しんどいし、全然楽にならない  いつクビになるかわからないから気が抜けない

A のほうが D よりもマシになるのに、他者がガマンする限り、自分がガマンしたほうが得だと思ってお互いガマンして D が選ばれてしまっているのが現状

COLUMN

日本でのマルクス研究①
日本資本主義論争

戦前の日本では第1次大戦後に、大インフレ下のドイツが留学や文献購入で有利だったこともあって、マルクス経済学研究が本格化しました。特に有名なのが、昭和に入って、山田盛太郎《やまだもりたろう》、野《の》呂栄太郎《ろえいたろう》ら日本共産党系の「講座派」と、山川均《やまかわひとし》、大内兵衛《おおうちひょうえ》らの「労農《ろうのう》派《は》」との間で行われた「日本資本主義論争」です。講座派は、明治維新体制を前近代的な絶対主義国家、当時の地主制度を封建制と見て、来るべき革命をブルジョワ民主主義革命（市民革命）であるとしました。これは、「まず天皇制打倒の民主主義革命、その後で社会主義革命」という共産党の二段階革命論を反映したものでした。対して労農派は、明治維新をブルジョワ革命、当時の地主制を近代地主制と見なし、すでに日本は資本主義経済が出来上がっているので、来るべき革命は社会主義革命であるとしました。

後発国では急速なキャッチアップのために、資本の本源的蓄積に封建的なしくみを利用するので、両派とも当たっている一面があったと思います。

この論争は多岐にわたる論点でなされて、豊かな成果を生みましたが、決着を見ないまま当局の弾圧で終わり、戦後民主化で論争の対象自体消滅しました。しかし、講座派の視点は、今度は第一段階目の革命を「アメリカからの自立の革命」と変えて、戦後の日本共産党の二段階革命論に継承されました。それに対して、労農派の流れを汲む社会党左派は、やはり最初から社会主義革命を目指しました。経済システムに関するかぎり、戦前も戦後も共産党のほうが労農派よりも資本主義経済に対して当面容認的だったわけです。もっとも、戦前の天皇制や戦後の対米従属《たいべいじゅうぞく》の政治現実のほうが、経済システムよりよほど強固だったので、その点では共産党のほうが急進的だったとも言えます。

「モノとモノとの関係」という「見かけ」の現れ方

第4章、第5章は、「ヒトとヒトとの依存関係」に立ち返って
資本主義経済の正体を分析しました。 しかし、市場社会では、
それが、「モノとモノとの交換関係」という、ちがう姿の見かけで現れます。
第6章、第7章では、その現れ方を見ます。
第6章では、市場社会であるがゆえの現れ方を見るために、
階級を省略した「単純商品生産社会」を前提として、
社会的なことが「モノ」、
特に貨幣に投影されて一人歩きする様子を見ます。

KEYWORD

- モノとモノとの関係
- 社会的分業
- 生産手段の私有
- 単純商品生産社会
- 交換割合
- 貨幣の発生
- 価格
- 貨幣物神崇拝

「モノとモノとの交換関係」がどう現れるかを知るために

単純商品生産社会を想定しよう

この章では、人間の依存関係がモノどうしの関係に投影される市場社会特有の現象を見るため、階級を省略した全員自営業者の社会を想定します。

●「ヒトとヒトとの関係」が「モノとモノとの関係」に化ける

さて前にも述べましたとおり、**すべての人間社会に共通する「正体」である「ヒトとヒトとの依存関係」が、市場社会では、「モノとモノとの交換関係」に「化けて」現れます**。それが、どんなふうな「化けかた」で現れるのかということをこれから見ていきます。

そのためには、「階級」の問題が入ってくるとややこしいので省略して考えることにします。市場社会の特徴だけを持った社会を想定することで、その本質的性質を見てとることにします。

●「全員が自営業者」の社会を想定しよう

そこで以下この章では、階級のない市場社会である「**単純商品生産社会**」を想定します。これは、社会の全員が各自自分で生産手段を私有して、自分で働いて商品生産している社会です。早い話が、全員が自営業者である社会を考えてもらえばいいです。

市場社会ですので、各自は「布」なり「靴」なり、何か特定の財やサービスだけを生産します（**社会的分業**）。また各自は、社会のニーズを直接聞かず、誰からも指《さし》図《ず》されずに、自分の見込みの判断で生産についての決定を行い、その結果について、損であれ得であれ、自分だけで引き受けます（**生産手段の私有**）。

実際には、階級のある資本主義になって、労働者が生活に必要なものを自給できず全部賃金から買うようになって、はじめて市場社会は人間生活を全面的に覆います。だから、階級なき市場社会である単純商品生産社会が社会の主要なしくみである時代は現実にはありませんでした。あえていえば、建国期ごろのアメリカ合衆国北部がそれに近かったと思います。

「モノとモノとの交換関係」に化けるとは…？

「ヒトとヒトとの依存関係」が「モノとモノとの交換関係」に化けて現れる

モノとモノとの交換関係

市場社会では、目の前の直接見える姿では、経済が「モノとモノとの交換関係」として現れる

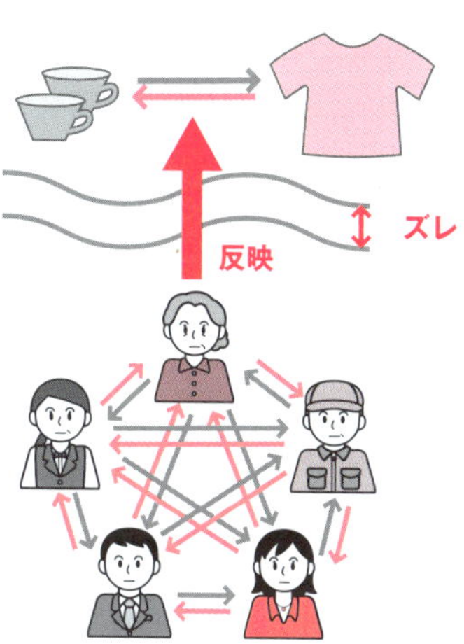

ヒトとヒトとの依存関係

人間社会は、お互いの欲求を満たすためにお互いに労働しあっている関係だと見ることができる

「全員が自営業者＝単純商品生産社会」を想定するとは…？

各自が自分で生産手段を私有して、自分で働く

モノが過剰な状態、過小な状態は解消されていく

モノとモノとの交換割合が変動する自動調整

見込みで生産した商品は社会のニーズからズレます。作りすぎれば交換割合が投下労働に比べて不利になり、足りなければそれが有利になります。

● 市場社会ではあらかじめニーズに合わせて生産しない

いま、話を簡単にするために、「トリ」と「サカナ」の二種類の生産物が手ぶらで生産（捕《ほ》獲《かく》）できるとしましょう。「トリ」1羽捕《と》るのには3時間かかり、「サカナ」1尾捕るのには2時間かかるとします。

さて、市場社会ですので、人々は生産した後で生産物を交換することで生活します。しかし、見込み生産ですので、**社会のニーズと生産はぴったり合わない**のがあたりまえです。

● 余ったものは交換割合が不利になって生産が減る

もし、社会の必要以上に「サカナ」を捕りすぎたならば、「サカナ」の生産者たちは、自分だけは交換してもらおうと、少ない「トリ」との交換にも応じ、たとえば、「サカナ」3尾が「トリ」1羽と交換されたりします。すると、6時間労働で捕れる「サカナ」が3時間労働で捕れる「トリ」と交換されますから、直接「サカナ」を捕るよりも、「トリ」を捕ってから「サカナ」に交換したほうが、同じ労働でたくさん入手できます。すると、「サカナ」を捕る人は減り、「トリ」を捕る人が増えて、**「サカナ」が過剰な状態は解消されていきます。**

● 足りないものは交換割合が有利になって生産が増える

逆に「サカナ」が世の中に少なすぎたら、たくさんの「トリ」との交換に応じられるようになり、たとえば、「サカナ」3尾が「トリ」3羽と交換されたりします。この場合、6時間労働で捕れる「サカナ」が9時間労働で捕れる「トリ」と交換されますので、直接「トリ」を捕るよりも、「サカナ」を捕ってから「トリ」に交換したほうが同じ労働でたくさん入手できます。かくして「サカナ」を捕る人が増えて、**「サカナ」が過少な状態は解消されていきます。**

モノとモノの交換割合が変動するしくみ

第6章 「モノとモノとの関係」という「見かけ」の現れ方

2時間 →「サカナ」

3時間 →「トリ」

「サカナ」を捕りすぎたとき

6時間もかかったのにトリ1羽か…。仕方ない…。いまはサカナが多過ぎるから…。

「サカナ」3尾 →

イヤならヨソをあたるんだな

← 「トリ」1羽

「サカナ」がほしい人

直接サカナを捕ると、6時間労働 → 3尾

トリを捕って、サカナに換えると、6時間労働 → 2羽 → 6尾

よし！漁に行くのはやめて、トリを捕ろう

→ 「サカナ」の生産が減っていく

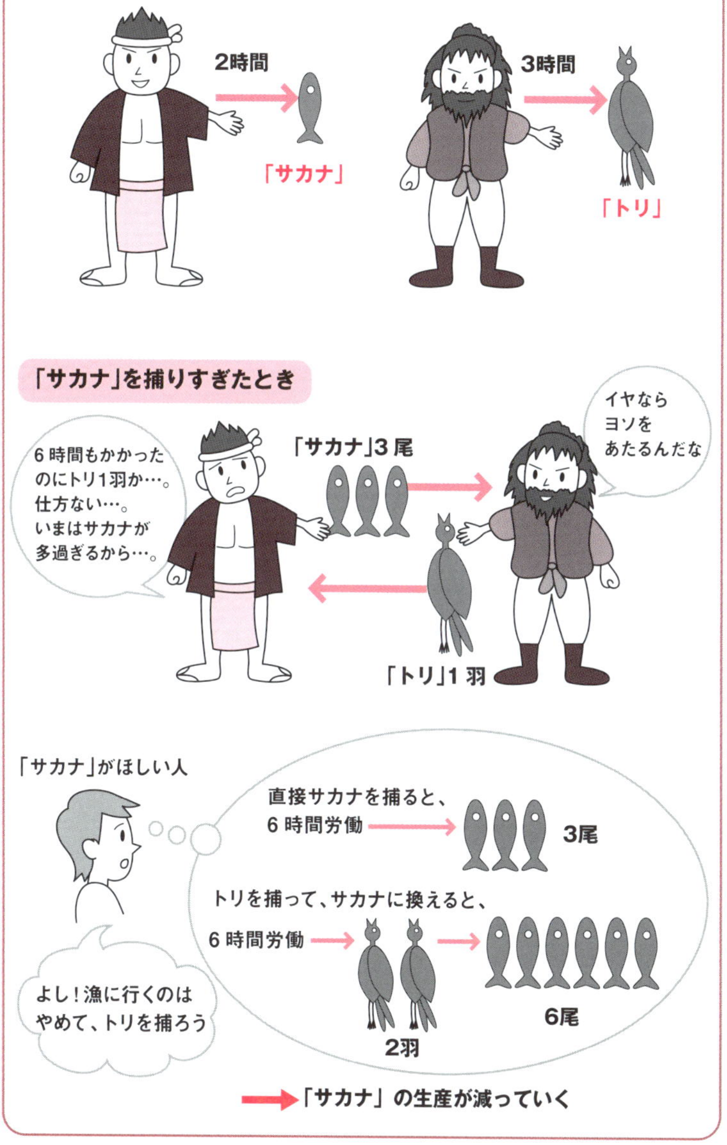

市場社会では財の分配はどうやって決まるのか?

均衡での商品交換割合と投下労働量

単純商品生産社会では均衡では交換割合は投下労働量に従います。これは、誰も意識せず「ヒトとヒトとの依存関係」が反映されるということです。

● 単純商品生産社会の均衡では交換割合は投下労働量に従う

結局、落ち着いた先では、「サカナ」3尾が「トリ」2羽と交換されます。つまり、ともに6時間労働の産物どうしが交換されることになります。**単純商品生産社会では、社会の必要に合わせた生産がなされる「均衡《きんこう》」では、投下労働量に応じた割合で交換がなされる**のです。これは、生産に生産手段を使う場合にも成り立ちます。

●「ヒトとヒトとの依存関係」で見た投下労働量の意味

すべての社会に共通の「ヒトとヒトとの依存関係」で、各仕事へのつじつまの合った労働配分がなされたらどうなるか。各自の取り分の投下労働量総量が自分のした労働時間と等しくなるように各自に財を分配するならば、あたかも各自の生産した財を、投下労働量が等しい量どうし交換したように見なせるのでした(80ページ)。

また、経済全体で、ある財の純生産を1単位増やすために、別の財の純生産をどれだけ犠牲にしなければならないかは、両財の投下労働量の比率で表されるのでした(同ページ)。

● 単純商品生産社会の均衡ではヒトどうしの関係が反映される

それに対し市場社会では、一人ひとりへの財の分配は財どうしの交換割合によって決まります。また、交換割合とは当然、ある財1単位入手を増やすために他の財をどれだけ犠牲にしなければならないかを表します。これが均衡で投下労働量に応じた割合になるということは、単純商品生産社会においては、均衡では、**つじつまの合った「ヒトとヒトとの依存関係」が、誰も意識せずに、「モノとモノとの交換割合」に反映している**ということです。しかし、不均衡でかく乱される現実の交換割合は、そこからいつもズレているわけです。

単純商品生産社会の均衡での商品交換割合

**社会のニーズにあわせた仕事の配分がなされた均衡では
同じ量の労働の産物どうしが交換される**

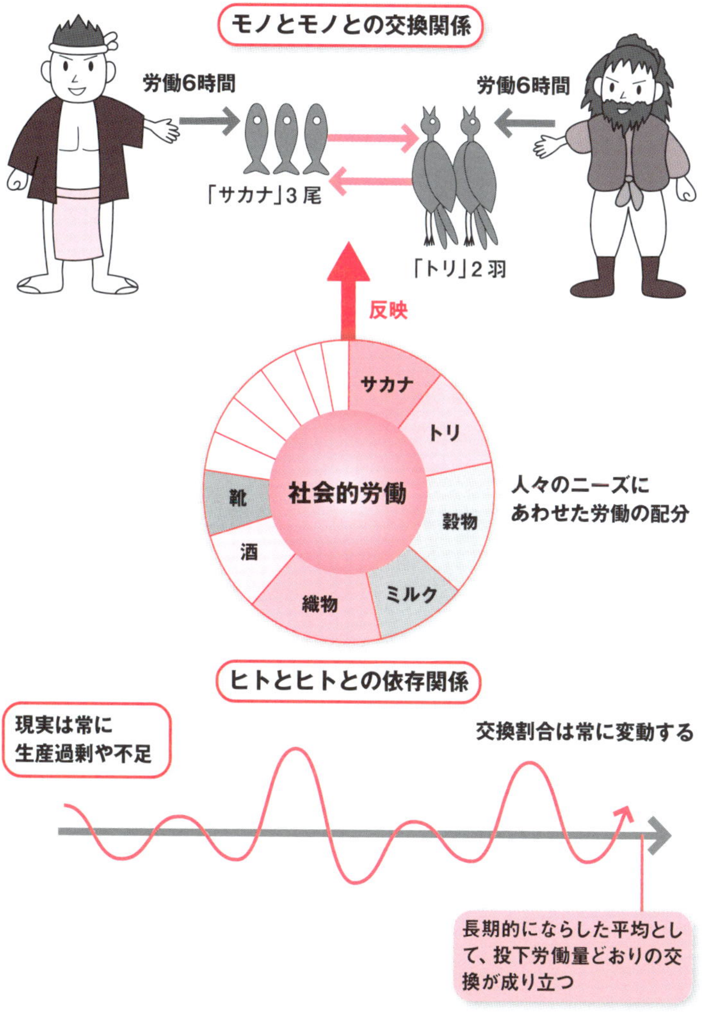

「モノとモノとの交換関係」が行き着いたところに発生するモノとは?

貨幣とそれによる評価

ニーズを知り合わず生産する市場社会では、媒介のため貨幣が現れ、それとの交換割合たる価格が、社会の働きあいへの参加の度合いを反映します。

■「みんなが受け取るから受け取るモノ＝貨幣」の発生

ところで市場社会では、自分の生産物へのニーズを持つ人がどこにいるか、自分のニーズを満たす生産物を作っている人がどこにいるか、互いにわからずに生産しています。たまたま自分の欲しいモノを相手が持っていて相手の欲しいモノを自分が持っているなら、一発で交換できますが、それはとても偶然的です。だからなるべくみんなが受け取るモノに交換しておけば、それと交換に自分の欲しいモノが手に入る可能性が高くなります。すると、**みんなが受け取っているモノほどますます受け取られるようになり、やがて唯一のモノが交換の媒介物になります**。これが**貨幣**、つまり「おカネ」です。

■「貨幣との交換割合＝価格」という「回り道」での評価

貨幣が出ると、モノの値打ちはすべて貨幣との交換割合で測られることになります。これが**価格**です。単純商品生産社会の場合、価格は均衡では、「ヒトとヒトとの依存関係」での投下労働量にしたがいますが、誰もそれを意識しているわけではなく、現実には常に不均衡の動揺のなかにあって、価格は投下労働量からズレます。

「漁労《ぎょろう》」とか「狩猟」とかの各自の具体的な労働は、互いにニーズを知らず見込みでなされるので、それで生産された「サカナ」とか「トリ」とかの具体的な有用財が社会のニーズにあっているとはかぎらないのです。だから、実際にかかった労働がきっちり「ヒトとヒトとの依存関係」の一環《いっかん》として直接評価されるわけにはいきません。あとから貨幣と交換されて、結果的に交換できた貨幣の分だけ、社会的に貢献していたことが認められ、その分だけその生産者は社会の依存関係の一環に参加することができることになります。

貨幣の発生

酒がほしーい
サカナは今
まにあってるから
必要ないよ
酒
コメに
換えとけば
主食だから
受けとって
くれるかも
米
その酒
このコメと
交換してくれ
いいよ
コメは本当は
間にあっているけど
主食だから受けとって
くれそうなので
交換用にとっておこう
酒

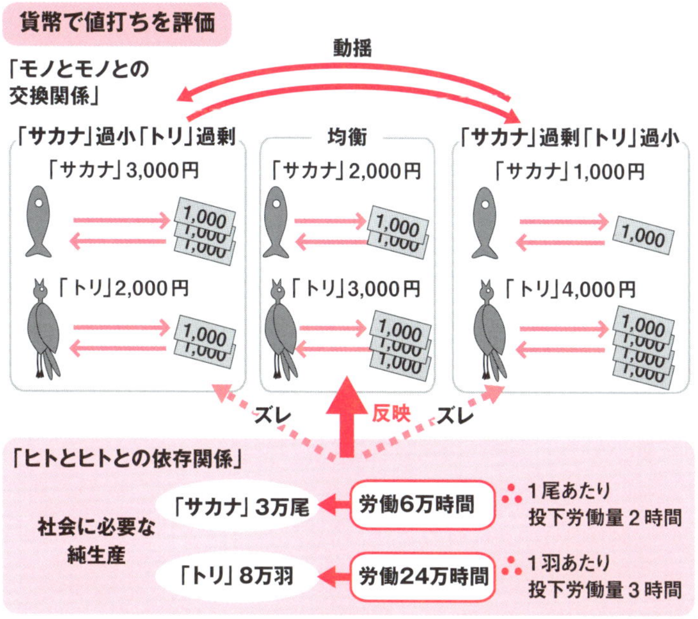
貨幣で値打ちを評価
動揺
「モノとモノとの
交換関係」
「サカナ」過小「トリ」過剰
「サカナ」3,000円
1,000
1,000
1,000
「トリ」2,000円
1,000
1,000
均衡
「サカナ」2,000円
1,000
1,000
「トリ」3,000円
1,000
1,000
1,000
「サカナ」過剰「トリ」過小
「サカナ」1,000円
1,000
「トリ」4,000円
1,000
1,000
1,000
1,000
ズレ
反映
ズレ
「ヒトとヒトとの依存関係」
社会に必要な
純生産
「サカナ」3万尾
労働6万時間
∴1尾あたり
投下労働量2時間
「トリ」8万羽
労働24万時間
∴1羽あたり
投下労働量3時間

自己目的として貨幣を欲しがることがデフレの根源的原因

貨幣の君臨とその暴走

各自の労働の社会的側面が貨幣に投影されると、それが貨幣自身の性質のように一人歩きし、人間に君臨し、時々デフレ恐慌として暴走します。

●「社会的なことの一人歩き」としての貨《か》幣《へい》物《ぶっ》神《しん》崇《すう》拝《はい》

つまり、人間の労働のうち「ヒトとヒトとの依存関係」への参加の度合いという社会的側面（＝**投下労働量**）が、具体的な作業の特徴をそぎおとして抽象化されて、自由に自己決定できないものになって人間の外に投影され、あたかも「貨幣」というモノの性質のように思い込まれることになります。他方で、具体的な作業をする生身の人間と、その具体的な生産物は、いつ社会のニーズに合わず路頭に朽ち果てるかもしれない孤独でチンケな存在として貨幣にひれ伏し、貨幣と交換されるために血眼になります。そして時には消費を抑えて我が身を犠牲にして貨幣を貯めるのにやっきになります。

これをマルクスは、宗教になぞらえて「**物《ぶっ》神《しん》崇《すう》拝《はい》**」と呼びました。これは、「依存関係にある人々が情報調整しあえないと、社会的なことが一人歩き・自己目的化する。生身の具体的な個々人はそれに支配されて手段化されてしまう」という法則の典型例だといえます。

● 貨幣物神崇拝がデフレ恐慌をもたらす

人々が何かモノを買う手段としてではなく、自己目的として貨幣を欲しがるならば、売って得た貨幣を全部は手放さずに貨幣のまま持つ人がたくさん出て、「売り」の総額が「買い」の総額を上回ることが起こり得ます。すると、経済全般で売れ残りが出て、一般物価が下落します。つまり貨幣価値が上がります。これが「**デフレ**」です。すると、財を売る人は、価格が下がらないうちに早く売って貨幣にしようとし、買おうとする人は価格が下がってからに先延ばししようと貨幣のまま持って、ますます財が売れ残って、倒産や失業が激化する恐慌になります。**貨幣物神崇拝**が恐慌を生むのです。

「貨幣物神崇拝」とは…？

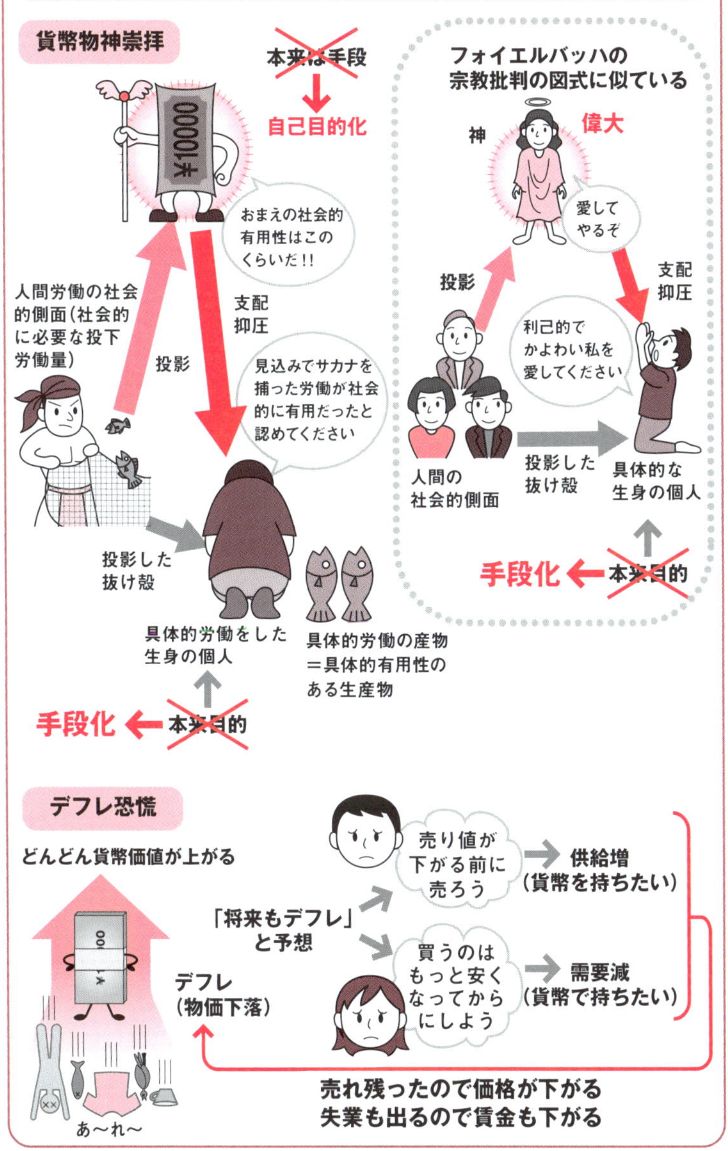
貨幣物神崇拝
本来は手段
自己目的化
おまえの社会的有用性はこのくらいだ!!
人間労働の社会的側面(社会的に必要な投下労働量)
投影
支配
抑圧
見込みでサカナを捕った労働が社会的に有用だったと認めてください
投影した抜け殻
具体的労働をした生身の個人
具体的労働の産物＝具体的有用性のある生産物
手段化
本来目的
フォイエルバッハの宗教批判の図式に似ている
神
偉大
愛してやるぞ
投影
支配
抑圧
利己的でかよわい私を愛してください
人間の社会的側面
投影した抜け殻
具体的な生身の個人
手段化
本来目的
デフレ恐慌
どんどん貨幣価値が上がる
あ〜れ〜
「将来もデフレ」と予想
デフレ(物価下落)
売り値が下がる前に売ろう
供給増(貨幣を持ちたい)
買うのはもっと安くなってからにしよう
需要減(貨幣で持ちたい)
売れ残ったので価格が下がる
失業も出るので賃金も下がる

COLUMN

ケインズ経済学の価格決定論とマルクスの生産価格

マルクスは、経済の長い目で見たしくみの解明には、需要と供給がいつも一致する前提で理論を組み立てましたが、短期的な経済変動においては、人々が貨幣を求めるせいで、財が全般的に需要不足になってしまうことがあると強調しています。しかしこの後者の問題は、つじつまのあった理論体系として展開されてはいません。

これを展開したのがイギリスの経済学者ケインズです。不確実な世の中、人々は何も買いたいものがなくても貨幣を欲しがるというわけです。これを「流動《りゅうどう》性《せい》選好《せんこう》」と言いました。このために、全般的に需要不足になって、大量の失業者を出して世の中が落ち着いてしまうことがあると言ったのです。当時は、1930年代の世界大不況のさなかで、新古典派が言うように市場に任せても自動的に失業者がなくなりはしないので、彼は政府の経済政策でいろいろな財に対する需要を増やしてやることが必要だと、「大きな政府」路線を唱えました。

ケインズの死後、ケインズ理論の前提は、価格がなかなか動かないと見ることだとの誤解が生まれました。そのため、価格の動きをスムーズと見なす者ほど新古典派的で資本主義擁護派、価格を固定的と見なす者ほど資本主義批判的という誤った通念図式ができました。特に、ケインズ派最左翼のポスト・ケインズ派は、商品の価格は、需要の度合いにかかわらず、その一単位あたり生産費に一定率のマージンを足し上げて決まると見なす論者が多かったです。

1970年代あたりには、これが、マルクスの生産価格（162ページ参照）と同類だと見なして「共闘《きょうとう》」を図る解釈が流行《はや》ったようにも思います。しかしそれは誤解ですから注意してください。生産価格は、需要に応じた価格のスムーズな上がり下がりの結果、長期的な資本移動を通じて実現するものです。

第7章

資本循環と利潤率という現れ方

第7章では、今度は階級を考慮に入れて、資本主義経済での「モノとモノとの交換関係」の現れ方を見ます。
「ヒトとヒトの関係」で見れば、労働者が労働を投入して自分の消費財と剰余生産物を生産するという事態であるものが、
そこでは、資本家が貨幣を投下して利潤をつけて回収するという事態、または諸財の自己投入・自己増殖という事態として現れます。
そしてその効率が利潤率であり、長期的な均衡価格もそれによって決まります。

KEYWORD

資本の循環	均斉成長率
利潤率	均等利潤率
平均利潤	需要曲線
生産価格	供給曲線
実質賃金率	独占価格

みんなが持ちたがるから、いったん手放して事業をすればもっと増える

資本の循環で貨幣は自己増殖する

貨幣が一人歩きして増大が自己目的化するならば、労働者を雇って事業をすれば、利潤の分貨幣を増やせます。これを表すのが資本循環の図式です。

● 貨幣を手放して事業をすれば増える

さて前章の最後で、貨幣物神崇拝《かへいぶっしんすうはい》のために貨幣蓄蔵《かへいちくぞう》が自己目的化するといいましたが、手に入ったおカネを握って離さず、節約だけで増やそうとしてもたかがしれています。しかし第3章で見たように、資本主義経済では、社会の「正体」の「ヒトとヒトの依存関係」では搾取による剰余生産が行われていて、それが「モノとモノとの関係」という市場社会の「見た目」で見れば、利潤として現れるということでした。つまり、**貨幣をいったん手放して、労働者を雇って事業を行えば、利潤の分貨幣を増やすことができることになります**。

● 貨幣→生産要素→商品→貨幣の資本循環

この様子を表したのが、右図の『資本論』の有名な**資本循環の図式**です。記号はドイツ語の頭文字で、**G** は**貨幣**（**Geld**）、**W** は**商品**（**Ware**）、**Pm** は**生産手段**（**Produktionsmittel**）、**A** は**労働力**（**Arbeitskraft**）、**P** は**生産過程**（**Produktionsprozeß**）のことです。

まず貨幣Gを手放して商品Wを買います。その内訳が生産手段Pmと、雇った労働力Aです。両者を合わせて生産要素と呼びます。そしてそれを組み合わせて生産過程Pを経ると、別の商品W′ができます。それを売ったら貨幣G′＝G+ΔGになって戻ってくるのですが、ΔGの分当初より増えていて、それが**利潤**です。そしてまた貨幣が手放されてこの過程が繰り返されます。このように、貨幣が増えるために、貨幣、生産要素、（生産された）商品と、三つの姿の変身を繰り返すものが**資本**で、この運動の意識的な担い手が**資本家**です。労働の搾取《さくしゅ》という「正体」が、「モノとモノとの関係」の世界ではこのような**貨幣の自己増殖**と映るわけです。

資本循環の図式

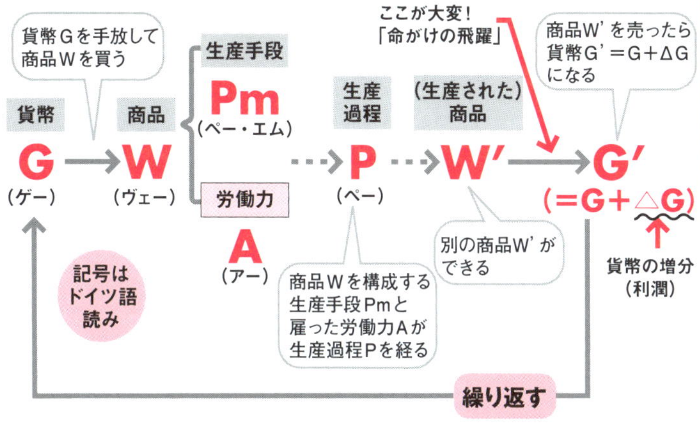
貨幣Gを手放して
商品Wを買う
貨幣
G
(ゲー)
商品
W
(ヴェー)
生産手段
Pm
(ペー・エム)
労働力
A
(アー)
生産
過程
P
(ペー)
(生産された)
商品
W′
ここが大変!
「命がけの飛躍」
商品W' を売ったら
貨幣G' =G+ΔG
になる
G′
(=G+△G)
貨幣の増分
(利潤)
別の商品W' が
できる
商品Wを構成する
生産手段Pmと
雇った労働力Aが
生産過程Pを経る
記号は
ドイツ語
読み
繰り返す

この運動が「資本」

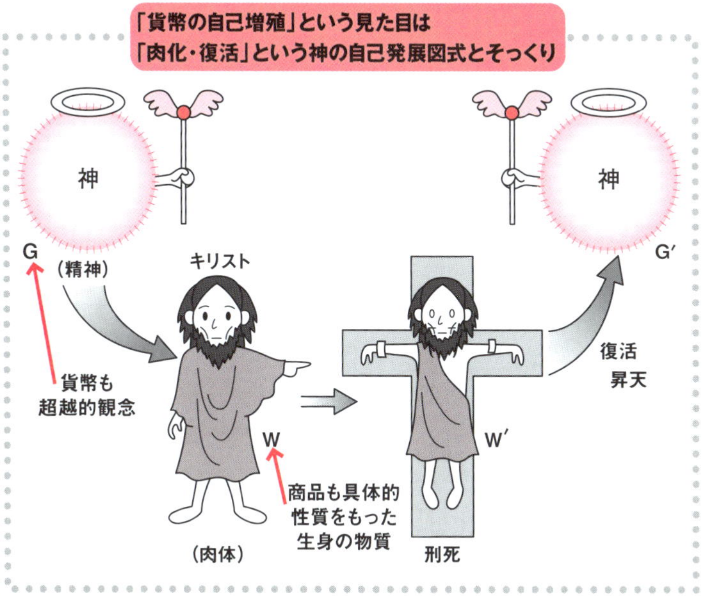
「貨幣の自己増殖」という見た目は
「肉化・復活」という神の自己発展図式とそっくり
神
G
(精神)
貨幣も
超越的観念
キリスト
W
商品も具体的
性質をもった
生身の物質
(肉体)
W′
刑死
復活
昇天
神
G′

資本は「自己増殖する貨幣」という姿だけではない

単純再生産と拡大再生産の資本循環

資本主義では利潤が蓄積される拡大再生産が常態です。すると資本は、自己増殖する貨幣、生産手段、商品の三つの姿で見ることができます。

● 単純再生産の資本循環

第3章で、「ヒトとヒトとの依存関係」で見たときの、単純再生産と拡大再生産のしくみについて説明しました。今度は、それが、資本家の目に映る「モノとモノとの関係」の世界ではどのように見られるかを見てみましょう。

資本家が貨幣を手放して、生産要素である商品を買って生産を行い、生産された商品を売って、利潤の分増えた貨幣が戻ってきたとします。G－W…P…W′－G′（＝G+ΔG）というわけです。このΔGの利潤を、資本家がすべて消費した場合、次回また同じ規模で、G－W…P…W′－G′が繰り返されます。これが単純再生産です。この繰り返しを、貨幣に着目してとらえた資本循環G－G′は、ゴールではスタートより増えていますが、また元の規模に戻って繰り返されます。生産過程の生産要素に着目した資本循環P－Pと、売り物の商品に着目した資本循環W′－W′は、同じ規模で繰り返されます。

● 拡大再生産の資本循環

しかし前述のとおり、資本主義経済では単純再生産は例外で、利潤のうち消費にまわるのは一部だけで、残りは蓄積されます。つまり、ΔGの一部がGに加わり、大きくなったGから次回の循環が始まります。これが**拡大再生産**です。このとき、貨幣資本循環G－G′は、ゴールがスタートより増えるだけでなく、毎回以前のスタート時より大きな規模からはじまります。また、生産資本循環P－Pも、商品資本循環W′－W′も規模を拡大して繰り返されます。だから、「資本」とは、「自己増殖する貨幣」のことですが、「**自己増殖する生産手段**」と言っても、「**自己増殖する売り物の商品**」と言ってもいいのです。

単純再生産と拡大再生産 それぞれの資本循環の図式

単純再生産の資本循環図式

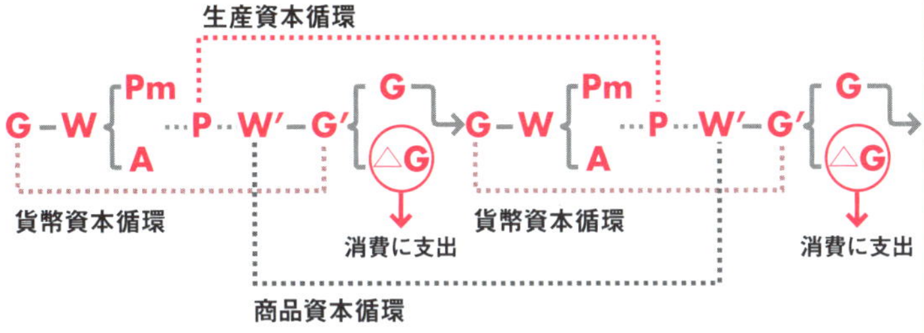

ΔGの利潤をすべて資本家が消費すると次回同じ規模で循環が繰り返される

拡大再生産の資本循環図式

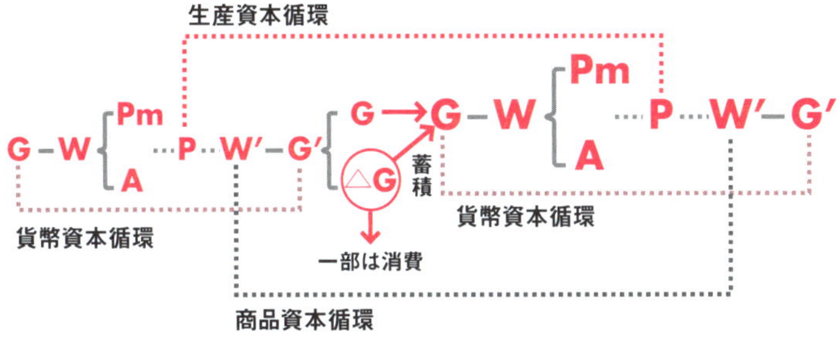

ΔGの利潤の一部を資本家が消費し、一部を蓄積すると、大きくなったGで次回の循環が始まり、どんどん規模が大きくなっていく

どれも「資本」という同じものの三つの姿だ！

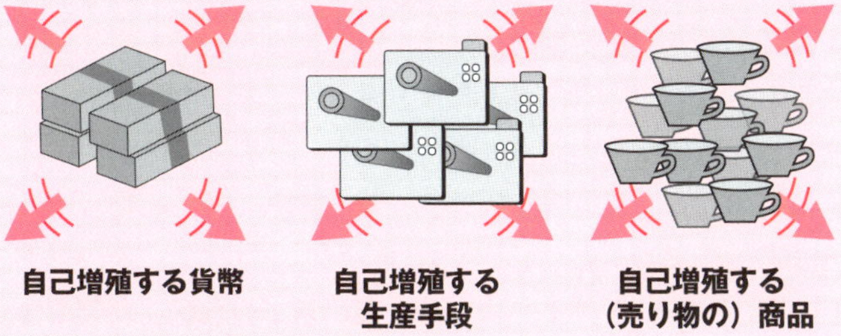

資本家はひたすら利潤率アップを目指す。それがもたらすこととは

利潤率とその均等化

資本家は、投下した資本に対する年々の利潤の比率である「利潤率」の最大化を目指すので、長期均衡では全産業部門の利潤率は均等化します。

●「投下資本に対する年々の利潤の比率＝利潤率」を重要視

だから、本来社会の「正体」は「外から労働を投入して純生産物を取り出すシステム」なのに対して、資本家の目に映る「見た目」の世界では、それは「**外から貨幣を投入して利潤を取り出すシステム**」という姿で現れます。したがって、資本家にとって重要なのは、このシステムの効率、すなわち、資本として投下された貨幣に対する、年々得られる利潤の比率です。これを**（年）利潤率**といいます。資本主義経済においては、資本家の目的はひたすら利潤率を高めることになります。

●異なる産業部門間で利潤率は均等《きんとう》化《か》する傾向

ここで、もし異なる産業部門の間で、年々常に利潤率の格差が続いたらどうなるでしょうか。同じ貨幣を資本として投下するのに、利潤率の低い部門でより高い部門で投下したほうがたくさん利潤が得られますので、利潤率の低い部門で事業をする資本家はやがてなくなっていき、利潤率の高い部門には多くの資本家が参入してきます。

すると、利潤率の低かった産業部門では、生産が減って、人々がその部門の財を買いたいと思う需要量に比べて品不足になっていきます。そうしたらその財の価格は上がります。かくして売値が上がりますので、その部門の利潤率は上がっていきます。逆に、利潤率の高かった産業部門では、生産が増えて、その部門の財への人々の需要に比べて、生産過剰になってしまいます。そうしたらその財の価格は下がります。かくして売値が下がりますので、その部門の利潤率は下がっていきます。よって、**長い目で見れば、利潤率は産業部門間で均等化する傾向が働くことになります**。

資本家にとって大切なのは「利潤率」

社会の「正体」

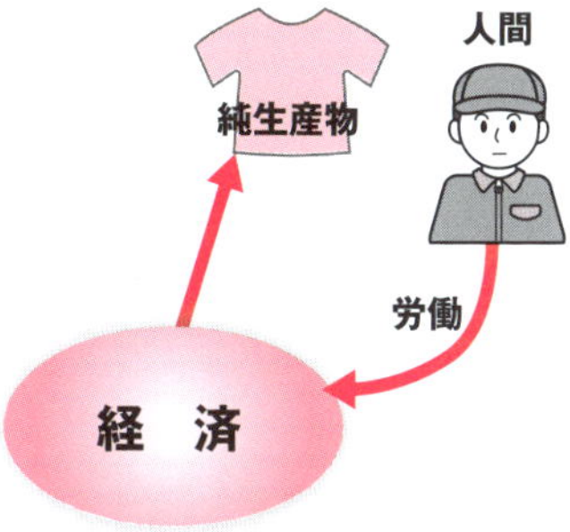

外から労働を投入して
純生産物を得るシステム

効率性

何かの純生産物を得るために必要な投下労働量
(逆に言えば「労働生産性」)

資本家の目に映る「見た目」

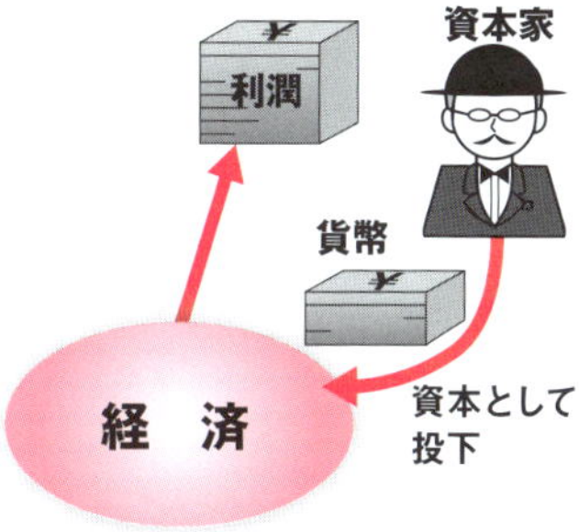

外から貨幣を投入して
利潤を得るシステム

効率性

投下した貨幣に対して年々どれだけ利潤が得られるか
＝(年)利潤率

利潤率の均等化傾向

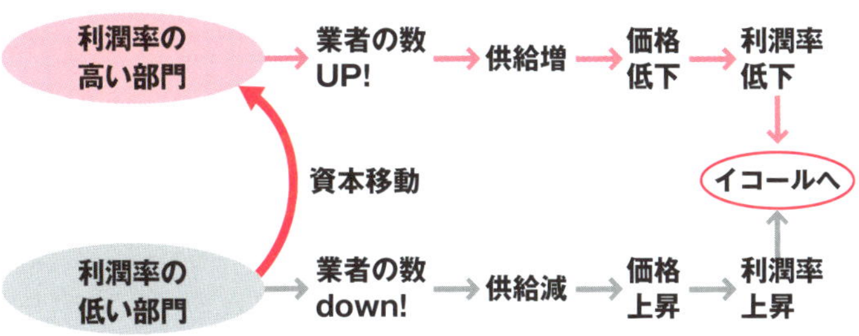

利潤率が均等化した価格、しかし投下労働量には比例しない

均等利潤率が成り立つ価格＝生産価格

資本主義経済の長期均衡価格は、全部門で均等利潤率が成り立つような価格、「生産価格」に決まります。これは投下労働量に比例しません。

● 資本主義経済の長期《ちょうき》均衡《きんこう》価格《かかく》は生産価格

産業部門間の資本移動が行き着く、長い目で見た均衡では、前項のとおり利潤率が均等化《きんとうか》しますので、各財の1単位あたり生産費用に、その均等利潤率の分の利潤である**平均利潤**を足し上げて価格が決まります。この「平均利潤」とは、投下資本額に均等利潤率をかけた利潤額を、その財の生産量1単位あたりに平均したものです。こうやって決まる価格を、マルクスは**生産価格**と呼びました。マルクス以前の古典派経済学では**自然価格**と呼ばれていました。現代のミクロ経済学の想定する**長期均衡価格**も同じものです。

● 生産価格は投下労働量に比例しない

単純商品生産社会の長期均衡価格は投下労働量に比例しましたが、生産価格は投下労働量に比例しません。機械化が進んで人手をあまり使わずに生産される財の生産価格は、人手に頼る割合が多い財の生産価格と比べて、投下労働量の比率よりも高く評価されます。

前章で何度も見たとおり、「モノとモノとの交換関係」である価格は、需要・供給の大小関係の変動によって、その正体である「ヒトとヒトとの依存関係」（投下労働量）から短期的には常にズレるのでしたね。それでも単純商品生産社会では、長期均衡で見るとそのズレはならされて一致します。しかし**資本主義経済になると、長期均衡（＝生産価格）においても両者はズレる**ことになるわけです。

各部門で得られる利潤は投下資本に比例するのであり、その部門の剰余労働《じょうよろうどう》に比例するわけではありません。社会全体の剰余が投下資本に比例して分けとられると見なせるわけです。搾取《さくしゅ》とは個々の資本家の仕業《しわざ》ではなく、資本家階級全体の共同作業なのです。

資本主義経済では生産価格が長期均衡価格

生産価格＝**平均利潤**＋１単位あたり生産費用

↑ 平均利潤
＝均等利潤率×製品１単位あたり投下資本額

生産費用や投下資本額も生産価格で測られるので、生産価格は全部門からなる連立方程式で決まる

単純商品生産社会

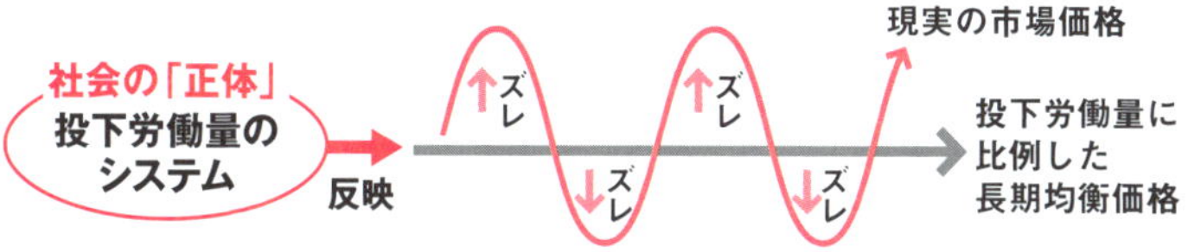

価格は、需要と供給の大小関係の変動によって、投下労働量から短期的にはズレる
しかし、単純商品生産社会では、長期均衡で見るとズレはならされて一致する

資本主義経済

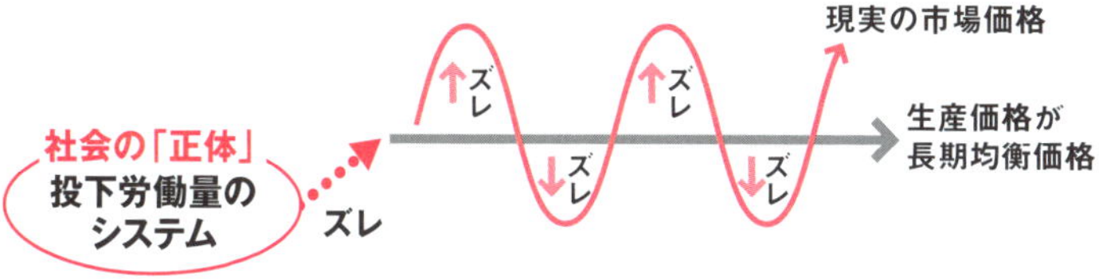

資本主義経済になると、長期均衡においても両者はズレる

均等利潤率が低い（高い）ときは実質賃金率は高い（低い）

均等利潤率と実質賃金率の対抗関係

均等利潤率は実質賃金率が上がると下がり、実質賃金率が下がると上がります。
均等利潤率ゼロのときが実質賃金率最大で、搾取ゼロになります。

■実質賃金率が下がると均等《きんとう》利《り》潤《じゅん》率《りつ》は上がる

労働1単位（1時間なり1カ月なり）の見返りにもらえるおカネが**貨幣賃金率**です。そしてそれでどれだけの財が買えるかが**実質賃金率**です。これは、米なり鉄なり、何か一つの財で測っても、いくつかの財の組み合わせが何セット買えるかで測ってもいいです。

実質賃金率と均等利潤率には対抗関係があります。これは、ある企業、ある産業部門だけの話ではなくて、経済全体の連関で成り立つ法則です。（読者のわかりやすさのために、現実にはあり得ない仮想的にスムーズな調整で考えてみましょう。貨幣賃金率は一定とします。ある一つの財の価格が上昇することで、その財で測った実質賃金率が下がったとします。当然その財の生産部門では費用に比べて売値が上がり、利潤率が上がります。しかしその財を生産手段に使う他の部門では費用が上がり利潤率が下がります。利潤率格差が出るので、最初価格が上がった部門では参入が増えて財の供給が増えて価格が下がります。他方、他の部門では商売をたたむ資本家が増えて価格が上がります。その結果、当初より高い均等利潤率で落ち着き、すべての部門で価格が上がります。ここで、貨幣賃金率一定でしたから、すべての財で測った実質賃金率が下がっています。）

■均等利潤率と実質賃金率の上限と下限

利潤率ゼロのときが実質賃金率の最大限で、その実質賃金率の投下労働量は、それと引き換えになした労働と同じ1単位。つまり搾《さく》取《しゅ》がなくなります。逆に、実質賃金率ゼロのときの均等利潤率は経済の物理的な自己成長率でこれが最大限ですが、現実には実質賃金率が生理的下限のときが均等利潤率の上限になります。

実質賃金率と均等利潤率には対抗関係がある

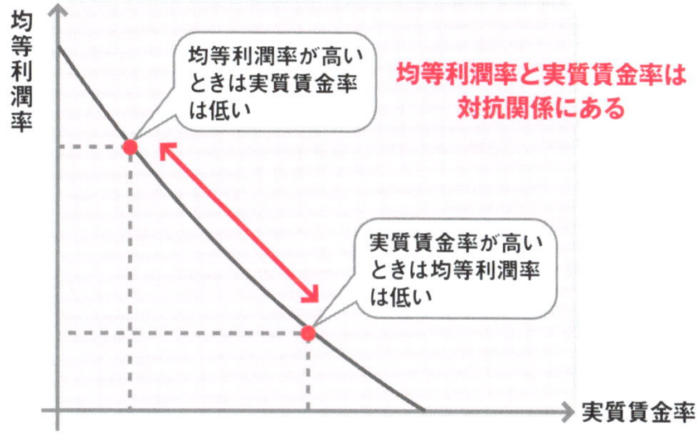

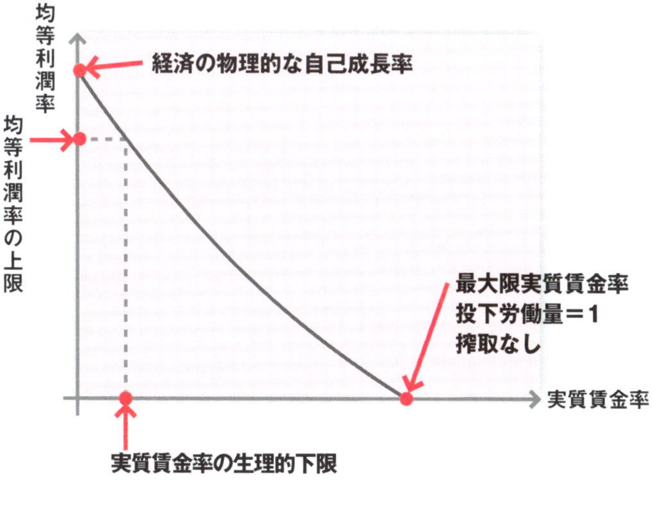

現実には実質賃金率が生理的下限のときが均等利潤率の上限になる

いろいろな財がみな同率で生産量が増えて取り出されるシステム

部門間の生産のつりあいのとれた成長

均等利潤率の価格システムの背後には、すべての財の生産が同じ率で成長する均斉成長の生産システムがあります。

● 生産価格の裏に順調な拡大再生産のシステム

社会の「正体」では、経済というものは、外から労働を投入して純生産物を取り出すシステムでした。これが「見た目」の世界では、外から貨幣を投入してそこから利潤を取り出すシステムG－G′や、その裏で、商品が自己再生産するシステムW′－W′と見えるのでした。なかでも、生産価格のシステムは、長期均衡的《ちょうききんこうてき》な次元で成り立つ利潤取り出しのシステムです。これに対応して、長期均衡的な次元で成り立つW′－W′のシステムがその裏にあります。いろいろな財が投入されて、それがみな同率で生産量が増えて取り出される、バランスのとれた、生産物の自己増殖システムです。すなわち、順調な拡大再生産のシステムです。**均斉成長《きんせいせいちょう》システム**とも言います。

労働者の消費財で測った実質賃金率が決まれば、生産価格システムが一つ定まると同時に、この均斉成長システムも一つ定まります。

● 労働者を対象として内部で生産するシステム

社会の「正体」では、労働者は経済システムを利用する主人公として経済の外に立ち、労働を投下して、ゴールとして純生産物を取り出します。ただしそのうち一部は資本家にとられるのですが。

ところがこの同じ事態が、「見た目」の世界ではひっくり返って映ります。資本家が主人公となって、経済の外からいろいろな財を資本として投下し、ゴールで剰余生産物を取り出すのですが、労働者は消費財の投入によってあたかも経済システムの内部で生産されるモノと見なされます。長期均衡では主人公は、資本家というより、むしろいろいろな財そのもので、自ら経済に身を投じて、人間を手段としてなかで生産しつつ、増殖して出てくる運動を続けます。

生産価格のシステムと均斉成長のシステム

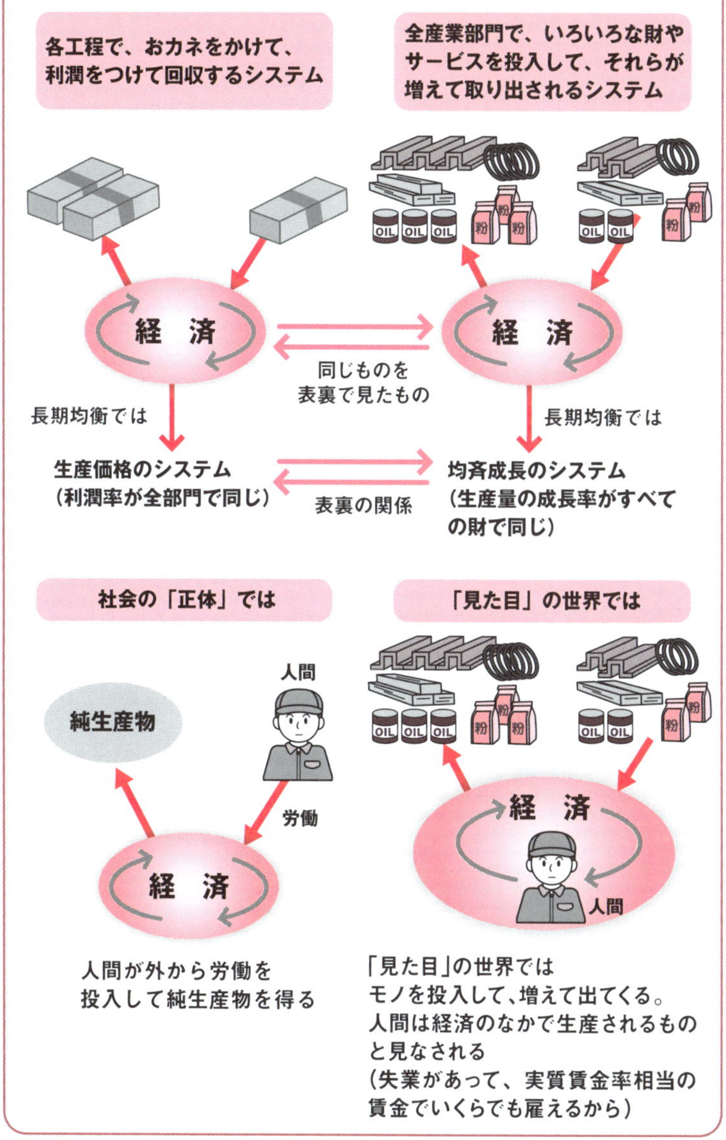
各工程で、おカネをかけて、利潤をつけて回収するシステム
全産業部門で、いろいろな財やサービスを投入して、それらが増えて取り出されるシステム
OIL
粉
経　済
経　済
同じものを表裏で見たもの
長期均衡では
長期均衡では
生産価格のシステム（利潤率が全部門で同じ）
表裏の関係
均斉成長のシステム（生産量の成長率がすべての財で同じ）
社会の「正体」では
「見た目」の世界では
人間
純生産物
労働
経　済
経　済
人間
人間が外から労働を投入して純生産物を得る
「見た目」の世界ではモノを投入して、増えて出てくる。人間は経済のなかで生産されるものと見なされる
（失業があって、実質賃金率相当の賃金でいくらでも雇えるから）

資本主義経済の長期持続に必要な条件

資本主義経済の長期持続性

均斉成長率も、実質賃金率が上がると下がり、実質賃金率が下がると上がります。
均斉成長率がゼロに近づくと均等利潤率もゼロに近づきます。

● 均斉成長率《きんせいせいちょうりつ》と実質賃金率との対抗関係

実質賃金率は、均等利潤率《きんとうりじゅんりつ》との間と同じく、**均斉成長システムでの財の成長率とも対抗関係にあります**。すなわち、実質賃金率が高いと均斉成長率は低く、実質賃金率が低いと均斉成長率は高くなります。均斉成長率がゼロのときは、利潤率がゼロのときと同じく、実質賃金率は最大で、搾取がなくなる水準になります。

● 労働人口成長とつじつまのあう長期均衡経済は一つ決まる

均斉成長システムでは、財の生産量と同じ率で労働の投入量も成長しなければなりません。これが労働人口の成長率よりも高ければやがてどんどん人手が足りなくなって成長ができなくなります。逆に労働人口の成長率よりも低ければ、やがてどんどんと失業が増大して世の中が破綻《はたん》します。既知《きち》の技術だけが選べるなら、社会の長期的持続と噛み合う均斉成長率は、労働人口成長率と等しいものしかなく、実質賃金率はそれに対応したものに決まります。よって、均等利潤率と生産価格も、それに対応したものに決まります。

● 資本主義経済の長期持続のためには労働生産性上昇が必要

そうすると、経済が豊かになって人口成長がゼロに近づくと、それとつじつまの合う均等利潤率もゼロに近づくことになります。それでは資本主義経済は行き詰まってしまいます。

そこで、資本主義経済が長期的に持続するためには、やはり第４章の最後で結論したように、労働生産性が上昇する技術進歩が常になされなければならないことになります。**全部門で同率の労働生産性上昇がなされ、それと同じ率で実質賃金率が伸びるならば、均等利潤率も均斉成長率も一定に保たれて、経済は持続します**。

資本主義経済の長期持続には労働生産性上昇が必要

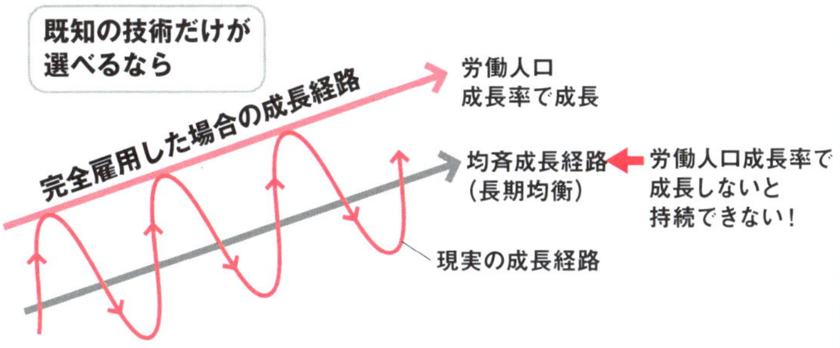

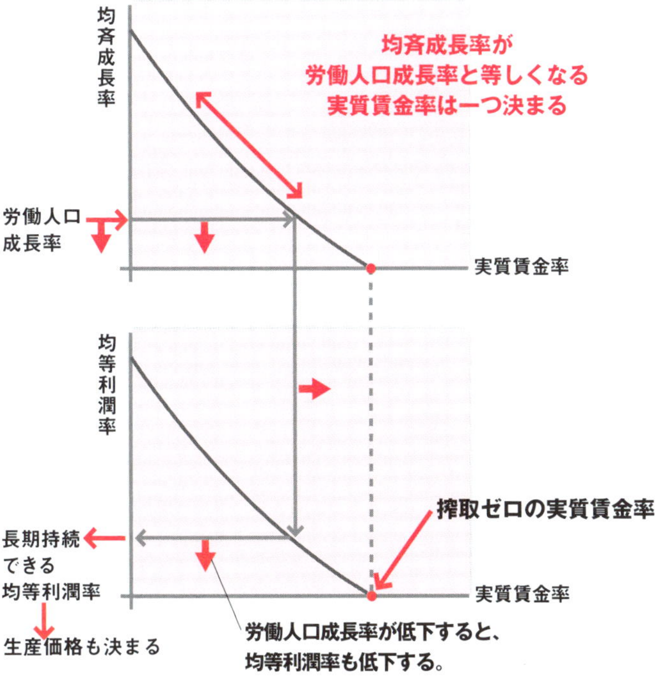

労働生産性が上昇する技術革新があれば、上のグラフは両者とも右に移動する

したがって、労働生産性上昇の技術進歩が必要

「労働人口成長率＋労働生産性上昇率＝均斉成長率」が持続条件になる

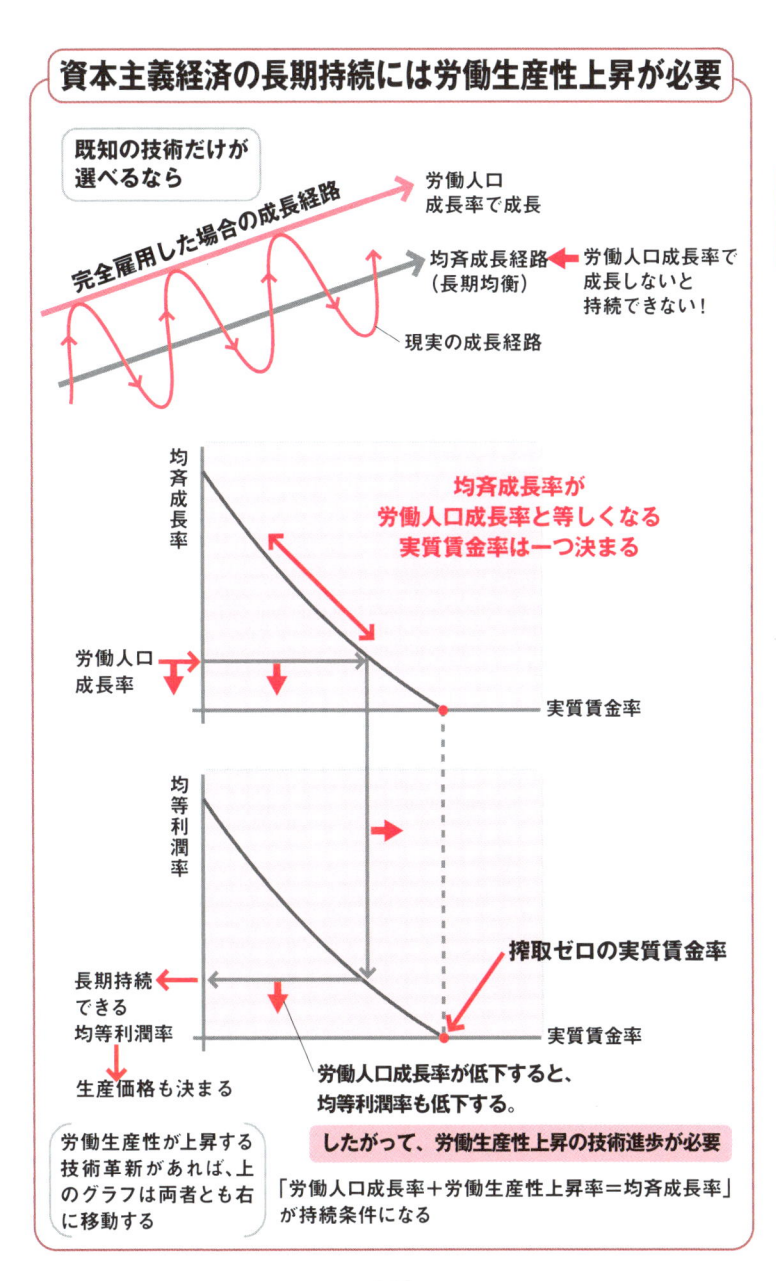

均等利潤率が資本家たちの頭に共有されるとどうなる?

均等利潤率の観念化と利子生み資本

均等利潤率は資本家たちの間で観念化され、事業判断の基準になります。まとまった貨幣は利潤率を生む力があると観念されて、売買されます。

均《きん》等《とう》利《り》潤《じゅん》率《りつ》が期待として共有されて基準になる

均等利潤率が成り立つと、それが大まかな期待として資本家の頭に共有されることになります。そして、それをもうかる、もうからないの基準にして、各自具体的な個々の商売の判断をすることになります。これも「社会的・抽象的なことの一人歩き／具体的なことの従《じゅう》属《ぞく》化《か》」の一種だと思います。たとえばこうなると、労働人口成長率や労働生産性上昇率が低下して、それとつじつまの合う均等利潤率が下がっているのに、資本家たちの頭のなかに共有されている均等利潤率の基準が高いままなので、現実の利潤率がどれもすぐもうからないと判断されて、設備投資がなかなか起こらず不況が長引くということがあるかもしれません。

利子生み資本が一人歩き

またこうなれば、まとまった額の貨幣は、それを事業に投下すれば、その事業内容にかかわらず、おおむね均等利潤率で利潤を生んでくれる力を持つと観念されることになります。本当はそれは個々の生産事業が産み出す力なのに、まとまった額の貨幣そのものの力のように投影されるわけです。するとそれは、売買の対象になります。すなわち、それを持っている人は、実業家に貸し付けて、利潤の一部を見返りに利子として受け取るという取引が成り立ちます。

このとき貸し手にとっては、貸す相手はいろいろで、どれに縛られる必要もありません。そのうち、どんな事業に使われたかは省略され、まとまった額の貨幣自体が、何の苦労もしなくても相場の利子を生む力を持つと観念されます。またも、抽象的全体的なことが、具体的な実業の外に一人歩きして、これを手段化する図式です。

均等利潤率が期待として共有されてそれが基準になると……

均等利潤率が成り立つと、それが大まかな期待として資本家の頭に共有されることになる

均等利潤率
4%
2%ぐらいの利潤率ってウチだけやろな
2%？たいしたことない新技術だったわね
2%かぁ この部門はダメだな
2%だと？ 来年はもっと上がるっ！

現実の利潤率が低くなったのに、資本家の頭に共有されている均等利潤率が高いままだと設備投資がなかなか起こらない

利子生み資本が発生する

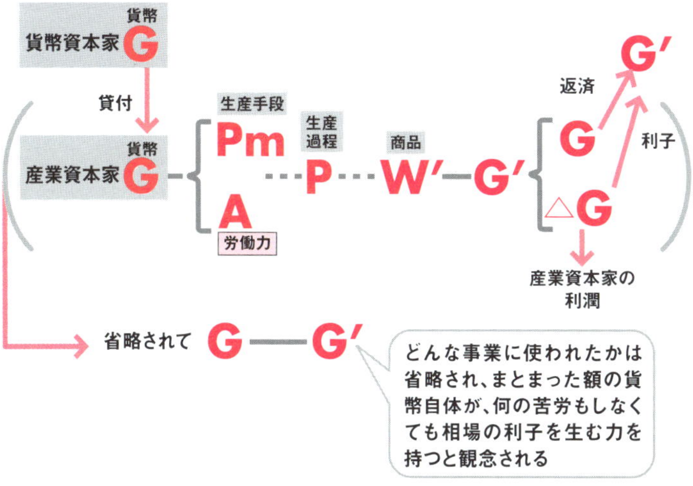
貨幣資本家 貨幣 G
貸付
産業資本家 貨幣 G
生産手段 Pm
労働力 A
生産過程 P
商品 W′
G′
返済 G
△G
利子
G′
産業資本家の利潤
省略されて G — G′
どんな事業に使われたかは省略され、まとまった額の貨幣自体が、何の苦労もしなくても相場の利子を生む力を持つと観念される

均等利潤率法則は農業の場合はどのようにはたらくか

農業の場合の生産価格　地代の決まり方

穀物の価格は、その需要を満たすための最も劣等な土地での単位生産費＋平均利潤で決まり、そこよりも肥沃で生産費が低い土地では地代が発生します。

■ 耕作地のうち最もやせた土地の費用で価格が決まる

今度は農業を考えます。土地A、B、C、Dがあって、それぞれ地主が持っていて、農業資本家が地主から土地を借りて穀物生産の事業をするものとしましょう。それぞれの土地における穀物1単位生産にかかる費用＋平均利潤を縦の長さに、生産量を横の長さにとった長方形のグラフをかきます。それを肥《ひ》沃《よく》な土地から順に、左からA、B、C、Dと並べたものが右ページの図です。肥沃な土地ほど費用がかからないので高さが低くなります。

今世の中の穀物需要が、ちょうどA、B、Cの三つの土地を耕作したときの生産量の合計に等しいとしましょう。すると、穀物価格はCのグラフの高さに決まります。なぜなら、これより高くて、たとえばDのグラフの高さの価格になれば、Dを耕作したら均《きん》等《とう》利《り》潤《じゅん》率《りつ》の分の利潤が得られますので、Dも耕作されて、四つの土地全部耕作した生産がなされます。それは需要を超過し、売れ残りが出て穀物価格が下がっていきます。また、もっと穀物価格が低くてCの高さに満たなかったら、Cでは均等利潤率分の利潤が得られないので耕作されません。するとA、Bの二つを耕作した生産しかされませんので、需要超過になって穀物価格が上がります。

価格がCの高さに決まると、AやBでは、費用＋平均利潤よりも高い価格がつくので、均等利潤率よりもうかります。これが利潤として得られるならば、資本家たちが地主のもとに殺到して土地を借りようとするので地代が上昇し、均等利潤率以上にもうからなくなったところで止まります。よって、Cの高さで決まる穀物価格のうち、グラフの高さを超える部分は、**地主の得る地代**になります。

最もやせた土地の費用で価格が決まる

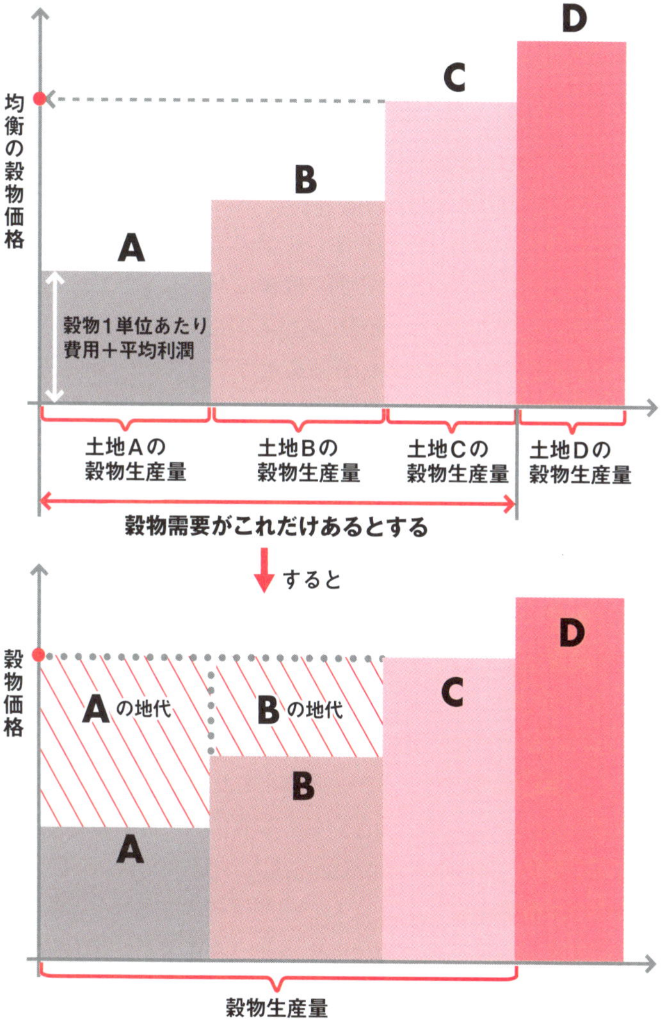

耕作された土地での穀物価格と、
「費用＋平均利潤」との差額が地代になる

市場価格がどう決まるかを見てみる

短期的な市場価格の決まり方

通常の財も、その需要を満たすための最も劣等な生産者の単位生産費で決まりますが、資本移動を通じて長期的にはそれが生産価格と一致します。

● 短期的な「市場価格」は生産価格から常にズレる

この考察に前項の考え方が使えます。

資本の部門間の移動や新規開業や設備の拡張などができない時間間隔を**短期**と呼びます。いま、ある産業にA、B、C、Dの四企業がいるとします。それぞれの企業における製品1単位あたりの生産費用を縦の長さに、生産量を横の長さにとって長方形のグラフをかいて、生産性の高い企業から順に左から並べると、やはり前ページの図のようにかけます。そしてやはり前項の説明と同様、製品の価格を高さにとって水平線を引くと、それよりグラフの低い企業は費用より高い価格で売れるので、利潤が出て生産しますが、水平線よりグラフが高い企業は費用のほうが上回るので生産しません。

微妙に生産性の異なる無数の企業があれば、いまの図は階段の刻みが細かくなって右図のように右上がりの曲線で近似されます。すると、価格を縦軸の高さにとって水平線を引くと、このグラフとぶつかるところまで生産がされるということで、これがミクロ経済学で出てくる**供給曲線**になります。他方、この商品を買いたいという需要のほうは、価格が高いほど少なくなるので、**需要曲線**は右下がりの曲線でかけ、両曲線の交点で価格と取引量が決まります。

この価格が**市場価格**です。これが生産価格より高いと、標準的技術力の資本家が均《きん》等《とう》利《り》潤率《じゅんりつ》以上にもうかりますので、この部門への参入が増え、供給曲線が右に移動します。その結果、市場価格は下がります。市場価格が生産価格より低ければ、その逆で供給曲線が左に移動して価格が上がります。かくして、長い目で見ると供給曲線は、生産価格の水準で水平だと見なされるわけです。

需要曲線と供給曲線の交点で市場価格が決まる

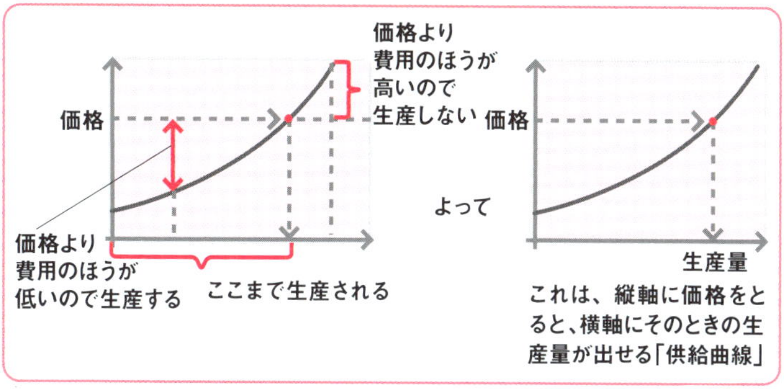
価格より
費用のほうが
高いので
生産しない
価格
価格より
費用のほうが
低いので生産する
ここまで生産される
よって
価格
生産量
これは、縦軸に価格をとると、横軸にそのときの生産量が出せる「供給曲線」

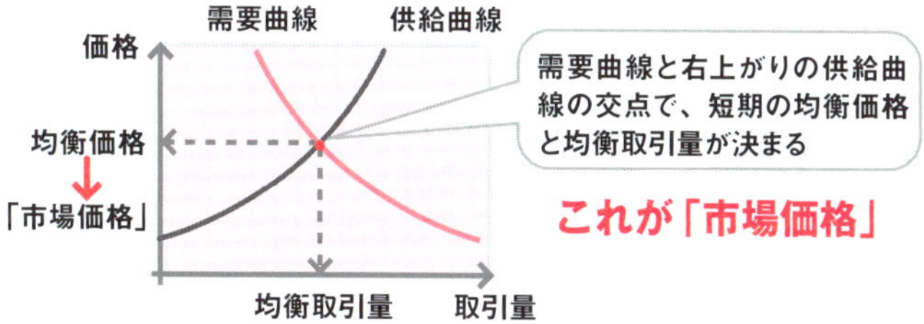
需要曲線
供給曲線
価格
均衡価格
「市場価格」
需要曲線と右上がりの供給曲線の交点で、短期の均衡価格と均衡取引量が決まる
これが「市場価格」
均衡取引量
取引量

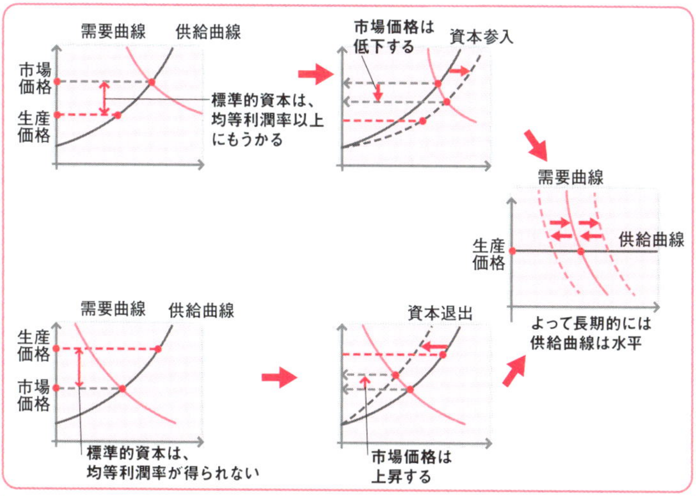
需要曲線
供給曲線
市場価格
生産価格
標準的資本は、均等利潤率以上にもうかる
市場価格は低下する
資本参入
需要曲線
生産価格
供給曲線
よって長期的には供給曲線は水平
需要曲線
供給曲線
生産価格
市場価格
標準的資本は、均等利潤率が得られない
資本退出
市場価格は上昇する

競争が抑えられると価格はどう決まるか

独占資本主義段階の価格と利潤

独占資本主義段階になると、資本移動が妨げられるために、利潤率が均等化せず、少数の企業が均等利潤率よりも高い利潤を得るようになります。

● 独占資本主義段階では企業が価格をコントロールする

ここまでの話は、それぞれの財の市場で無数の資本家が競争していて、新規参入も撤退も自由にできる経済の場合です。しかし20世紀に入る直前から始まる独占資本主義段階の経済では、均等利潤《きんとうりじゅん》率《りつ》や生産価格の話はそのままでは当てはまらなくなります。

競争的な市場では、価格は相場としてだいたいは決まっているものです。資本家ができることは、与えられた諸価格を前提として、自社の生産量や技術や営業する部門を決めることです。

しかし、**一つの産業がごく少数の企業で牛耳られるようになると、各企業は製品の価格をコントロールできるようになります**。

極端な場合、ある産業に企業が一つしかなければ、その企業は市場全体の需要曲線を予想して、そのなかで自分の一番得になるような価格と数量の組み合わせを選ぶことができます。それが人々にとってないと生きていけない必需品ならば、価格を無限につりあげて暴利をあげることだってできます。必需品でなくても、需要供給が均衡する量より生産をわざと減らして、均衡よりも高い価格をつければ、均衡よりも利潤をたくさん得ることができます。

● 参入障壁《さんにゅうしょうへき》を築いて既存業者が結託《けったく》する

企業が複数あっても数が少なければ、公然、隠然《いんぜん》に結託することで同じことができます。そして価格をなるべく高くするのですが、彼らは、新規ライバルの登場を何より恐れ、**参入障壁**と呼ばれるさまざまなバリアを築いています。あまり価格が高すぎると、これを乗り越えるコストをかけても参入しようとする新参者が現れますので、そんなコストをかけるに見合わない程度に高い価格にします。

独占資本主義では企業が価格を決める

市場を一社が独占すると…

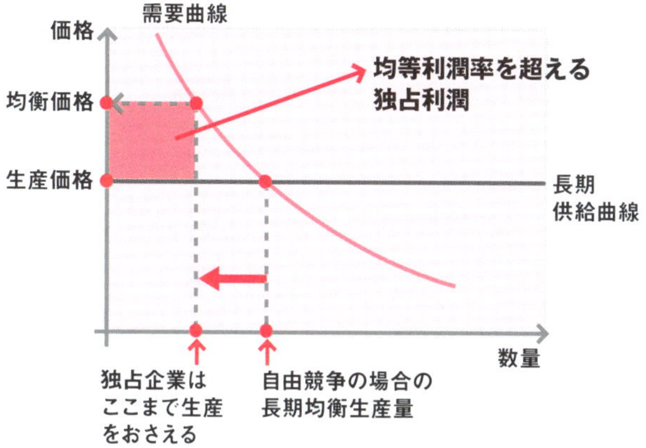

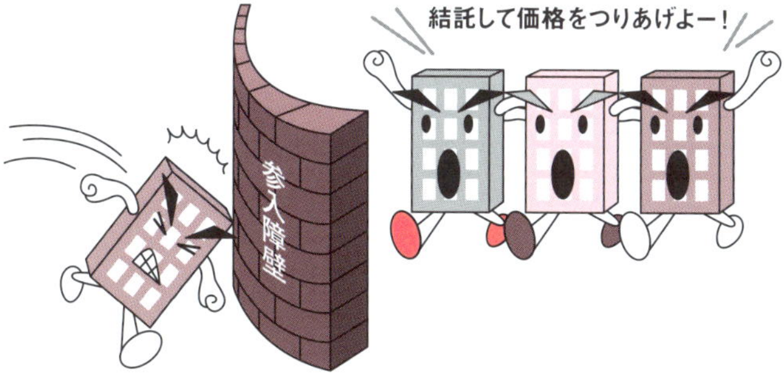

参入障壁のいろいろ

①最低必要資本量巨大化
②技術力の差
③製品差別化
④余裕生産能力の存在
⑤規制

結託のいろいろな形

①カルテル：取り決めをする
②トラスト：同業企業の合同
③コンツェルン：異業種企業グループを親会社が支配

一方的に高い独占利潤はいずれは崩れる

独占価格を崩す方向に作用する力

資本主義であるかぎり、一方的に高い利潤率は崩す力が働きます。現代では、グローバルな競争で、利潤率均等化が成立しやすくなっています。

● 独占資本主義段階でも見られた反対傾向

しかし独占資本主義の時代でも、一方的に高い独占利潤が永続するわけではありません。必需品の価格があまりに高いことは、一般民衆だけでなく他の資本家たちにとっても不都合なので、電力や運輸など必需品で一社独占が発生したら、価格を公定にするなり、国有化するなりするのが普通です。また、いくら参入障壁《さんにゅうしょうへき》を築いても、代替品《だいたいひん》が開発されたり、代替となる産業への参入が起こったりするかもしれません。競合品が輸入されるようになるかもしれません。

また、あまりに競争をさまたげる独占や結託は、ニーズに合わせた無駄のない労働配分を歪め、技術革新する気力をそぐので、資本家階級全体にとっても困ったことです。そこで多くの先進国では、独占禁止法が作られて結託行為などを禁止します。企業の側は「プライスリーダーシップ」など暗黙の結託《けったく》でそれを骨抜きにしようとしますが、長期的には抜け駆けが出て崩れたりもします。

● 利潤率均等化《りじゅんりつきんとうか》の傾向が強まっているのではないか

現代の大企業の多くは、数十年前と比べて規模こそ大きくなっていますけど、価格に対するコントロール力はかえって失われているといわれます。情報技術やロボットの発達で、たいていの部門で以前より新規参入が簡単になっています。一国内で見たら企業の吸収や合併で企業数が減ったように見えても、グローバル化で世界全体で市場がつながってきましたから、かえってライバルが増えています。業種の壁も国境も以前より容易に越えて、もうからないところからもうかるところへ移動する傾向が激しくなったと思います。再び均等利潤率が成り立つ傾向が強まっていると思います。

独占価格が崩れる時代

1980年代半ばまでの日本のビール業界

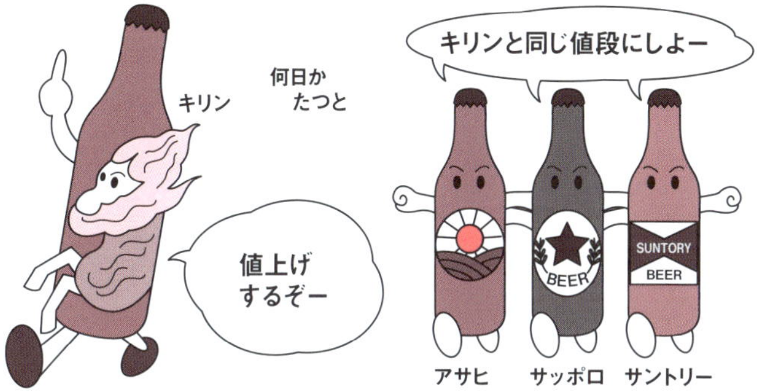
キリン
何日か
たつと
値上げ
するぞー
キリンと同じ値段にしよー
BEER
SUNTORY
BEER
アサヒ
サッポロ
サントリー

→80年代半ば以降くずれた
（1990年、大手4社「ビール自由価格宣言」）

世界中が一つの市場につながる大競争時代

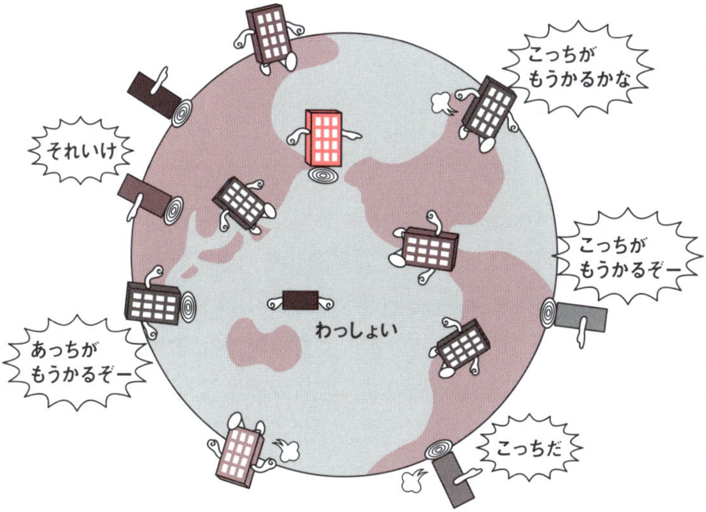
こっちが
もうかるかな
それいけ
こっちが
もうかるぞー
あっちが
もうかるぞー
わっしょい
こっちだ

COLUMN

新古典派経済学は資本主義擁護論の代表？

「新古典派」と言えば、資本主義擁護論の代表のようなイメージがありますが本当でしょうか。新古典派の創始者で、19 世紀終わりに一般均衡理論を打ち出したワルラス（1834-1910）は、終生、社会主義者を自認していました。彼にとって一般均衡の数学モデルは、資本主義経済の奥で働く長期傾向的な法則の描写でもありましたが、現実の資本主義では独占などの妨げがあってそれは素直に実現されないとされています。ですから、むしろ直接には彼の考える社会主義経済のしくみを表したものでした。

スウェーデンのウィクセル（1851-1926）は、ワルラス一般均衡理論をオーストリア学派の資本理論と組み合わせて、新古典派の理論体系を確立させました。しかしその理論は、資本主義擁護論ではなく、資本主義経済における資産格差の拡大や不均衡の累積を説明するものです。彼は労働組合運動や社会民主党を支援し、彼の葬儀には労働運動や社会主義運動の関係者が多数詰めかけて赤旗が林立したと言われます。

イギリスのマーシャル（1842-1924）は、ミクロ経済学の教科書体系を確立した人ですが、市場の失敗についても考察し、最低賃金や公的扶助の必要性を主張しています。そして、資本主義経済は将来は協同組合的経済に進化していくとの見通しを持っていました。これは、アソシエーション派の社会主義が目指していた未来像と同じです。

新古典派経済理論は、本来、資本主義擁護か批判かといった立場とは関係がない客観科学の手法です。これが資本主義擁護論の政治信条と不可分にくっついてしまったのは、経済学の歴史のなかでも、冷戦以降の比較的短い間のことだったと言えるでしょう。

第8章

本書と『資本論』の記述の異同

第3章から第7章までが、だいたい『資本論』の内容ですが、
本書の叙述には表面上、同書とだいぶ異なっている点があります。
投下労働量どおりの交換（価格）を前提としない、金貨幣論をとらない、単純労働力商品概念を使わない、利潤率低下法則を承認しない、
生産過程論から始めて搾取と蓄積を論じきり、
商品交換論は後回しにして資本循環につなげる順番をとる等です。
第8章では『資本論』の場合を解説しつつ、ちがいを説明します。

KEYWORD

労働価値説
転化問題
総計一致二命題
金本位制
労働力の再生産
利潤率の傾向的低下法則

マルクスが言ったように誤解されているが……

投下労働量に比例する価格を前提とするかどうか①

マルクスも、価格が「価値」(＝投下労働量)どおりになると言ったわけではありません。しかし価値どおりの価格の前提で議論を進めています。

● マルクスは価格は労働価値からズレると見なした

『マルクス経済学』といえば、普通は真っ先に**労働価値説**を連想します。それは、よくある理解では、「商品の価格はその商品を作るために必要な投下労働量に比例して決まる」という考え方を指します。しかし正確には、それはマルクスの言っていたことではありません。**彼のいう「価値」とは、値打ちの「正体」であり、商品どうしの交換割合である「交換価値」はそれが化けた「見た目」とされています**。その交換価値を貨幣で表したのが「価格」です。「見た目」が「正体」からズレるというのがマルクスの理屈の基本パターン。ここでも、価格は「価値」からズレるものとされています。マルクスの労働価値説では、投下労働量で決まるとされているのは「価値」のほうなので、価格がそれに比例しなくても当然とされます。

● 長期均衡価格でも労働価値からズレるのになぜ価値どおり？

ただし『資本論』の叙述《じょじゅつ》は、大半で「価値」どおりの価格を前提しています。まず「見た目」が「正体」を正確に表した場合を論じて、次いでそこからズレる様子を検討するのがマルクスの説明の定石だからです。しかし『資本論』冒頭の単純商品生産社会の前提のもとでならば長期均衡価格は「価値」どおりですが、同書大部分が扱う資本主義経済では、長《ちょう》期《き》均《きん》衡《こう》価《か》格《かく》たる生産価格自体「価値」からズレます。それなのに全三巻中第三巻途中に至るまで、「価値」どおりの価格の前提で叙述されています。これは『資本論』独特の搾取《さくしゅ》の論証のために当時必要だった叙述法ですが、化けっぱなしで二度と戻らない「正体」ならば、いったいどういう意味で「正体」扱いするのか、「価値」どおりの価格から叙述する意義が問われてしまいます。

『資本論』の説明　価格は「価値」からズレる

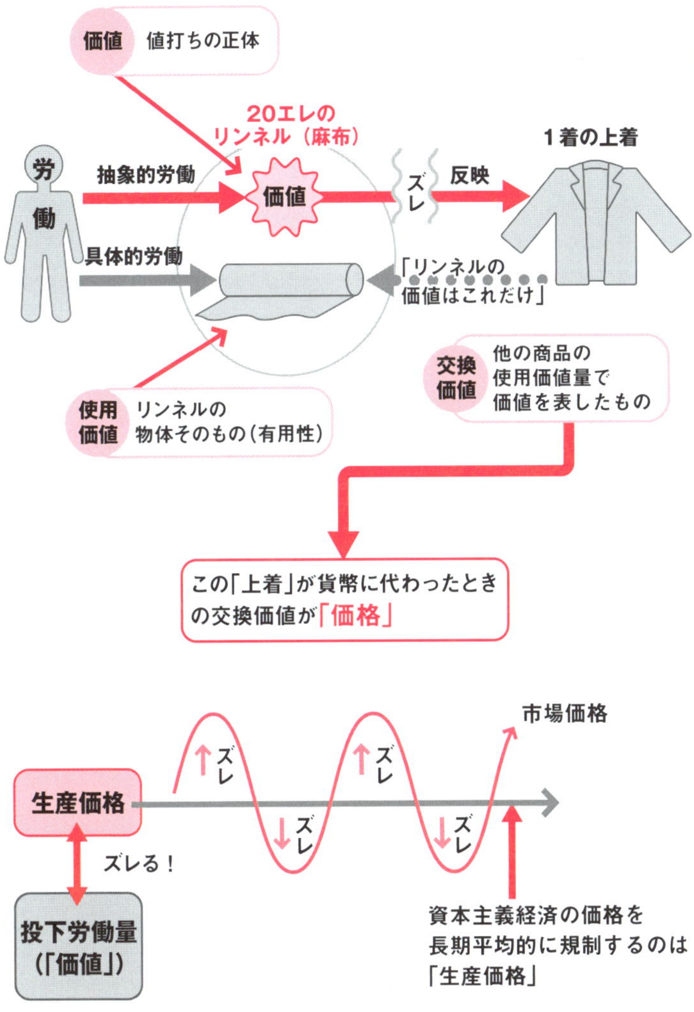

なぜ『資本論』の大半では、「価値」どおりの価格なのか？

本書では「価値」どおりの価格は前提としていない

投下労働量に比例する価格を前提とするかどうか②

価値どおりの価格を正当化していた「総計一致二命題」は両立しません。「マルクスの基本定理」は価値どおりの価格を前提せず搾取を論証します。

● 転化問題の結論——総計一致二命題は成り立たない

そこでマルクス経済学界では「**転化問題**」と呼ばれる問題が議論になりました。マルクスは、『資本論』第三巻で「価値」どおりの価格から生産価格を導き出したとき、全商品の生産価格総額が全商品の総「価値」と等しくなるよう価格の標準単位を定めると、利潤総額が剰余労働総量《じょうよろうどうそうりょう》に等しくなることを示しました（**総計一致二命題**《そうけいいっちにめいだい》）。これが成り立てば、「価値」どおりの価格を前提して論証した搾取《さくしゅ》命題が、「価値」どおりでない生産価格になっても成り立つことがいえます。しかしマルクスのこの生産価格導出は、費用が「価値」どおりのまま計算してたので、費用も生産価格で測ったときにはどうなるのかが後年問題となりました。その結果、総計一致二命題は、一般的な条件のもとでは両立しないことが証明されました。

● 本書の「投下労働量」は価格と縁を切って論じる

しかし現代の「マルクスの基本定理」では、利潤が労働の搾取にほかならないことが、どんな価格のもとでも成立することを証明できました。これで、「価値」どおりの価格を前提することは不要になりました。だから本書では、資本主義経済の説明において、一切「価値」どおりの価格は前提しないことにしました。もっとも、投下労働が商品の交換割合の「正体」だというとき、その交換割合の量的な規定《きてい》因《いん》という意義は不要になったのですが、なお重大な意義が残っていると思います。それは、本書第3章で説明した、市場社会でない場合も含む、社会一般で成り立つ総労働の配分という意義です。そこで、本書では価格論のイメージを避けるため、「価値」という言葉を使わず、終始「投下労働量」と呼んでそれを論じました。

『資本論』の「価値」から「生産価格」への転化

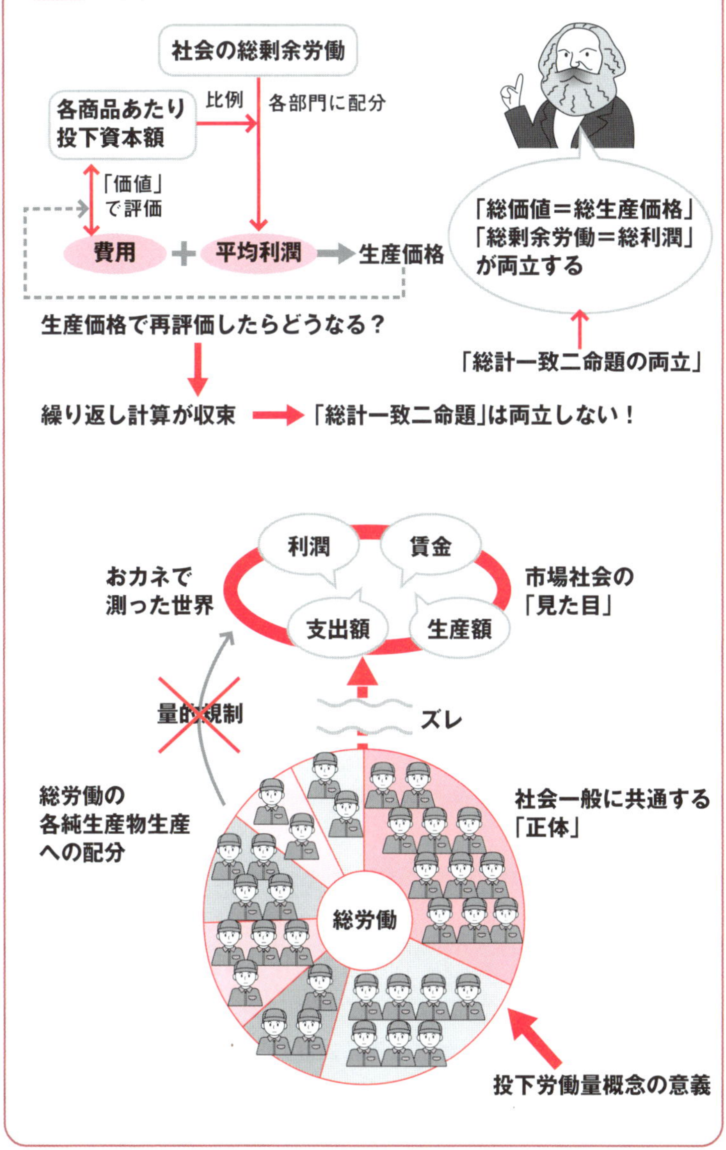
社会の総剰余労働
各商品あたり
投下資本額
比例
各部門に配分
「価値」
で評価
費用
平均利潤
生産価格
「総価値＝総生産価格」
「総剰余労働＝総利潤」
が両立する
生産価格で再評価したらどうなる？
「総計一致二命題の両立」
繰り返し計算が収束
「総計一致二命題」は両立しない！
利潤
賃金
支出額
生産額
おカネで
測った世界
市場社会の
「見た目」
量的規制
ズレ
総労働の
各純生産物生産
への配分
社会一般に共通する
「正体」
総労働
投下労働量概念の意義

『資本論』が書かれた時代は金本位制だったが……

貨幣を金と見なすかどうか

『資本論』は金が貨幣だという前提で書かれていますが、これは今日ではあてはまりません。金物体にこだわる立場は「唯物論」とは無関係です。

● 金はマルクスの時代には貨幣だったが今は廃貨されている

『資本論』が書かれた時代は、**金《きん》本《ほん》位《い》制《せい》**と言って、貨幣の正体は「金」だという制度がとられていました。日頃は紙のお札で流通していても、それを中央銀行に持っていったら、決まった重量の金貨と交換してくれたのです。それゆえ『資本論』では、貨幣は金であるとして話が進められています。しかし今日では地球上どこでも金本位制はとられていません。今日の貨幣は、紙のお札か銀行口座上の電子データになっていますが、中央銀行は金と交換してはくれません。だから、『資本論』の貨幣に関する議論で、金本位制を前提した話は今日ではあてはまらなくなっています。そこで本書では、金貨幣は一切前提とせず、歴史的記述としても触れていません。

● 貨幣の観念性を指摘することがマルクスの唯物論

ときどき、貨幣を金物体に帰着させるのが「唯物論」だとの声を聞きます。それは、「仏の本質は銅像だ」といって「唯物論」のつもりになるようなものです。マルクスの唯物論は、制度や宗教のような「観念」が人々の暮らしの都合に根拠を置いていると見るものです。その立場から、「観念」の一人歩きを批判しているのです。だから、あたかも実在物のように君《くん》臨《りん》する「観念」に対して、それが「観念」にすぎないと指摘することこそ、唯物論的な批判です。「仏の本質は人々の思い込みであり、それが生じる根拠は人々の暮らしや労働の状況にある」というように。同様に、「**金に力があるというのは共同の思い込みであり、それが生じる根拠は各自が私的判断で生産する市場社会のあり方にある**」というのが『資本論』の貨幣論の要点です。偶像なき宗教同様、金なき貨幣もあり得ます。

『資本論』の時代は金本位制

日本も1931年までは金本位制

10円日本銀行券　　　　日本銀行

交換

「此券引換二金貨拾圓
相渡可申候也」
(このけんひきかえにきんかじゅうえん
あいわたすべくもうしそうろうなり)

10円金貨

「観念」を「観念」と指摘するのが唯物論
制度や宗教といった「観念」は本来人々の暮らしの都合に根拠を置くべき
この立場から「観念」が一人歩きするのを批判するのがマルクスの立場

貨幣の本質

何でも買える
力を持っている
金

仏の本質

私を救って下さる
力を持っていらっしゃる
仏像

王の本質

エラい人だから
みんな従うべきだ
生身の
何の何世

賃金の「正体」についての『資本論』の説明は

労働力の再生産という概念をどうとらえるか①

『資本論』では労働と労働力を区別することで、価値どおりの交換から搾取を説明しましたが、なぜ賃金が労働力の価値どおりになるのでしょうか。

「労働力」の等価交換から労働搾取《さくしゅ》を導いた『資本論』

『資本論』では、「労働」と「労働力」とのちがいを強調しています。**「労働」は活動自体ですが、「労働力」とは「労働」を生み出す能力**のことです。この区別は、『資本論』が労働価値どおりの価格を前提として搾取を論証しようとしたために必要になったものです。つまり、価格が労働価値どおりなら、投入生産手段の価値に付け加えられる新価値はその部門の直接投入労働そのものです。もし、その労働どおりの価値を賃金として払ったら、利潤などあり得ません。しかし、労働者が資本家に売っているのは「労働力」だと考えれば、事態は説明できます。「労働力」も商品ですので、その価値はそれを再生産するために必要な労働で決まるというわけです。つまり、明日も元気に働けるよう労働能力を再生産するための生活物資の労働価値で決まるというわけです。すると、労働力商品に対して、何ら不正のない、労働価値どおりの価格として賃金を支払っても、実際に働かせる労働時間はそれとは関係なく増やせるので、資本家はその差の分を搾取できて、それが利潤になるというわけです。

労働力商品も他の商品と同じ価値規定メカニズムがあるか?

しかし、通常の商品が、近似的にでも労働価値どおりの価格になる傾向があるとしたら、それは、投下労働とくらべて引き合わない低い価格の商品の生産からは生産者が撤退して、投下労働と比べてもうかる高い価格の商品の生産に参入するメカニズムがあるからでした。その点、労働者は労働力以外の何も商品を作れないからこそ労働者なのです。だから、このような参入・退出のメカニズムを持ちません。なのになぜ労働力にも同じ説明をするのでしょうか。

『資本論』での搾取の論証

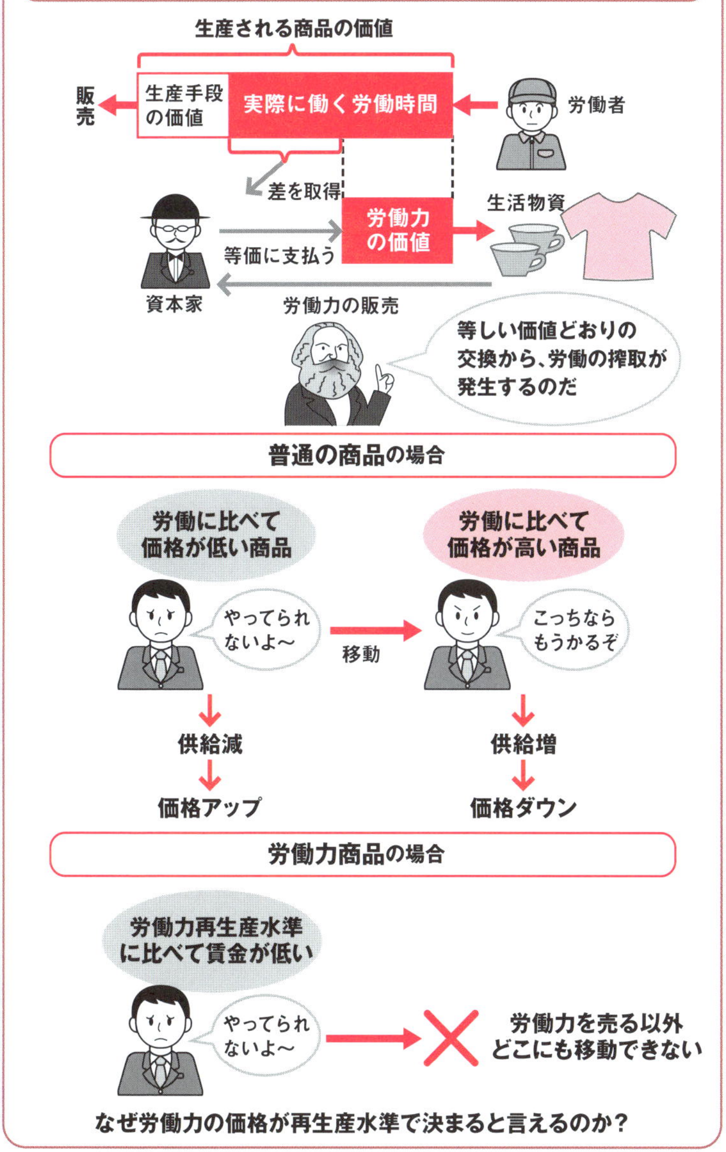
生産される商品の価値
販売
生産手段の価値
実際に働く労働時間
労働者
差を取得
生活物資
労働力の価値
等価に支払う
資本家
労働力の販売
等しい価値どおりの交換から、労働の搾取が発生するのだ
普通の商品の場合
労働に比べて価格が低い商品
労働に比べて価格が高い商品
やってられないよ〜
移動
こっちならもうかるぞ
供給減
価格アップ
供給増
価格ダウン
労働力商品の場合
労働力再生産水準に比べて賃金が低い
やってられないよ〜
労働力を売る以外どこにも移動できない
なぜ労働力の価格が再生産水準で決まると言えるのか?

本書は資本主義システムによって強いられた事態と見る

労働力の再生産という概念をどうとらえるか②

「マルクスの基本定理」では、賃金の決まり方や、賃金で買う財の種類にかかわらず搾取が論証できます。だから「労働力再生産」概念は不要です。

● どんな賃金でも搾取《さくしゅ》がいえるので「労働力再生産」概念は不要

現代では本書のように、「マルクスの基本定理」に従って、投下労働どおりの価格を前提せずに搾取の存在を論証できますから、**「労働力」概念は必要ありません。** 賃金の決まり方がどんな原理であってもかまわない。利潤があるかぎり、その賃金で買えるだけの財を生産するのにかかる投下労働量は、それをもらうために働いた労働量よりも必ず小さくなると言えるのです。

だから、本書では、「労働力」という言葉を使っていません。

● 本書では再生産賃金を資本主義に強いられたものと見なす

しかし、マルクス経済学界では、「労働力の再生産」という考え方を、価値どおりの交換の前提で搾取を論証するための手段というにとどまらず、非常に重視する傾向があります。他の商品同様、労働力も食事や衣類によって生産されるものととらえるところに、マルクス経済学の優位性を見ているようです。そして、この見方が、時代を超えて社会一般にあてはまると見なされてしまいがちです。

本書でも、たしかに資本主義経済の傾向では、賃金は暮らしを再生産する水準に抑えられると見ますが、これは資本主義システムによって強いられた事態だと見なしています。「社会的なことの一人歩き」の法則により、労働者の生産物のうち社会的に使われる機械や工場などは個々人の自由にならなくなり、労働者の自由にできるものは個々人の私生活を維持するものに限られるということなのだと思います。「社会的なことの一人歩き」なき社会では、労働者は生産されるのではなく、生産と享受の主体で、全純生産物《ぜんじゅんせいさんぶつ》の構成と使い道を、共同的・個人的な自己決定で自由に決めるのです。

「労働力再生産」概念は不要

「マルクスの基本定理」

どんな価格でも、どんな決まり方の賃金でも

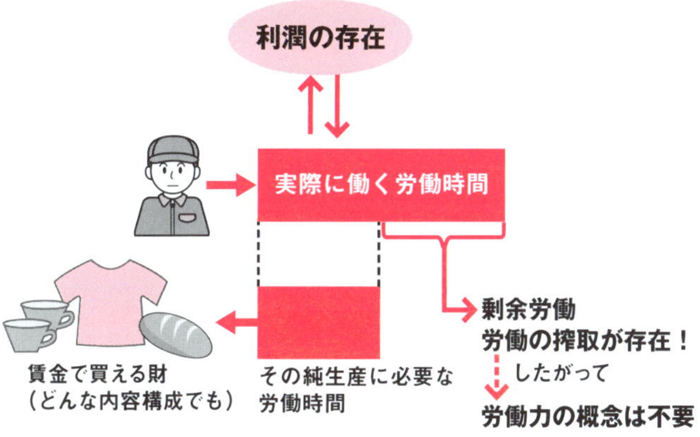

暮らしを再生産する水準に賃金が決まるのは
資本主義に強いられた事態

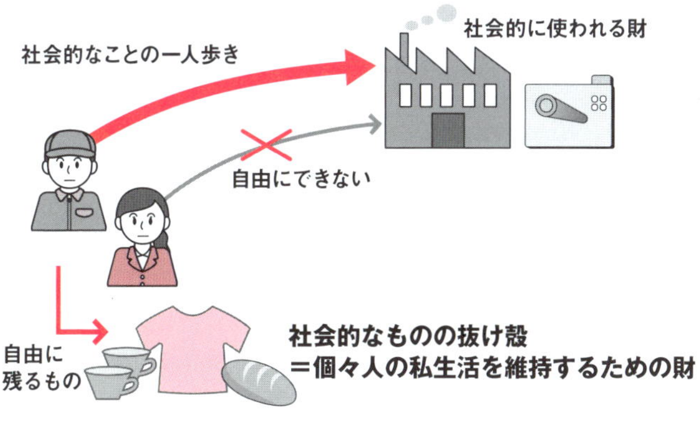

これも「社会的なことの一人歩き」の図式の一種だ！

既存秩序に個人が規制されることを肯定していいの?

個人に先立つ全体的な客観法則を認めるかどうか

伝統的マルクス経済学では個人に先立つ法則に個人が規定される見方をしますが、本書では全体的なことを個々人から根拠づける見方をします。

● 伝統的マルクス経済学の客観法則志向

そもそも、労働力再生産水準とはどんな水準でしょうか。ある人は、身だしなみに無《む》頓《とん》着《ちゃく》で、別の人は車がなくても生きていける。持ち家がなくてもいい人もいます。そうすると、衣類にカネをかける人、車を持つ人、家を持つ人等々は再生産を超える消費をしているのでしょうか。伝統的なマルクス経済学で「労働力再生産」という概念を重視する人は、このような個人の消費選択については重視せず、何か標準的な生活が社会的に確定すると見なすようです。

このような志向に加えて、伝統的なマルクス経済学が、唯物史観のことを、個々人の暮らしの都合を離れた「客観法則」と見なしていたことを思い出しましょう。さらにいえば、本書では「搾《さく》取《しゅ》」という言葉を頻繁に使っていますが、伝統的なマルクス経済学では、こんな批判的な価値観を込めた言葉は実はあまり使わず、「剰余価値」のような客観的イメージの言葉を使う傾向があります。

つまり、個々人を超えた全体的な客観法則が先にあって個々人を規定するという見方です。マルクス経済学はこれを探ろうとする点で主流派経済学よりも優れていると自認されているようなのです。

● 本書は個々人の都合を究極の根拠にする立場

それに対して本書では、個々人の都合のほうを根拠にして全体的なことを基礎づけようとします。全体的なことが個々人を離れて、個々人がそれに規定された振る舞いをせざるを得なくなるしくみは分析しますが、それは批判的な価値観を込めてのことです。個々人の感じる都合を超えた全体的な原理を、先験的に持ち出すことはしないのです。そしてこれは主流派経済学本来の立場でもあります。

本書は「個々人の都合」を究極の根拠にしている

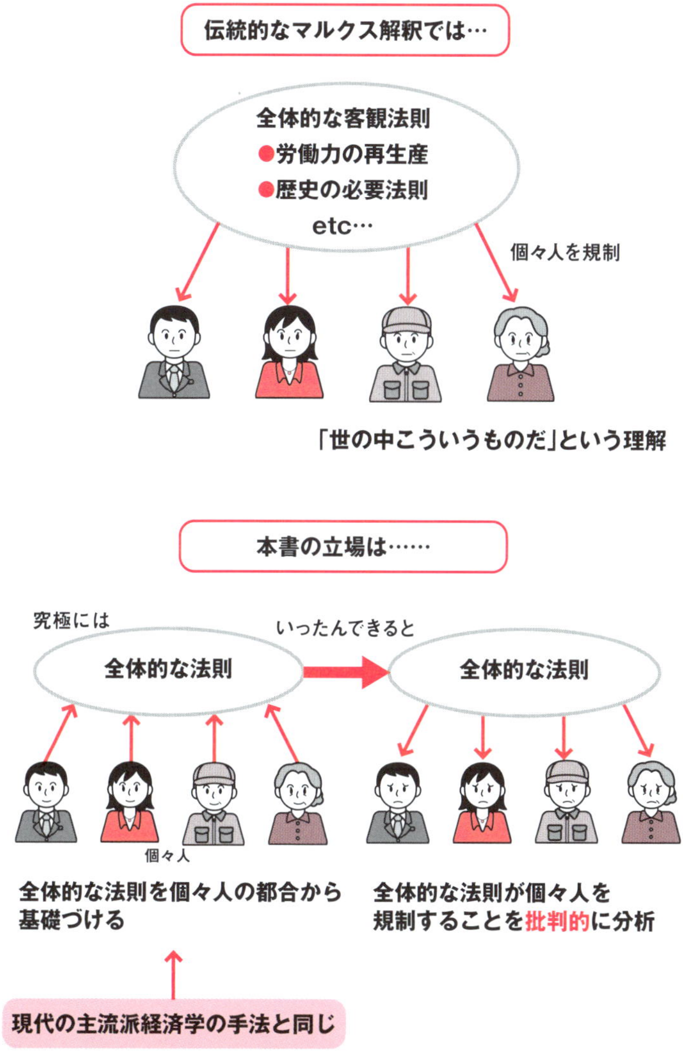

機械化が進んで人手がいらなくなることで利潤は低下する？

利潤率の傾向的低下法則を認めるかどうか

マルクスは、「有機的構成」が高まる技術進歩の結果、利潤率が低下すると論じましたが、実質賃金率の上昇なくこのような技術は選ばれません。

利潤率が下がっていく！—— マルクスによる論証

『資本論』第三巻では、有名な「利潤率の傾向的低下法則」が論じられています。これは、「資本の有機的構成の高度化」によって利潤率が低下するという議論です。「資本の有機的構成の高度化」というのは、要するに機械化が進んで人手がいらなくなることをイメージすればいいのですが、『資本論』では、生産手段の投下労働量（C）の、労働者の消費財の投下労働量（v:賃金相当分）に対する比率の上昇で表されています。利潤率とは、前払いされた投下資本額に対する利潤の比率です。しかし『資本論』では「総《そう》計《けい》一《いっ》致《ち》二《に》命《めい》題《だい》」が成り立つとされているので、価格で測るのも投下労働量で測るのも総計では同じなので、それは剰余労働（m）のC+vに対する比率で表されています。するとたしかにC/vが上がると利潤率は下がります。

置塩による擁護と否定

これに対しては、C/vが上がっても、搾《さく》取《しゅ》の度合いであるm/vが上昇すれば利潤率はどうなるかわからないとの批判がありました。置《おき》塩《しお》信《のぶ》雄《お》はこれに対し、有機的構成は、生産手段の投下労働量の、労働投入総量（N＝v+m）に対する比で表すべきだとし、有機的構成の逆数N/Cは利潤率の上限だから、有機的構成が高度化したら利潤率はやがて低下せざるを得ないと論じました。ただし、実はこの有機的構成は、歴史的に見てほぼ不変です。機械化で労働生産性が上昇したら、生産手段の投下労働量も減るからです。また置塩は、実質賃金率の上昇に見舞われない限り、結果として均等利潤率が下がる技術選択を資本家はしないことを証明し、利潤率低下法則を否定しました。本書でもこの法則は認めない立場をとっています。

利潤率の傾向的低下法則

C：経済全体で使われる総生産手段の「価値」

v：経済全体の総労働力の「価値」

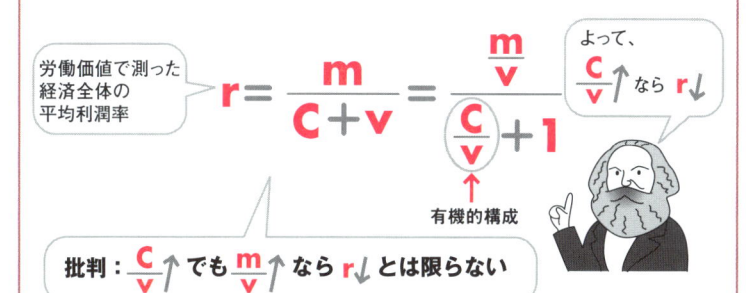

m：利潤にあたる「価値」＝剰余労働

労働価値で測った経済全体の平均利潤率

$$r=\frac{m}{C+v}=\frac{\frac{m}{v}}{\frac{C}{v}+1}$$

$\frac{C}{v}$ ↑ 有機的構成

よって、$\frac{C}{v}$↑ なら r↓

批判：$\frac{C}{v}$↑ でも $\frac{m}{v}$↑ なら r↓とは限らない

置塩信雄の反論

有機的構成は、$\frac{C}{N}$ で表わすべきである。

労働投入総量 $N=v+m$

$$\frac{C}{N}=\frac{死んだ労働}{生きた労働}$$

$$r=\frac{m}{C+v}<\frac{v+m}{C}=\frac{N}{C}$$

$\therefore \frac{C}{N}$↑ なら r の上限↓

しかし 置塩による利潤率低下法則否定

- $\frac{C}{N}$ は歴史的にほぼ不変
- 実質賃金率の上昇がなければ、利潤率が下がる技術は採用されない

価格を投下労働量から切り離すから順番がちがってくる

『資本論』と本書との順序のちがい

投下労働どおりの価格なら、一資本の資本循環で全経済の再生産が言えますが、本書では、ヒトとヒトとの依存関係を価格次元より先に論じます。

● 価格次元の記述が本質次元の話にもなっている『資本論』

『資本論』と本書の叙述の対応表を作ると右のようになります。

『資本論』は、社会の「正体」のヒトとヒトとの依存関係で成り立つ投下労働量のシステムが、そのままモノとモノとの交換関係である価格に反映されている前提で話を始めています。だから、ある一つの代表的企業の資本の運動に焦点をあてて、価格で成り立つ世界を記述しながら、それがそのまま社会全体のヒトとヒトとの依存関係の記述になります。後になって、価格が投下労働量からズレる話をすればいいだけです。これは非常に便利な記述ですが、そこに書かれていることが直接現実の個々の企業で起こることのような誤解を生みます。ある資本家個人の得た利潤が、そのまま彼の配下の労働者がもっぱら作り出したものであるかのような。

● まず投下労働量概念のレベルだけで論じる本書の順番

本書では、資本主義経済では価格が投下労働量から切り離されていることを最初からふまえて記述するので、まずは「モノとモノとの交換関係」の価格の世界には詳しくは触れず、社会の「正体」たる「ヒトとヒトとの依存関係」の次元だけで言えるかぎりのことを、搾取から蓄積まで論じてしまうことにしました。『資本論』では、冒頭で、「モノとモノとの交換関係」が「ヒトとヒトとの依存関係」をいかに反映し、そこから一人歩きするかを論じているのですが、本書ではそれは、「ヒトとヒトとの依存関係」次元での話が一通り終わったあとにまわしてあります。そして、その後、「ヒトとヒトとの依存関係」からは離れた「モノとモノとの交換関係」の一人歩きとして、資本循環や利潤率の話をもっぱら価格次元で論じました。

『資本論』と本書の叙述の対応表

『資本論』の構成	本書の対応章
第1部：資本の生産過程	
第1編．商品と貨幣	第6章
第2編．貨幣の資本への転化	第4章
第3編．絶対的剰余価値の生産	
第4編．相対的剰余価値の生産	
第10章．相対的剰余価値の概念	
第11章．協業	第5章
第12章．分業とマニュファクチュア	
第13章．機械と大工業	
第5編．絶対的および相対的剰余価値の生産	第4章
第6編．労賃	略
第7編．資本の蓄積過程	第4章
第21章．単純再生産	
第22章．剰余価値の資本への転化	
第23章．資本主義的蓄積の一般的法則	
第24章．いわゆる本源的蓄積	第5章
第25章．近代的植民理論	
第2部：資本の流通過程	第7章
第3部：資本主義的生産の総過程	

COLUMN

日本でのマルクス研究②
大塚久雄と山川均

講座派の影響からは、日本社会に前近代的なところが残っている点を嫌い、個人が自立した「市民社会」を志向する論者が生まれます。日本の生んだ独創的な経済史家、大《おお》塚《つか》久《ひさ》雄《お》(1907-1996) もその一人と言えます。大塚は、マックス・ウェーバーとマルクスの理論を合体させて、「大塚史学」と呼ばれる独自の経済史理論を作りました。――イギリスを典型とする西欧では、封建領主の支配が緩んで事実上の自営農民が生まれ、彼らが毛織物生産などの商売を始めて、ある者はのし上がって人を雇うようになり、ある者は没落して雇われて生活するようになる。この過程で、もうけを合理的に蓄積にまわす姿勢を作ったのが、ウェーバーの言う、宗教改革後の禁欲的プロテスタント教の倫理だ。――このように、自立した個人の自由な市場取引から西欧の本源的蓄積を描写したのです。

他方、労農派は、もともと共産党の党エリート主導の外部注入論に対抗して生まれたものです。リーダーの山《やま》川《かわ》均《ひとし》（1880-1958）は元サンジカリストで、レーニンを知る以前からのマルクス主義者として、福本和夫のエリート主導論と論争。共産党とちがう幅広い大衆の共同戦線党を志向しました。

山川には、『資本論』を勉強するために、まず当時の新古典派王道のマーシャルから経済学を学びはじめたエピソードがあります。また後年、ソ連は社会主義ではないとして、「国家資本主義」だとも言っています。1956年のハンガリーの共産党独裁打倒の革命をソ連軍が鎮圧した事件に際して、多くのマルクス主義者がソ連を擁護したとき、山川は、ソ連による過酷な搾取を原因にあげ、ハンガリーには人民民主主義も社会主義建設も存在しなかったと言い切りました。しかしこの志向は当時の社会党左派の弟子たちからは敬《けい》して無視され、山川の死後彼らはソ連批判の姿勢を失っていきます。

第9章

マルクス経済学の今後の課題

第9章では、マルクス経済学が今日取り組むことを迫られている課題を、私見で並べてみました。ここであげた課題が迫られているのは、「マルクス」を自ら名乗っているかどうかに関係ありません。資本主義経済の働きに批判的で、かつ、近代の承認と「社会的なことの一人歩き」の批判という志向を持つ立場の経済学をすべて指しています。これらの課題を解く際には、現代の主流派経済学のすべての成果を摂取する必要があります。

KEYWORD

ゲーム理論
アナリティカル・マルクス主義
厚生経済学
社会選択理論
経済の長期理論・短期理論
マルクスの国家論
市場社会主義
アソシエーショニスト
商人道

いま、近代経済学の最先端はマルクスと同じことをしている

「社会的なことの一人歩き」の図式を精緻化する

「社会的なことの一人歩き」の基本図式は、現代的なゲーム理論による制度分析で表されます。行動経済学や進化経済学はこれを補完できます。

● ゲーム理論を使った制度分析として現代化している

個々人の間で直接相互調整できないことから「社会的なことの一人歩き」が起こるという、マルクスの基本的な社会図式は、今日の主流派経済学では、「新制度派経済学」「法と経済学」「比較制度分析」「契約理論」等々の分野で、**ゲーム理論を使った制度分析**としてなされている手法と同じです。同様な手法を導入した現代の数理的な経済史は、マルクスの唯《ゆい》物《ぶつ》史《し》観《かん》を現代化しているものといえるでしょう。しかし、これらの研究では、たしかに、現状よりも全員が改善される秩序が別にある場合とか、各自の合理的自己最適化行動の相互作用で破滅に向かうケース（各自非国民扱いされたくなくて勇ましい言動をして勝てない戦争に向かう等）は、明白な「望ましくない事態」として分析できますが、それでマルクスが問題視した事態がすべてカバーできるわけではありません。

● 必ずしも合理的でない判断をするケースをどうとらえるか

現実の深刻なケースは、一人歩きした社会的な観念を、単なる他者の行動の客観予想としてだけでなく、ある程度主観的に肯定して受け入れたために起こる場合があります。皆が独裁者を崇拝しているように見えると、従わないと不利になるからではなく、本当に彼にひれ伏してしまうこと等です。こうしたことを分析するためには、「行動経済学」の知見や「進化経済学」の手法が必要です。またこれに「悪いこと」という判断をするには、各自の厚生判断を意識・感情のどのレベルでするのか、押しつけにならない実践はどうすればいいかという課題が生じます。つまり、浅い表面の意識では自発的でも、実はそれで苦痛にさらされる他人にどうかかわるかの問題です。

マルクスの基本的社会図式を精緻に分析

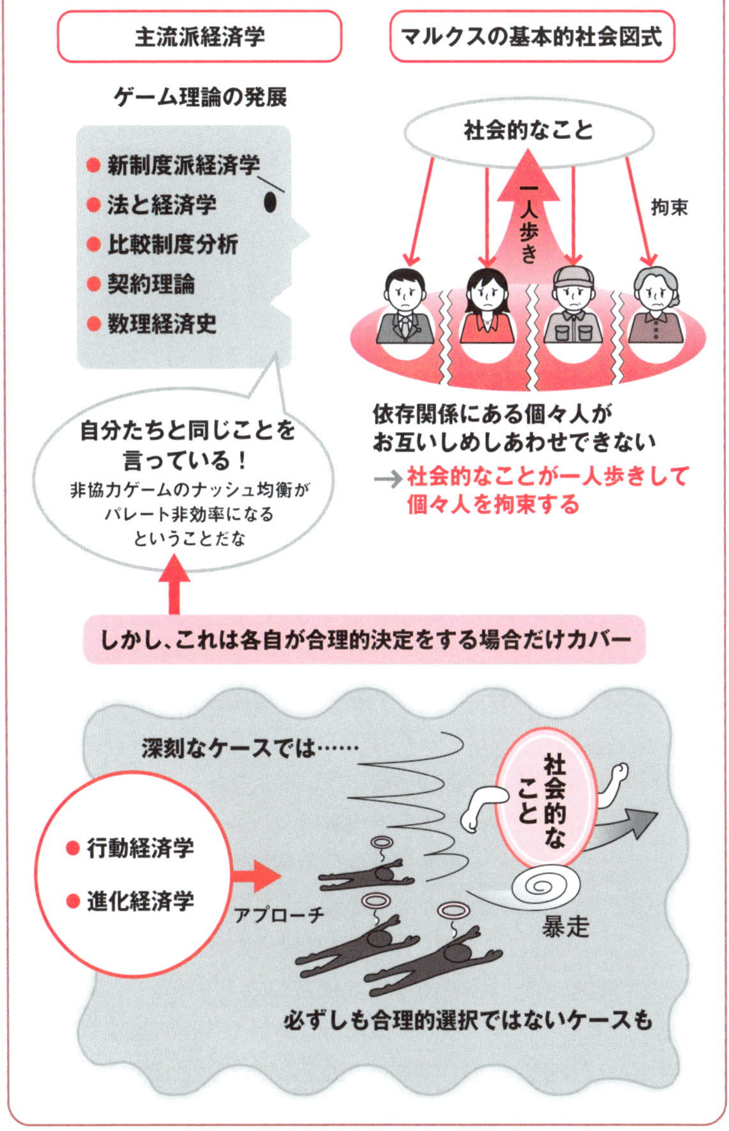

主流派経済学
ゲーム理論の発展
● 新制度派経済学
● 法と経済学
● 比較制度分析
● 契約理論
● 数理経済史
マルクスの基本的社会図式
社会的なこと
一人歩き
拘束
依存関係にある個々人がお互いしめしあわせできない
→社会的なことが一人歩きして個々人を拘束する
自分たちと同じことを言っている！
非協力ゲームのナッシュ均衡がパレート非効率になるということだな
しかし、これは各自が合理的決定をする場合だけカバー
深刻なケースでは……
● 行動経済学
● 進化経済学
アプローチ
社会的なこと
暴走
必ずしも合理的選択ではないケースも

たとえば「打倒された独裁者」の「悲しみ」はどう正当化される?

厚生経済学や社会的選択理論の課題を考える必要

恵まれた誰かに負担をかけて人を救うことがどう正当化されるかは、現代的な規範理論で議論されています。この課題も考える必要があります。

● この本の一番基本的な図式はみんながトクできる変革

この本は、普通の左翼的問題意識にあえて逆らって、豊かな人の所得を貧しい人に再分配すべきかどうかを二義的に扱っています。本書の批判する「社会的なことの一人歩き」は、一番大ざっぱな本質図式では、いわば全員が被害者になります。「搾《さく》取《しゅ》」についても、誰の胃袋にも入らない蓄積の一人歩きのほうを本書では本質的問題と見なします。つまり、これを減らせば、労働者も資本家も本質的にはみんな暮らしが楽になります。こうした事態は、ゲーム理論や社会心理学で「**協調の失敗**」とか「**社会的ジレンマ**」と呼ばれている状況で、うまく協調を作って移行コストを減らせるならば、みんな状況が改善されるのが望ましいことに誰も異論はないでしょう。

● 損する人が出るなら、厚生経済学や社会的選択理論の課題

それに対して一橋大学の吉《よし》原《はら》直《なお》毅《き》教授ら、**アナリティカル・マルクス主義**の論者は、資産の不平等から、得する者と損する者が帰結することを問題の焦点にします。これを「改善」するには、恵まれた誰かの境遇が現状より下がらないといけません。これがなぜ「望ましい」といえるかは、簡単には決着のつかない問題です。そこで、ロールズやセンなどの、**厚生経済学**や**社会的選択理論**、**道徳哲学**の業績をふまえ、富の分配にとっての望ましい基準が検討されています。ひるがえってこの本のマルクス解釈でも、図式を現実に近づければこの課題から逃げられません。望ましい秩序移行で、実際には支配階級の者など、現存秩序に既得権があって移行で損する人がでてしまうからです。これが少数者だからいいという理屈では、障害者に損をさせる移行も少数者ならいいのかということになります。

本書とアナリティカル・マルクス主義の問題の焦点のちがい

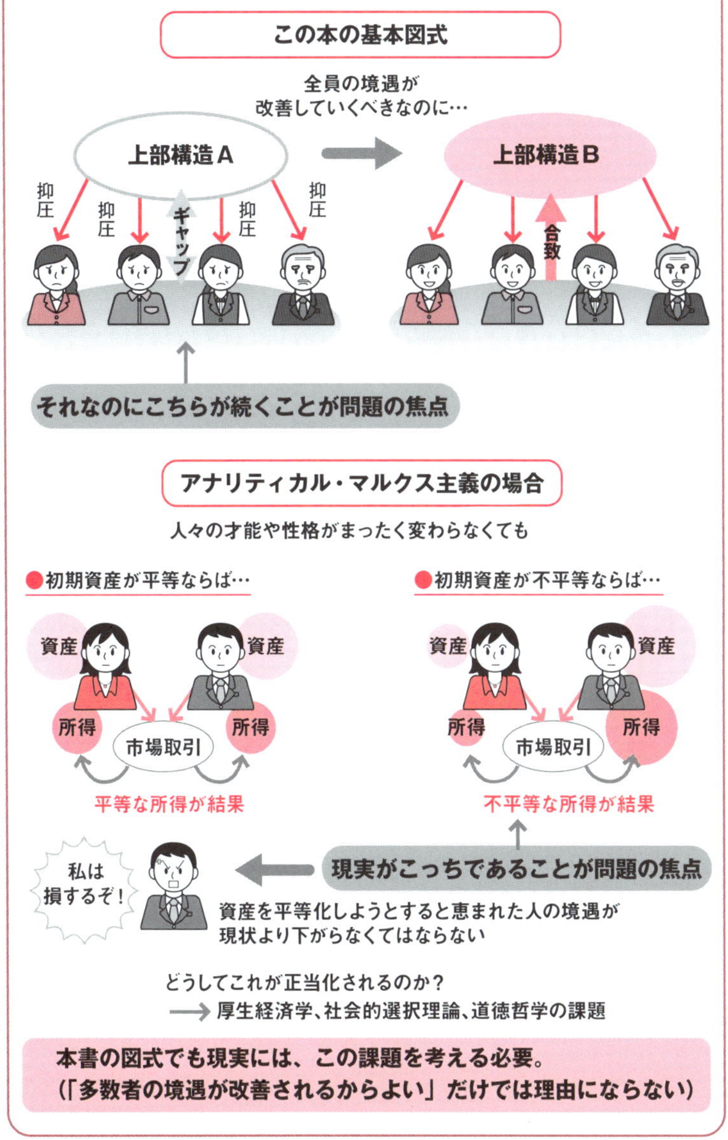
この本の基本図式
全員の境遇が
改善していくべきなのに…
上部構造A
上部構造B
抑圧
抑圧
ギャップ
抑圧
抑圧
合致
それなのにこちらが続くことが問題の焦点
アナリティカル・マルクス主義の場合
人々の才能や性格がまったく変わらなくても
初期資産が平等ならば…
資産
資産
所得
市場取引
所得
平等な所得が結果
初期資産が不平等ならば…
資産
資産
所得
市場取引
所得
不平等な所得が結果
私は
損するぞ！
現実がこっちであることが問題の焦点
資産を平等化しようとすると恵まれた人の境遇が
現状より下がらなくてはならない
どうして これが正当化されるのか？
厚生経済学、社会的選択理論、道徳哲学の課題
本書の図式でも現実には、この課題を考える必要。
（「多数者の境遇が改善されるからよい」だけでは理由にならない）

『資本論』の分析は長期理論が大半

「短期」と「長期」をどうつなぐか

経済の長期均衡が、短期的な不均衡の動揺の長期平均として成り立つというマルクスの立論は、まだきっちりと理論的に定式化されていません。

●「長期」は均衡理論《きんこうりろん》、「短期」は不均衡理論

経済理論で未解明の大きな課題は、「短期理論」と「長期理論」をどうつなぐかという問題です。マルクスが『資本論』で分析した経済の姿は、均等利潤率《きんとうりじゅんりつ》・生産価格のシステムでした。これと裏腹の関係にあるのは、すべての財がバランスのとれた成長をするシステムでした。ここでは、市場の不均衡はなく、生産手段もきっちり正常に利用されます。これは新古典派成長論の理論モデルと同じ想定です。もちろんマルクスは現実の各瞬間がこのとおりになっていると見なしたわけではなく、資本主義体制の長期的な再生産のしくみを分析するために必要な抽象化だったのです。現実の短期的な各局面では、市場価格が生産価格からズレて動揺します。その裏には、財の需要供給の不一致とか、生産手段の過度利用や遊休などがあるわけです。このような不均衡が生じる原因は、財の需要に直接つながらない**貨幣保有の変動**にあるというのが『資本論』でも示唆されていることで、本格的には**ケインズ理論**によって展開されました。

●常に動揺する運動の平均として長期を設定する課題

これまでの経済学では、短期理論は不況やインフレの理論など、長期理論は成長論などと、それぞれそれなりに対応する現実を説明できるよう発達してきました。しかし、**両者をつなぐときに、主流派経済学は、短期の描く世界が長期にスムーズに収束すると見なしています**。まさにこのことによって、現実の変動の予想のために役に立てないでいるのです。**マルクスはこれとちがって、景気循環などで常に動揺し続ける短期の変動をならした平均として長期が成り立つと見ました**。これを数学的に精緻化《せいちか》することが課題となります。

『資本論』は長期分析

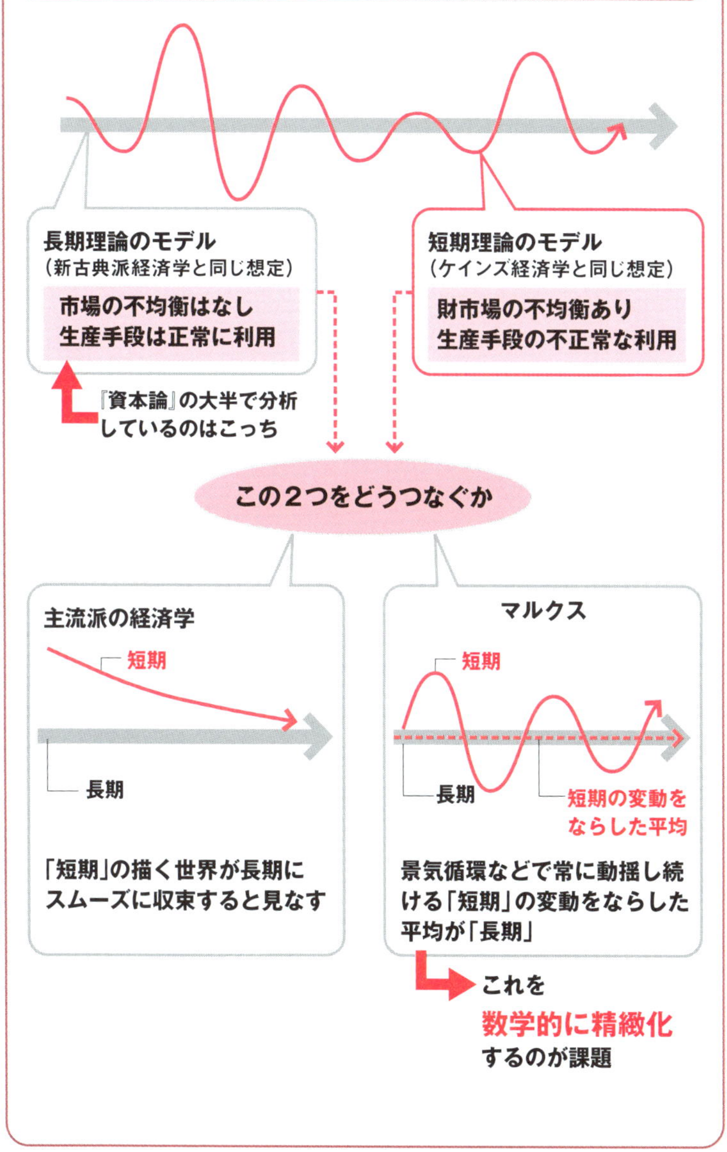
長期理論のモデル
（新古典派経済学と同じ想定）
市場の不均衡はなし
生産手段は正常に利用
『資本論』の大半で分析
しているのはこっち
短期理論のモデル
（ケインズ経済学と同じ想定）
財市場の不均衡あり
生産手段の不正常な利用
この2つをどうつなぐか
主流派の経済学
短期
長期
「短期」の描く世界が長期に
スムーズに収束すると見なす
マルクス
短期
長期
短期の変動を
ならした平均
景気循環などで常に動揺し続
ける「短期」の変動をならした
平均が「長期」
これを
数学的に精緻化
するのが課題

「総資本の意思」が貫くしくみは厳密化できるか

マルクスの国家論はどう完成されるべきか

資本主義経済の順調な長期的再生産のためのルールの体系としての国家は、個々の有力者勢力の特殊利害に偏した政策の、長期平均として実現します。

■「総資本の意思」は目の前ではどこにもない

マルクスの国家論は未完成といわれます。資本主義社会の国家は、さしあたり、**総資本の意思**だとされますが、資本家階級全体の意思決定をして政治を動かす「奥の院」があるわけではありません。おカネを渡して政治を買収する個々の資本家はいるでしょうけど、資本家階級全体が買収をするわけでもありません。「総資本の意思」という意味は、**一つの資本主義経済全体の順調な長期的再生産にとって必要な法制度や政策体系**ということですが、そんなものが、個々の資本家や政治家や官僚にわかっているわけではありません。ではどうそれが国家意思に反映されるのでしょうか。

■個々の資本家や政治家による偏差を長期平均して成り立つ

私の解釈するマルクスの国家論は、「生産価格と市場価格の関係」と似た図式になっています。短期的にはあれこれの資本家や政治家の利害や思惑に引きずられて、**政治は常に「総資本の意思」からズレているのですが、一方向へのズレはやがて別方向へのズレで相殺されて、長期平均すると「総資本の意思」が無意識的に成り立つ**というわけです。経済理論の場合と同様、ここでも、「長期」と「短期」の関係を厳密に分析することがこれからの課題になります。

特に現代では、資本主義経済はグローバルに一体化していますので、その順調な再生産のための制度・政策も全地球的です。しかし、短期的には資本家や政治家が民族ごとの利害に分かれて、国ごとにバラバラに政策がそこからズレたり、特定の資本家の利害に引きずられてズレたりします。このズレを相殺して長期的に「総資本の意思」が貫くしくみを厳密化することは、今日とても有益な課題です。

マルクスの国家論は価格論と同じ図式

価格論	国家論
長期：生産価格	長期：総資本の意思 （資本主義経済全体の順調な再生産にとって必要な法制度や政策体系）
↓ 長期平均的規制	↓ 長期平均的規制
短期：市場価格	短期：あれこれの資本家や政治家の利害・思惑に引きずられた政策

特に現代では……

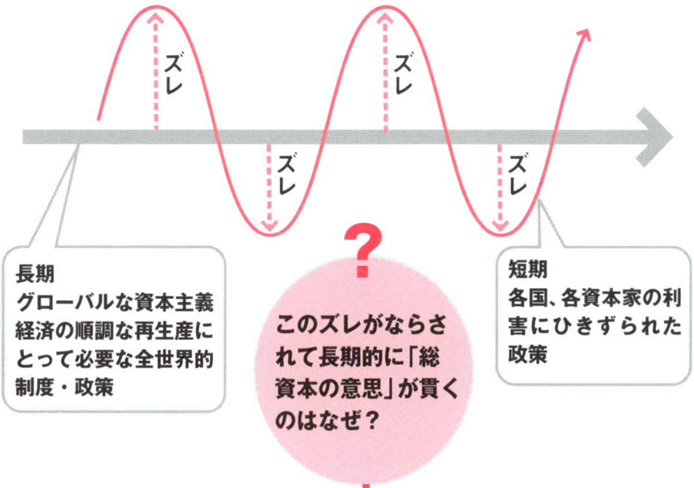

→ このメカニズムの解明が必要

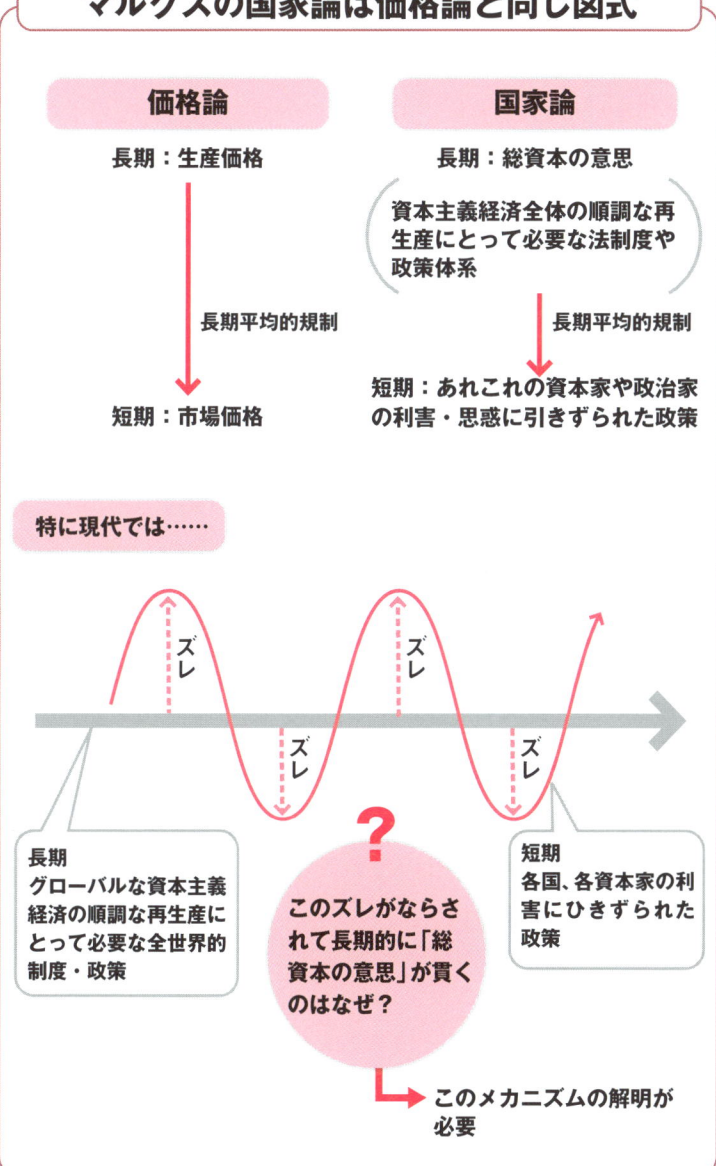

マルクス経済学の三つの特徴からわかること

現代経済の分析にマルクス経済学はどう役立つか

マルクス経済学の三つの特徴から現代経済を分析する一例として、少子高齢化による均衡蓄積減と、賃金分配低下による消費率減の矛盾が導けます。

マルクス経済学の三つの特質

では現代経済を分析するために、今後マルクス経済学は、他の経済学と比べてどのように役立つといえるでしょうか。ここで、マルクス経済学の特質を三つあげてみます。① 投下労働量概念を使って「ヒトとヒトとの依存関係」に立ち返った把握をすること。② 人々の暮らしや生産の事情、とりわけ技術状況から歴史を説明する唯物史観。③ 労働者と資本家では行動がちがうという階級的見方。

① 投下労働概念を使った「ヒトとヒトとの関係」把握

少子高齢化の影響のような長期的視野での経済構造の変化を、投下労働量概念を使って検討できます。人口減や社会のニーズの変化に合わせて、総労働を各仕事にどう配分することになるか計算し、たとえば、蓄積財のための労働配分を減らすべき度合いがわかります。

② 技術状況から歴史の移行を説く

ME化、IT革命等の技術革新、それによるグローバル化から、どのような社会変化がもたらされたのか分析できます。たとえば、これまでの熟練が解体されて、国内外の労働者間の競合が起こり、労働強化や賃金抑制がまかり通るようになったことなどです。

③ 階級的見方による分析

たとえば、所得水準や、賃金・利潤の所得構成のちがいによって消費決定が変わることを考慮に入れた現代的な動《どう》学《がく》的《てき》一《いっ》般《ぱん》均《きん》衡《こう》モデルは、まだ十分開発されていません。このような階級による行動のちがいを重視すれば、所得分配のいかんで、経済全体の消費と蓄積の割合が変わってくることが言えます。すると、①の少子化による均衡蓄積の低下と、②の労働競合の結果との間の矛盾等が分析できます。

マルクス経済学で現代経済を分析

マルクス経済学 特徴❶

投下労働量概念を使った「ヒトとヒトとの依存関係」に立ち返った把握

たとえば……

- 人口減
- 高齢化

各純生産物のための総労働の配分はどう変わる？

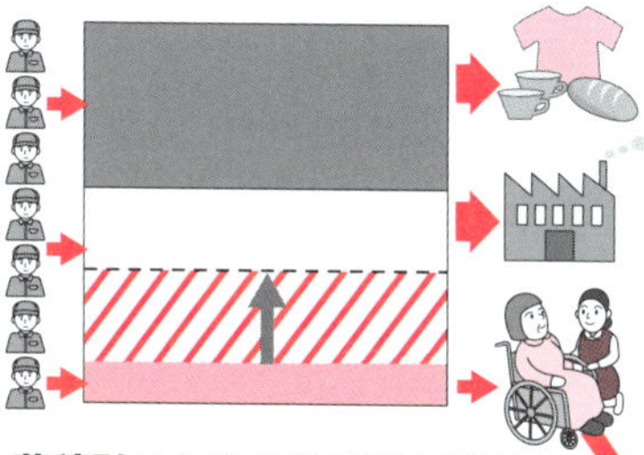

蓄積財のための労働配分低下がどれだけかがわかる

マルクス経済学 特徴❷

技術状況から歴史を説明する唯物史観

たとえば……

ME化、IT革命

↓

これまでの熟練の不要化

- 非正規社員への置き換え
- 工場の海外移転

↓

賃金抑制、労働強化

→労働分配率低下

矛盾する？

マルクス経済学 特徴❸ **階級的見方による分析**

たとえば……

- 所得水準
- 所得構成（賃金／財産所得）
- 資産？

将来を見越した最適化

↓

→消費と貯蓄の割合のちがい？

技能の形成が制度や戦略に影響する

複雑労働力の生産と労働者間関係の分析

複雑労働力についての理論的分析はまだ十分ではありません。このためのゲーム理論分析から、条件に合わせた制度や労働者の戦略が導けます。

■ 複雑労働力生産の分析は十分発達していない

『資本論』でもその後のその数理的展開でも、基本的には労働が単純労働一種類である想定で扱われてきました。単純労働力の「再生産」なるものは、本来は人間の目的である消費生活が、「モノとモノ」の「見かけ」の世界で転倒して映る擬制《ぎせい》にすぎません。それに対して複雑労働力の技能形成・維持は、普通の財の生産と同様の生産活動です。普通の財の生産が、第3章で見たように、その直接生産や投入する生産手段の生産のために総労働の一環を必要とするのと同じで、複雑労働力生産にも教育・研修や医療、主婦労働やある種の消費まで、世の中全体の総労働の一環を必要とします。これらの活動のあり方を複雑労働力生産という視点から統一的に説明することは、まだ十分行われているとは言えません。

この問題を分析するためには、国内外の種類の異なる労働者間の関係にゲーム理論を応用する必要があります。これは主流派のゲーム理論分析でこれまで比較的扱われてこなかったテーマです。また、**比較制度分析**という分野で日本型《にほんがた》雇用《こよう》慣行《かんこう》の成立根拠が取り上げられたときのように、複雑労働力形成のためということを根拠にして、いろいろな制度・慣行とか性役割分業などを説明できるでしょう。資本家階級の階級支配の成立根拠自体、種類の異なる労働者間のゲーム理論モデルによって説明できるかもしれません。

前項で現代の技術がこれまでの熟練を解体したことの影響について課題にあげましたが、上のようなゲーム理論の制度分析では、このような技術条件などの変化によって、制度や、労働者のとるべき戦略が、どのように変わるのかを分析することができるでしょう。

複雑労働力生産のゲーム理論による分析

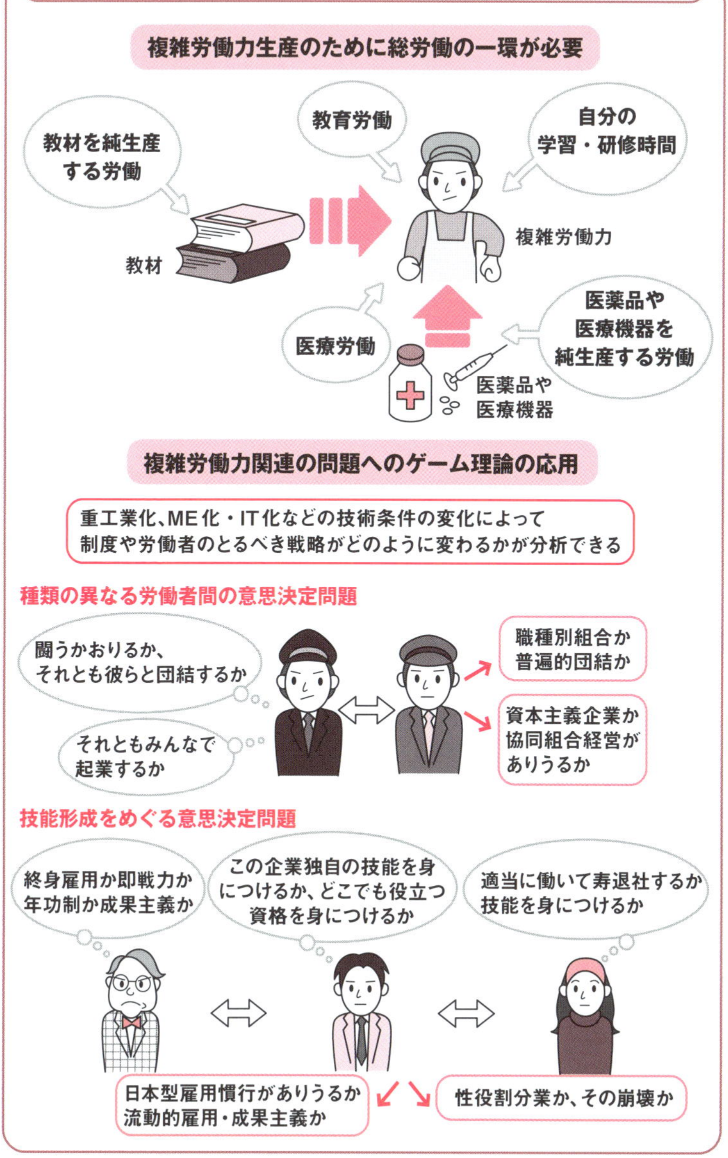

複雑労働力生産のために総労働の一環が必要
教材を純生産する労働
教育労働
自分の学習・研修時間
教材
複雑労働力
医療労働
医薬品や医療機器を純生産する労働
医薬品や医療機器
複雑労働力関連の問題へのゲーム理論の応用
重工業化、ME化・IT化などの技術条件の変化によって
制度や労働者のとるべき戦略がどのように変わるかが分析できる
種類の異なる労働者間の意思決定問題
闘うかおりるか、それとも彼らと団結するか
それともみんなで起業するか
職種別組合か普遍的団結か
資本主義企業か協同組合経営がありうるか
技能形成をめぐる意思決定問題
終身雇用か即戦力か年功制か成果主義か
この企業独自の技能を身につけるか、どこでも役立つ資格を身につけるか
適当に働いて寿退社するか技能を身につけるか
日本型雇用慣行がありうるか流動的雇用・成果主義か
性役割分業か、その崩壊か

社会をもっと望ましい方向に変えていくことができるか

ソ連・東欧体制崩壊後の時点での社会変革論

市場社会主義論は、大幅に私企業を認める青写真を描きます。アソシエーショニストは全体的変革よりも、民間事業としての変革を志向します。

ソ連・東欧体制崩壊後の社会主義の方向性

社会をもっと望ましい方向に変えていく課題については、これからのマルクス経済学が果たす役割はあるのでしょうか。

ソ連・東欧体制の崩壊後の段階では、マルクス経済学界では、目指すべき社会主義の方向性については、大きく**市場社会主義論**と**アソシエーショニスト**に二分されたように思います。

「市場社会主義論」と「アソシエーショニスト」

市場社会主義論は、ソ連・東欧体制が国有中央指令経済から始まり、それがうまくいかないといっては、分権化と市場導入を進めていった道のりを、改めて頭のなかで追体験していったものだと思います。各国有企業に決定権のある市場経済というだけでは、うまくいかないことがわかりました。ハンガリーで市場化改革を担ったコルナイが、そのメカニズムを分析していますが、倒産がなく経営者が自腹で責任をとらなくていいので、生産手段の蓄積が過剰になされてしまい、社会全体の労働のうち、消費財生産に向けられる割合が慢性的に不足してしまうのです。結局、**大幅に私企業を認め、一部の重要な産業だけを国有にする**というモデルになります。

それに対してアソシエーショニストは、市場社会主義論があいかわらず社会の全体的青写真を上から押し付けようとすることを嫌い、政権をとって全体的変革を求める道ではなく、**いまある資本主義体制の支配下で、市場にも階級支配にもよらない事業を草の根から広げる**ことを目指しました。個々人の日々の暮らしのなかの選択が積み重なって「土台」が変化していき、その変革が十分成熟した後で、やっと政治変革がくるという唯《ゆい》物《ぶつ》史《し》観《かん》の見方に則った道です。

ソ連・東欧体制崩壊後の社会主義の方向性

目指すべき社会主義の方向性

アソシエーショニスト　　市場社会主義論

市場社会主義論の方向では…

単に、国有企業に自主権のある市場経済では

したがって ∴ 大幅に私企業を認める

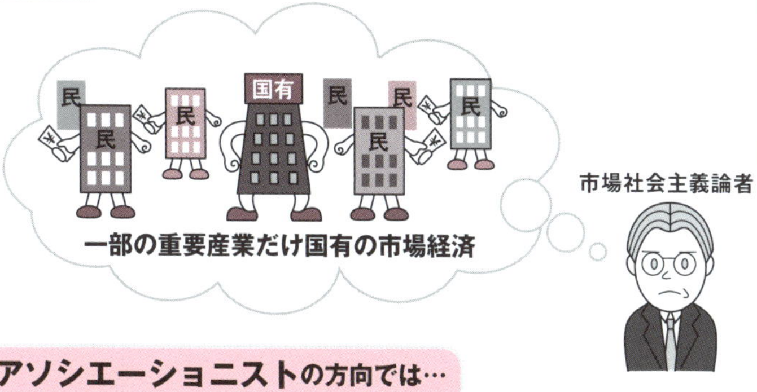

アソシエーショニストの方向では…

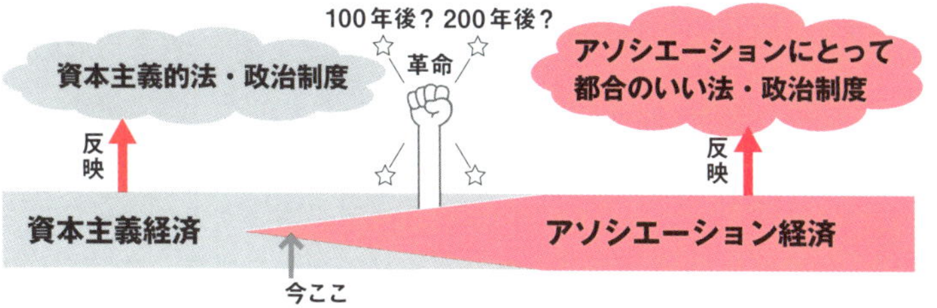

事業の一人歩きを防ぐにはどうしたらよいか?

望ましい社会を創るはずの事業を変質させない

事業の一人歩きが目立ったら合意を重視する共同体原理へ、閉鎖性が目立ったら開放的な市場原理へと、交互に軸足を交代させるべきのようです。

● NPOや労働者協同組合などが変質する事例

私はソ連崩壊よりだいぶ前からアソシエーショニストの立場に立ってきましたが、当初は周囲になかなかイメージをしてもらえず、もどかしい思いをしました。その後、NPOや労働者協同組合などの実践が広まるにつれて、周囲の理解が進みましたが、今度はこれらの事業の失敗や変質の事例が散見されるようになりました。執行部の独裁に陥ってメンバーを抑圧したり、事業の拡大が暴走して人々が振り回されたり、身内エゴで外部に迷惑をかけたりするケースです。本来これらの事業は、「社会的なことの一人歩き」を起こさないよう、人々が自分に影響することを共同の自己決定で営めるようはじめたはずです。それが逆の結果になっては本末転倒です。

● ゲーム理論による制度分析で望ましいガバナンスを探る

そこで、ゲーム理論を使った現代経済学の「社会的選択理論」や「契約理論」等の制度分析が役立ちます。資本の提供者や労働者や利用者等の関係当事者の間で、どのように各事業の主権が配分されるべきなのか。望ましい主権配分のためにはどんな条件が必要なのか。どんな条件のもとで執行部が独裁してしまうのか。執行部が一人歩きせず、事業が個々人の事情をいつも反映して営まれるためには、どんな組織的工夫をすればいいのか等々。それを解明するために、これらの現代経済学の手法が使えると思います。

さしあたり言えるのは、新しいことの提起者が事業リスクに対して私財で責任をかぶる代わり決定権も大きい段階《フェーズ》と、やることが決まっていてリスクが少ないので、みんなで責任を共有できて、合意で事業をまわしていける段階《フェーズ》とを交互に繰り返すべきのようです。

NPOや協同組合などが変質しないためには

行けーっ!
事業拡大の暴走
従業者低賃金過労
外部に迷惑
執行部の独裁によって、
メンバーが抑圧されたり
身内のエゴで外部に迷惑をかけたり……
こうならないために
ゲーム理論で望ましいガバナンス(統治)を探る
たとえば…
新しい事業でニーズが未知の段階
こんなニーズがあるはずよ
私財
リーダー
リスク大
決定権大
賛同者
リスク小
決定権小
私財で責任をかぶるから
リスクも大きいが
決定権も大きい
交代
ニーズが既知の段階
リスク
決定権
合意で事業をまわす
リスクが平等だから
決定権も平等

資本主義的政治体制があと100年続くとしてもやることはある

労働者の立場の経済学の政治課題への関わり方

資本主義経済の順調な再生産のために最も合理的な政策を掲げる立場は、労働者階級だったとしても、長期均衡的な基準に影響を与えられます。

■資本主義的政治体制の枠内での制度・政策の変革は必要

「土台」の成熟を先行させるということは、私は、資本主義的政治体制の「上部構造」が、少なくともいま生きている人々の生涯期間は続くと見ているということです。しかし、マルクスも工場法制定やアメリカの奴隷解放を後押ししたように、現存政治体制の枠内での法制度や政策の変革は、可能だし必要なことです。だいたい、市場社会主義者の多くも、いまに至っては福祉国家程度のことしか目指していないのですから、結局は同じようなものです。

■「総資本」のための政策にこそ労働者の利害を込められる

このとき、長期的には資本主義経済の順調な再生産を支える制度・政策こそが実現されるという点で、私たちが経済のしくみに通じていることが重要になります。現実の資本家や政治家が、あれこれの国や会社などの特殊利害を追って、短期的に資本主義経済全体の順調な再生産を歪《ゆが》める政策をとっているなかにあって、**資本主義経済全体の順調な再生産にとって最も合理的な政策を掲げる立場**が出てくれば、たとえ**それが資本家でなくても、労働者階級であったとしても、長期的にはそれが規定的になる**のです。そしてその立場の利害を長期傾向的な制度・政策のなかに込めることができるのです。決してそれで労働者階級が資本主義の困った問題から逃れられるわけではないのですが、「よりまし」に暮らすことはできます。

重要なものをあげれば、完全雇用のためのマクロ経済政策（特に、デフレ不況にならないための貨幣の出し方のルール）や、グローバル化のなかで労働条件の引き下げ競争がこれ以上進まないように、世界的に共通して高い労働基準を制定する政策が必要です。

労働者階級も制度・政策を規定できる

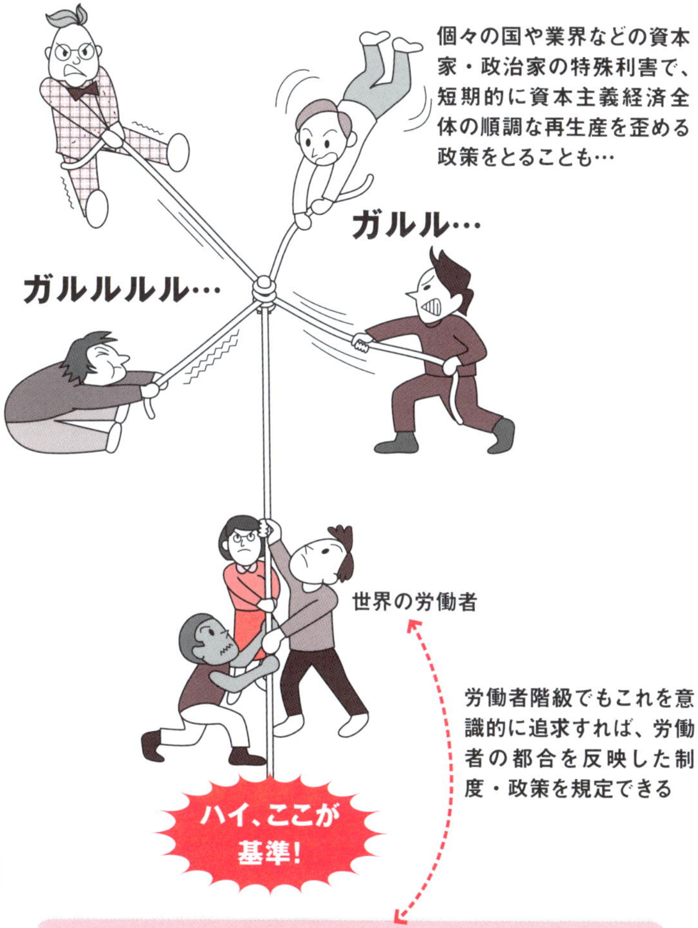
個々の国や業界などの資本家・政治家の特殊利害で、短期的に資本主義経済全体の順調な再生産を歪める政策をとることも…
ガルルル…
ガルルルルル…
世界の労働者
労働者階級でもこれを意識的に追求すれば、労働者の都合を反映した制度・政策を規定できる
ハイ、ここが基準！

資本主義経済全体の順調な再生産にとって最も合理的な立場

↓

長期平均的に政策を規制する基準となる

組織のしくみを十分工夫した上でさらに必要なこと

アソシエーション的変革に必要な「倫理」

営利性への警戒のあまり、「身内への忠実」の武士道的倫理を掲げることが変質を悪化させます。「他人への誠実」の商人道的倫理こそが必要です。

● 倫理の取りちがえが事業の変質を促進する

さて最後に、NPOや協同組合などが変質しないために、組織のしくみの上での工夫は十分追求した上で、やはり「倫理」のようなものも大事なのではないかという問題を提起しておきたいと思います。というのは、これらの事業はしばしば、市場活動のなかで営利に溺れる危険を自戒して、反営利的な倫理観を掲げるケースが多いのですが、往々にしてそのようなところほど、カルト集団のような悪質な変質を起こし、結局は外部をあこぎに食い物にしがちなのです。こうしたケースを検討して、私は、倫理が変質を悪化させるのは、掲げるべき倫理を取り違えた結果であると思い至りました。

すなわち、これらの事業が目指すアソシエーションの人間関係は、市場と同様、開放個人主義の関係なのに、変質ケースが掲げた倫理は身内集団社会の、「身内への忠実」を優先する倫理観だったわけです。それが閉鎖集団化を促進し、異質なメンバーを迫害します。そうではなくて、これらの事業には、**開放個人主義の関係を律する普遍主義的倫理観（「他人への誠実」を重視する倫理観**）が必要なのだと思います。そしてこの点を突き詰めれば、形式上の営利企業も、幅広い関係当事者の声を事業に反映していくことを通じて、アソシエーション的な進化をしていくことは可能だと思います。

両倫理体系がもっと厳密にはどう定式化でき、両者がどう矛盾・補完しあうのか、どのような社会システムと噛《か》み合《あ》い、相《あい》容《い》れなくなるかは、今後進化論的ゲームなどで分析するべき課題でしょう。また日本の事例として、身内集団倫理の「武士道」と開放個人主義倫理の「商人道」のちがいを歴史的に検証する研究も必要でしょう。

組織のしくみにプラスして商人道的倫理観が必要

NPO や協同組合が身内集団倫理を掲げるとカルト的変質を起こす

仲間が第一！
外部からの自主自立！
営利は必要悪にすぎない

なんだと〜〜!?
私もう
こんな安月給
たえられません
私もう
こんな不正
たえられません
裏切り者め!

掲げるべきは「商人道」倫理

「身内だから」と一方的奉仕を求めず、「外部」にも公正・誠実であるように

他人への誠実！
三方よし！
（売り手よし、買い手よし、世間よし）

誠実に利用者に
向きあいます
近所の子供会の
行事に行ってきます

COLUMN

商人道ー日本の開放個人主義倫理

身内集団原理と開放個人主義原理とではふさわしい倫理観がちがい、混同できないということは、ジェイン・ジェイコブズも指摘しています。

似たことは、敗戦直後の日本で、丸《まる》山《やま》眞《まさ》男《お》や大《おお》塚《つか》久《ひさ》雄《お》など「近代主義」と呼ばれた人々が主張していました。彼らは、戦前戦中の日本人が、各々主体性なく集団の人目で縛りあって、さまざまな愚行へと流されていった経験を深く反省しました。そして、今度はそうならないように、各自自らの内に高い公共性を持って、強く自立した個人になるべきことを提唱しました。

しかしその姿勢は、日本にはない西欧の「個人」を理想像として持ち込むものでした。当然、ないものを外から持ち込むなんて無理だとの反発が生まれます。しかもその後、日本が高度経済成長を遂げて、集団主義がその成功のひけつと言われるようになると、集団主義でよかったじゃないかということで、彼らは否定されてしまいました。

ところが今日、経済制度では集団主義的なやり方が崩されて、個人主義的なやり方に変えられています。それなのに、これまでの集団主義的な倫理観がなかなか変わらないために、倫理観の混同から腐敗が起こっていると考えられます。すなわち、戦後近代主義の呼びかけが再びあてはまる時代になったと思います。しかし、日本にないものを持ち込むなんて不可能だったのではないですか。

そんなことはないのです。実は江戸時代には、身内集団倫理たる武士道以外に、商人道がありました。これは立派な開放個人主義の倫理だったのです。そこでは、身分や所属にかかわらず、すべての人間を個人として尊重して誠実・公正に扱えば、取引からみんなが得をできることが説かれていました。商人道の精神は明治維新後は、押さえ込まれはしましたがなくなったわけではありません。私たちはそれを自覚して表に出せばいいだけなのです。

読書ガイド　BOOK GUIDE

本書で解説した私のマルクス解釈について

私の書いた次の本をお読みいただければ、一層ご理解いただけると思います。

●「社会的なことの一人歩き」の法則について詳しく書いた、初心者向け読み物。
松尾匡著『「はだかの王様」の経済学——現代人のためのマルクス再入門』東洋経済新報社、1,900円+税。

●「身内集団原理」と「開放個人主義原理」の違いと、それぞれにふさわしい倫理についての体系的論考。
松尾匡著『商人道ノスヽメ』藤原書店、2,400円+税。

●よりよい社会を目指すはずの市民事業が、変質しないように発展するための方法について。
松尾匡、伊佐淳、西川芳昭編著『市民参加のまちづくり 戦略編——参加とリーダーシップ・自立とパートナーシップ』創成社、2,000円+税。
（第1章と結章で私見を展開しています）

●私のマルクス思想解釈を学術的に論じた専門書。
松尾匡著『近代の復権ーマルクスの近代観から見た現代資本主義とアソシエーション』晃洋書房、3,500円+税。
（市民事業実践者は、この最後の章をお読みいただければ…）

『資本論』にそったマルクス経済学を学びたいかたに

近年、『資本論』入門書ブームですが、玉石混淆で質の悪いものも多いです。学界の共通解釈レベルをクリアしたものとしては、私は次のものをお勧めします。

●ごく初心者にもわかりやすくて、とても読みやすい入門書の決定版。
池上彰『高校生からわかる「資本論」』発行元：ホーム社／発売元：集英社、1,300円+税。

●ほとんどマルクス本人が書いたから解釈が間違えようがない、最も正確な入門書。
モスト著、マルクス改定、大谷禎之介訳『マルクス自身の手による資本論入門』大月書店、2,200円+税。
（ただし、第1巻だけが範囲です。訳注も丁寧で正確です）

●図解豊富で、正確さも比類ない、『資本論』準拠教科書の最終型。
大谷禎之介『図解 社会経済学——資本主義とはどのような社会システムか』桜井書店、3,000円+税。
（水準は高いです。腰を据えて勉強するつもりの人にとってはわかりやすい）

数理マルクス経済学について

置塩信雄の『**蓄積論**』をお読みいただきたいところですが、残念ながら絶版です。私は、この『図解雑学』の内容をいずれ厳密に数式で展開した学術書を書きたいと思っています。

アナリティカル・マルクス主義と私の志向の共通点と違いについて

稲葉振一郎、吉原直毅、松尾匡『マルクスの使いみち』太田出版、1,800円+税をお読みいただければ。吉原さんの文章は初学者には結構骨があります。

（本の価格は2010年8月現在のものです）

さくいん

● あ行

アソシエーション……62·212·218·220
アナーキズム……16
アナリティカル·マルクス主義……202
右翼……64
大きな政府……128·154
大塚久雄……198·220
置塩信雄……96·112·194

● か行

階級支配体制……128
階級社会……50·92
開放個人主義……58·60·218·220
拡大再生産……98·158
貨幣……150·152·154·156·186
貨幣賃金率……164
貨幣の自己増殖……156
議会重商主義……115·118
機械制大工業……122
技術進歩……110
北一輝……25
供給曲線……174
協業……114
強権的国家体制……130
共産主義……88
『共産党宣言』……30
均斉成長システム……166·168
均等利潤率……160·162·164·170·172
金本位制……186
ケインズ経済学……154·204
ゲーム理論……200·210·214
国家介入政策……115
国家論……206

● さ行

左翼……64
産業革命……115·120
サンジカリズム……16
市場価格……174
市場社会……92
市場社会主義論……212
実質賃金率……164
資本……90·100·102·156·170
資本家……92·156
資本循環の図式……156·158
資本蓄積……100·102
資本の集積……124
資本の集中……124
『資本論』……196
社会主義……16·88
社会的依存関係……46
社会的なことの一人歩き……32·42·44·46·48·200
社会的分業……92
社会民主主義……134
重工業化……115·126
自由主義……38·40
自由主義政策……115·120·132·139
需要曲線……174
純生産……68·94
商人道……61·218·220
商品生産社会……92
上部構造……52
剰余生産物……84·94
剰余労働……84·96
所得……94
新古典派経済学……180·204
新自由主義政策……115·136·139
スターリン、ヨシフ……18
ストックホルム学派……16
生産価格……154·162
生産手段の私有……92

生産物……66・94
絶対的剰余価値生産……104
総計一致二命題……184・194
総所得……94
総生産……68・94
相対的剰余価値生産……106・108
総労働……66
疎外論……56

● た行

第二次産業革命……126
短期理論……204
単純再生産……98・158
単純商品生産社会……144
中国共産党……22・138
中国の改革開放路線……138
注入理論……32
長期均衡価格……162
長期理論……204
賃金……90・94
ディーツゲン……34
帝国主義政策……128・139
転化問題……184
投下労働量……68
独占資本主義…115・126・128・132・176
土台……52

● な・は行

ナチス党……24
日本資本主義論争……142
反資本主義……26
ヒエラルキー（位階権力）……62
比較制度分析……210
必要労働……84・96
ヒトとヒトとの依存関係……66・90・144・148
フェビアン社会主義……16
フォイエルバッハ……32
複雑労働者……134・210
物神崇拝……152
平均利潤……162
ポル・ポト……18
ボルシェビキ党……22
本源的蓄積……118・130・132・138

● ま行

マニュファクチュア（工場制手工業）……115・116
マルクス主義……18
マルクスの基本定理……96
身内共同体（ゲマインシャフト）……28・30・62
身内集団原理……58・60・218・220
毛沢東……18・22・138
モノとモノとの交換関係……90・144・146・148・150

● や・ら行

山川均……142・198
唯物史観……52・54・56
利潤……90・94・96・156
利潤率……160・194
流動性選好……154
ルクセンブルグ、ローザ……24
レーニン、ウラジミール・イリイチ……18・20・32
労働価値説……182・184
労働者……92
労働生産性…68・104・106・108・110・168
労働の搾取……86・96・100・102・188・190
労働力の再生産……188・190

●著者紹介

松尾 匡（まつお・ただす）

1964年生まれ。神戸大学大学院経済学研究科博士課程修了。現在、立命館大学経済学部教授。理論経済学を専攻。論文「商人道！」で第3回河上肇賞奨励賞を受賞。
著書『不況は人災です！みんなで元気になる経済学・入門』（筑摩書房 双書 ZERO）、『対話でわかる痛快明快経済学史』（日経 BP 社）、『「はだかの王様」の経済学』（東洋経済新報社）、『商人道ノスヽメ』（藤原書店）、『標準マクロ経済学』（中央経済社）など、共著に『マルクスの使い道』（太田出版）、『市民参加のまちづくり』（創成社）、『新しい左翼入門』（講談社現代新書）などがある。

STAFF
本文デザイン、図版●宮下久美子
本文イラスト●ファクトリーウォーター 松尾容巳子
編集協力●パケット
編集担当●斉藤正幸（ナツメ出版企画）

ナツメ社 Webサイト
https://www.natsume.co.jp
書籍の最新情報（正誤情報を含む）は
ナツメ社Webサイトをご覧ください。

本書に関するお問い合わせは、書名・発行日・該当ページを明記の上、下記のいずれかの方法にてお送りください。電話でのお問い合わせはお受けしておりません。
・ナツメ社 web サイトの問い合わせフォーム
https://www.natsume.co.jp/contact
・FAX(03-3291-1305)
・郵送 (下記、ナツメ出版企画株式会社宛て)
なお、回答までに日にちをいただく場合があります。正誤のお問い合わせ以外の書籍内容に関する解説・個別の相談は行っておりません。あらかじめご了承ください。

マルクス経済学《けいざいがく》

2010年10月25日　初版発行
2023年10月 1 日　第9刷発行

著　者　**松尾《まつお》 匡《ただす》**

発行者　**田村正隆**

発行所　**株式会社ナツメ社**
東京都千代田区神田神保町1-52 ナツメ社ビル1F（〒101-0051）
電話　03（3291）1257　FAX　03（3291）5761
振替　00130-1-58661

制　作　**ナツメ出版企画株式会社**
東京都千代田区神田神保町1-52 ナツメ社ビル3F（〒101-0051）
電話　03（3295）3921

印刷所　**ラン印刷社**

ISBN978-4-8163-4960-7　Printed in Japan